我为什么给你

O  FER

跟着名企HR找工作

夏　云_著

中国法制出版社
CHINA LEGAL PUBLISHING HOUSE

图书在版编目 (CIP) 数据

我为什么给你 OFFER：跟着名企 HR 找工作 / 夏云著 . —北京：中国法制出版社，2021.3

ISBN 978-7-5216-1633-0

Ⅰ. ①我…　Ⅱ. ①夏…　Ⅲ. ①职业选择－通俗读物　Ⅳ. ① C913.2-49

中国版本图书馆 CIP 数据核字（2021）第 021690 号

策划编辑/责任编辑：吕静云（lvjingyun0328@sina.com）　封面设计：汪要军

我为什么给你OFFER：跟着名企HR找工作

WO WEISHENME GEI NI OFFER：GENZHE MINGQI HR ZHAOGONGZUO

著者 / 夏云

经销 / 新华书店

印刷 / 三河市国英印务有限公司

开本 / 710 毫米 ×1000 毫米　16 开　印张 / 19.25　字数 / 248 千

版次 / 2021 年 3 月第 1 版　2021 年 3 月第 1 次印刷

中国法制出版社出版

书号 ISBN 978-7-5216-1633-0　定价：49.80 元

北京西单横二条 2 号　邮政编码 100031　传真：010-66031119

网址：http://www.zgfzs.com　**编辑部电话：010-66034985**

市场营销部电话：010-66033393　**邮购部电话：010-66033288**

（如有印装质量问题，请与本社印务部联系调换。电话：010-66032926）

PREFACE

前言

各位读者好，我是夏姑娘，感谢你购买这本求职图书。

在开始本书的正文内容之前，我想先和你聊聊我自己的职业生涯。我是一名理科生，大学专业是编程类的，也就是“女程序员”，但毕业后却成了一名还不赖的HR。

先说说为什么我要做HR吧。首先，HR这份工作，非常有意义，我们的一个决定，很可能改变一个人一生的轨迹。特别是招聘时，招聘了一个人，对他来说，有时候也不一定是正确的选择；拒绝了一个人，也许反而能使他找到更适合自己的方向。所以，要怀着正直的、善良的心，为每个接触的求职者和同事负责。

所以也希望这本书能够传达我对每一位求职者的善意。

接下来问大家一个问题：你还记得，自己当初是怎么找工作的吗，或者是如何开始求职的吗？大家可以看看自己是属于以下哪种类型的。

A．说干就干型：马上着手写简历，写完简历就去招聘网站上面海投。

B．临时抱佛脚型：浏览百度半小时，大致了解求职流程，稍做准备。

C．认真准备型：通过不同渠道收集很多信息，根据别人的经验，选择自己的工作，掌握求职的技巧。

D. 未雨绸缪型：早在还没有求职时，就提前做了长期的规划，很清楚地知道自己想要的是什么，能够有针对性多渠道地寻找工作机会。

事实上，绝大多数人都属于前两种类型，少部分人属于第三种类型，而看完这本求职干货，你就会慢慢成为第四种类型，你的职业生涯也会因此受益。

找工作，乍一看很容易，不就是写简历然后去面试吗？但是，大家肯定知道，好的求职技巧，能大大提高我们求职的成功率。直白地说，好的求职技巧能够帮助我们找到梦想中“钱多、事少、离家近”的好工作。可惜的是，很多人都忽略了求职技巧的重要性。

长辈们总说，“祝你考上好学校”，其实后半句话是“祝你找到好工作”，还有“祝你有个好婚姻”，以及“祝你生个好孩子”……

其实无论是高考也好，考研也好，读书只是我们走入社会，追寻更好生活的起点，是为了以后的工作、婚姻，为了长长的后半辈子，而绝不是终点。但太多人把这个顺序弄反了。努力高考，随意求职，这是本末倒置。

在我创立名企HR一对一指导“简历坊”的这三年多时间里，见过太多明明基础很好却错失良机的人，由于一次求职的失误导致整个职业生涯充满坎坷。所以我在知乎、微信公众号、领英等多个平台上，与大家分享自己多年的招聘经验，从HR招聘的角度帮助大家更好地理解什么样的简历和面试经才是更能获得青睐的，也分享职场“打工人”如何在职场中进阶，以及如何解答劳资纠纷等各种问题。

随着媒体平台上积累了越来越多的粉丝，我也有机会出版人生的第一本图书。

就像我们能看出一部电影的好坏，却完全不代表我们能拍出一部好电影，擅于招聘的HR也不见得就擅于帮人求职。但不夸张地说，我不仅擅于招聘，更擅于帮助求职者找到心仪的工作，目前已经帮助5000余位求职者找到了满意的工作。拓展开去，假如每个人都能在擅长并且喜欢的岗位上发光发热，那么国家和社会也会更加进步和完善。

所以，希望这本书能够助力你的求职路，更能让你一步高、步步高，整个职业生涯都更加平坦，从而实现自己的人生价值。

最后，感谢我的家人给予我的支持，感谢林友生、朱智妙、婉宸对本书内容提供的帮助。

公众号：简历坊　ID：jianlifang1v1

知乎：夏姑娘　主页：www.zhihu.com/people/xia-gu-niang-66

微信号：jianlifanghr

2020年12月

于杭州

CONTENTS

目录

第一章　到底要不要求职

在具体讲到如何求职之前，我想先和你聊聊到底要不要求职。有求职需求的人主要有两类：应届生和有工作经验的人，身份不同要考虑的因素自然也不相同。本章第一部分主要针对应届生，第二部分则针对已有工作经验的职场人。

第二章　求职准备，求职不是从简历开始

很多人以为，求职，是从下载模板“写简历”开始的。殊不知，求职其实是一次深思熟虑后的出发，是长期积土成山的结果。

第三章 简 历

写简历的意义，不仅仅是求职写简历本身，还是对自己的过往进行梳理，更能通过这个机会，深入剖析自己的优劣势，了解真实的自己。

第四章 面 试

面试就像一场交易谈判，提前准备、开诚布公才是获得双赢的最好办法。

第五章　入职锦囊

收到 OFFER 可喜可贺，但这绝不是本次求职的终点。慎重挑选 OFFER 并且在入职初期迅速判断公司与自己的匹配度，将对你长远的职场发展大有裨益。

1

CHAPTER

第一章

到底要不要求职

在具体讲到如何求职之前，我想先和你聊聊到底要不要求职。有求职需求的人主要有两类：应届生和有工作经验的人，身份不同要考虑的因素自然也不相同。本章第一部分主要针对应届生，第二部分则针对已有工作经验的职场人。

一、深造还是就业？毕业了何去何从

毕业这件事，会发生远不止一次。幼儿园、小学、中学、高中的毕业，绝不是大多数人学业的终点，大多数人都有着下一步清晰的轨迹。但大学毕业了，很多人就会开始迷茫：毕业了，该何去何从呢？

毕业了远不止求职这一个选择，主要还包括考研读博的深造、出国和考公务员等。有的人心里早就有了答案，但更多的人是走一步看一步，或者是随波逐流：听张三说考研好，就买了全套考研教材，还没看上几页，听李四说还是就业好，就立马搜索“简历模板”。

我常说，最好的职业生涯规划的时间，是在高考填志愿的时候。若在当时你就找到了以后工作的方向，做好了计划，并为之付出努力，那么你就是心里早有答案的人。

事实上，很多人在填志愿时，恨不得把自己考的每一分都用上，去选一个更知名的学校，而在选专业方面，纷纷在“同意调剂”上面打了钩。殊不知，专业的选择，比学校更重要。若是毕业后的就业方向和所学专业毫无关系，岂不是浪费了大好的时光？

我自己大学学的专业是编程，也就是大家口中的“女程序员”，后来却成为 HR。虽说编程的专业没有阻碍我成为 HR，但如果我当时学的就是人力资源，那么我想，我应该能够更专业、成长得更快吧。

回过头来聊这个问题，毕业了该何去何从，也一定要以更长远的眼光来看待。

1. 就业是所有毕业的最终归宿

不可否认，我们寒窗苦读，大多数人最终是为了得到一份好的工作。不论是成为一个或朝九晚五或“996”的上班族、一名自由职业者、一名科研人员，还是成为一名全职妈妈（或全职爸爸），其实，它们本质上都是一份工作。

即使这次毕业，你选择了继续深造，也总有“毕业”的一天。

所以在做任何一次职业选择时，都可以放大尺度来看，问自己一个最简单的问题：“这个选择，对我以后的工作有帮助吗？”就可以帮助你看清问题的真相。

2. 逃避不能解决问题，直面问题才是正确的选择

毕业的第一个选择，就是继续深造还是就业，然后才会探讨，到底学什么专业，或者到底找什么工作。

在这里必须强调的是，不论你决定的是深造还是就业，我都希望这是你直面问题后的选择，而不是逃避。

有的人选择就业，是因为想要尽早经济独立，是因为喜欢在工作中成长，是因为觉得已经学到了足够的知识，或者只是因为想要在社会上闯荡一番。

反之，还有的人选择就业，不是因为不需要深造了，而是因为不想再经历一次考试前的磨难以及考试中的紧张。即使目前的专业能力不足以支撑他在工作中有好的发挥，也绝不想再苦读几年。

有的人选择读书，是因为热爱科研，想要提升能力，攀登学术高峰，实现自己的人生价值。

也有的人选择读书，仅仅是因为不想面对求职的难题，想着能拖一年是一年，以学习为借口，打起“拖延战”。

然而逃避问题只能逃得了一时，问题迟早还是要面对。

为了不想苦读而在能力不足的情况下就业，工作几年后，还是会感慨知识不足、技不如人，想着提升学历。

不直面求职难题而去考研甚至考博的人，更是在两三年后，一定会重新面对这个问题。

你也许考虑过工作后再提高学历，但那时可能会有家庭的牵绊，经济压力更大，时间更少，精力更不足，远不如年轻时学得快、记得牢。另外，目前在职人员攻读硕士学位完全已经不属于学历教育，如果你想在工作后提高学历，只能考全日制和非全日制的研究生，而社会对于非全日制学历的认可度也普遍较低。要想边工作边考研，从现实情况来看，也是困难重重。

另外，你也可以盲目地先提高学历，等研究生、博士生毕业后再求职，但这样做可能问题更大。

与其事后后悔，不如现在就想清楚将来的方向。毕竟错过的时间，无法回来。

案例：博士毕业找不到工作

我有一位博士毕业的来访者，她已经待业将近一年了，感到深深的焦虑。

我问她的第一个问题就是："你当时为什么要读研、读博？"

答案果然不出我所料，她对于职业完全没有规划，只是因为不想工作，就继续提高学历了。

仔细观察她的教育背景，你会很容易发现，她的本科、硕士、博士的专业相关度非常低，导致她完全不知道毕业后从事什么工作好。这也就是"逃避就业而考研"的一大特征——只要考得上，专业无所谓。

反观有清晰学术目标而深造的人，他们的专业方向往往有高度的一致性，或者是不断缩小研究范围，在某个具体领域中精耕细作。这样才能够提高专业能力，为后续的求职打下基础。

3. 学历不尽如人意该如何选择

目前求职市场上，比较普遍的学历划分是以“本科”为界。随着社会整体学历的不断提高，本科已经是大部分好工作的基础门槛了。

如果你没有达到这个标准，目前主要有两个选择。

1）走“手艺”路线

如果你选择“手艺”的路线，那么，学历对你来说并不那么重要。这里的“手艺”，包括美容、汽修、厨艺、驾驶汽车等，还有一些如雕刻等，相关职业都非常不错。

和手艺人比什么？当然是手艺了。高学历锦上添花，但低学历也可以毫不逊色。

不是说手艺人完全不需要学历，而是相比之下，学历的重要性，远远比不上手艺本身。

举个例子：

你去理发，重点是看理发师的理发手艺，还是看他的学历？应该没有人去理发的时候，问理发师，你是哪所大学毕业的，是本科还是大专吧？最多关注他在美发行业得过什么奖，参加过什么美发比赛，以及做了几年的理发师，等等。

如果有两名理发师，一名是本科学历应届生，刚入行；另一名是高中毕业就从事了这个职业，已经从业四年。你会选谁来给自己理发呢？

对于手艺人来说，只要你的手艺拿得出手，这就够了。在这里，学历是你的加分项。

不说一些刺绣、雕刻之类的，说实话，厨师的手艺、给车辆喷漆的手艺、奢侈品保养修复的手艺，哪一项不是“高薪”的手艺呢？

世界技能大赛，被誉为“技能界的奥林匹克”，比的都是谁的技术好，学历什么的，并不是这么重要，当然，如果能有较好的学历，说不定会有更多的机会。

2）走白领路线

如果你希望的工作是“办公室白领”这样的方向，那么一定的学历无疑是重要的，而本科就是目前比较基础的学历要求。

做HR这么多年，我清楚地看到，招聘时，企业对于学历的要求在不断提高。在我们父母那辈，就业并不太需要本科，初高中毕业也照样能谋个好前程。

几年前，大专也很够用，当时很多公司的招聘需求上，写的都是“大专及以上学历”。

而现在呢？还不错的公司，招聘要求大部分都清清楚楚写着“本科及以上学历”。

当然，不是说专科生就不优秀，就一定找不到好工作。只是目前来看，本科学历能够大大提高你找到更好工作的概率。

更何况，如今竞争激烈，除了学历，还有很多地方需要我们去努力提高。而专升本，是其中非常有效又相对简单的途径了。

说到这里，有的人会说，现在招聘很多都明确要求全日制本科了。

确实，全日制本科绝大多数情况下会比专升本更好，但是专升本起码也比大专好。

另外，学历也不是越高越好，除非科研类的工作，目前本科已经比较够用了。下面我们就来聊一聊本科学历是否要继续深造。

4. 学历较好可以如何选择

前面说到，本科是目前求职市场上比较够用的学历了。那么对于本科及以上学历的这部分求职者，在当下，是选择继续深造还是立即就业更好呢？

诚然，高学历者的选择会更多，需要考虑的因素也更多。为此，我结合自己多年的HR经验，以及求职指导的经验，创建了一个“二维六项”的评估模型（详见下表所示），只有同时满足这六个条件时，才建议你去深造。

“二维六项”评估模型

内　因	外　因
1. 匹配自己的预期及定位	1. 深造方向专业性强，实操性高
2. 选择自己喜欢的专业方向	2. 所选方向是市场所需
3. 专业方向和以后的求职意向有关	3. 家庭及经济支持

1）二维六项模型——内因 1：匹配自己的预期及定位

我遇到过很多高学历的来访者，他们对于学历往往有一种执念。也许是因为家人的期待，也许是因为自己比较要强，特别是一些高考发挥失常，本可以去顶尖大学却未能如愿的同学，会鼓足勇气，希望通过考研考上名校，来证明自己。

有一些同学深深地认可“学历鄙视链”，错误地认为，只有爬到学历的顶端，才能实现自己的价值。

如果是抱着这样的期待去深造，很多硕士、博士入职后，反而会后悔。也许你会发现，你和很多本科生的薪资、职级都差不多，而且和自己年纪相仿的人，因为提前进入职场，反而是自己的顶头上司、前辈。你本以为硕士毕业能够快人一步，却没想到本科生因为比你早就业，反倒积累了不少的工作经验，加薪升职，已经走在了你的前面。

还有一部分人深造的主要目的是希望毕业后，能够获得更高的工资，那么现实可能会让他感到失望。

很多年前，特别是国企，会根据应聘者的学历、职级、证书制定相应的工资标准，比如职级高一级，就会多不少工资。但现在的工资，更加市场化，薪酬的评定，更多以工作能力为主要依据。一般硕士比本科生起始工资高 500 ~ 1000 元，但这个差距也只体现在最初毕业的那几年，而不是伴随终生。

随着工作年限的增长，学历所带来的附加价值会越来越低。如果你在工作表现上不如学历较低的人，你也很难拿到比他们更高的工资或奖金。

另外还有一部分人则是有着完全不同的目的。深造除了能帮助就业本身，还有非常多综合的优势。特别是你周围的圈层得到了提升，人脉的质量也更高。你身边的同学，经过了层层筛选，自然有不同之处。他们相对而言更有毅力、更有想法、更有效率，在他们潜移默化的影响下，不论是你短期内的成长速度，还是往后的人际交往水平，都能够获益良多。

这也是现在很多人积极参与各类活动，工作后还自费参加培训的原因之一，不一定是冲着知识本身去的，而是为了结识更牛的人。

所以，你对自己的要求和期望如何，很大程度上决定了你会不会选择深造，但这其实并不是一个重要的考量因素。

我们有很多种方式来证明自己，找到自己的价值，提高收入，加入更好的圈子。如果你仅仅因为对学历的执念、增加薪水、拓展圈子的目的而想要考研、考博，我建议你仔细评估其他的几个维度，做出综合的判断。

2）二维六项模型——内因 2：选择自己喜欢的专业方向

虽说很多人觉得，从事一份自己喜欢的工作很难，但至少工作不应该是让你感到反感的，否则每天至少 8 个小时的工作时间，甚至“996”的工作状态，会让你痛苦不堪。

就像前面博士来访者的例子中，这名女生其实并不喜欢她所学的专业，一方面学习时感觉枯燥乏味，甚至反感，另一方面直接导致了这个选择无法满足下面内因 3 的需求。

3）二维六项模型——内因 3：专业方向和以后的求职意向有关

这是选择毕业方向时，最关键的因素。如果不能满足这项要求，那么我建议你，就业的性价比要比继续深造高得多。

提高学历的目的，就是提高相应的技能，获得一份更好的工作。但只有在所学专业和工作对口的情况下，学历的作用才会被放到最大。

如果所学专业和求职的岗位无关，那么研究生、博士生多学的这些内容，对于工作其实可能并没有什么促进。

公司不会因为你是一名考古学硕士，就觉得你比一位新闻本科生更能胜任公众号写作的工作，甚至也不会觉得，你比一名考古学本科生在这方面更有优势。

更有甚者，因为你所学专业和求职的岗位无关，HR 反而会对你的整体规划能力、自我认知能力打个问号。

既然不打算从事相关专业，当时你为什么要读研究生？又为什么选择这个专业呢？这是你面试过程中，肯定会被问到的问题。

不论是因为你缺少规划，随大溜儿，还是因为没有主见，听从家人安排，又或者是因为逃避就业而考研，都不会是招聘方愿意接受的理由。

我的一个哥哥是国内某重点大学历史系的硕士，但他最后成为一名派出所民警，所学的历史知识，对于工作也并没有很大的帮助。他感慨，如果当时学了法学或者刑侦类的专业，将对现在的工作大有助益。

但如果你所学专业和工作密切相关呢？

那么你的基础知识、专业技能一定比本科生更有优势。如果是科研、技术类岗位，所学内容与求职相关，那么你的学业成绩、课程作业、竞赛经历等，都会增强你的工作上手能力和专业度，对求职来说，是会大大加分的。若你在求学期间还参与过比较好的实习项目，那么找到好工作的概率确实是大于大学毕业生的，在职业规划方面也更加清晰、稳定，会让 HR 对你青眼相加。

当然，有些专业本身是有相关性的，所以也不需要太纠结于完全匹配。比如，编程的语言有很多种，但是底层逻辑是相通的，如果你能熟练使用其中一两种，那么招聘方会非常有理由相信，你也能使用好其他的编程语言。

另外，与全日制的脱产学习相比，在工作实践中，有针对性地查漏补缺，而不是填鸭式学习，也不失为提高自己的一个好方法。

4）二维六项模型——外因 1：深造方向专业性强，实操性高

如果你想选择的深造方向是自己喜欢的，并且和以后的工作方向相同，那么就要恭喜你了。这里我再提一个维度，能帮助你更好地衡量这个选择的正确性。

这就是，这个方向的专业性强吗？实操性高吗？

举几个简单的例子，你就能明白了。比如，文学类的硕士主要是研究某一类文学的发展，除非你去大学任教，否则这段研究生时期的经历对工作并没有太大的帮助。即使是相关的，如网络编辑工作，本科的文学学历，也足够了。

我所从事的人力资源工作，也并不要求一定是人力资源专业毕业，

这就是因为，相比专业性，这类工作需要的综合素质如亲和力、沟通能力、协调能力会更为重要。

与之相反，计算机编程、大数据分析这类方向，就有着很强的专业性，学历更高，很明显能力更强，工作产出也会更高。

所以，如果你想深造，我建议你在选择的时候，尽量选择这类偏理科、工作对专业技能要求更高的方向。

从我 HR 的招聘经验来看，大部分非科研、对应届生技术要求不是特别高的岗位，在招聘时，并不觉得研究生比大学毕业生有更大优势。比如，行政、客户、销售、售后等类型的工作，对专业没有很高的要求，门槛较低，完全没有必要招聘高学历者。

自然，我不是说文科类或者其他专业有任何的不好，我坚信人类的进步，是依靠所有学科的共同发展而成就的。喜爱文学，立志于成为作者、学者的人，学习文学专业是无比正确的选择；对考古、历史、政治有着热情的人，也当然可以选择攻读相应的专业。

我只是希望对于每个个体来说，大家可以明确自己的方向。不是因为盲目，而是因为喜欢、因为想要从事相关工作，才做出选择。

5）二维六项模型——外因 2：所选方向是市场所需

前面这名博士难找工作的另外一个原因，是随着学历的提升，她所学的专业越来越冷门，市场需求量越来越少。本科金融的择业范围非常广，不论是企业的各种财务工作，还是事务所的审计、会计工作，或是证券、银行类工作，都可以尝试。硕士的政治学方向相对就窄了很多，博士的伦理学方向就更是如此了。除了去做大学老师，做相应的科研，我一时想不出还有什么十分匹配的工作。

本来提高学历，能够让自己在专业领域的竞争力得到提高，但是专业越冷门，对口的工作就越少，求职的难度也就更大，路反而越走越窄了。

对于这名求职者来说，如果她本科、硕士、博士所学都是金融相关的专业，相信她的职业选择一定会大很多。

还有一点，就是我们要合理预估，在读书深造的几年学习时间里，社会是否会发生重大的变化。

入学时的热门专业可能变得不热门，从未出现过的新职业又可能独占鳌头。另外，你自己学历提高的同时，社会对于学历的要求也在拔高。

同时，深造期间，很多人埋头做实验、写报告、赶项目，虽说夯实了专业技能，却也可能和社会脱节，持续多年的学生思维未必能够很好地适应工作节奏。

几年后，就业市场会是什么样子呢？

想了解专业求职的难度、市场的动态，需要大家平时多多关注时事新闻，关注社会发展的进程。

给大家提供一个最简单的方法：在求职网站上，输入相关专业的关键词，看看搜索到的职位数量，就能够有清楚的认识了。一是看目前的招聘需求，二是看招聘需求的动态变化。

如果某类岗位的招聘长期不增反降，那很明显，它可能并不是一个好的选择。

6）二维六项模型——外因3：家庭及经济支持

另外还有一点无法忽视的外因，就是家庭及经济的支持。

众所周知，就业最直接的收获就是收入，你从依靠家庭的人，变成了自给自足，甚至还能为家庭做出经济贡献的人。开始工作，基本上就有了能够养活自己的收入，不再需要家庭的支持。而读研、读博期间，还是一个学生的身份，收入很少，在大部分情况下还需要家庭补贴，不仅不能为家庭的经济开源，还要继续产生开销。

若想要挪出时间去赚一些钱，又可能影响学业，特别有些专业需要长期做实验、做项目，那么勤工俭学也几乎是不可能的。

假使大学生毕业就业，三年收入 20 万元，而读研期间花费 10 万元，那么一来二去，这三年时间，差别就是 30 万元左右。这对于有些家庭来说，确实是一笔不小的开支。

虽说现在的家长都越来越认可学历的重要性，但也有人不得不面临赚钱还是花钱的抉择。如果遇到这样的困难，我建议你关注当地政府、银行的相关政策，看看能不能得到支持和帮助。

除了经济上的支持，我们还需要心理上的支持。硕士毕业比大学毕业难上很多，更不要说博士毕业了。有句话叫“不要问博士什么时候毕业”，就是这个意思。若遇上论文不顺、课题太难等问题，别说提前完成毕业准备开始实习了，就连已经接到的 OFFER 都可能因为无法按约定入职而放弃。这时，家人和朋友能否给予鼓励和支持，也是非常关键的。

总的来说，如果你想深造的方向，是自己喜欢的，并且和以后求职意向相关，最好还是实操性强的，那么，读研势必是有帮助的。

反之，如果你想选择的专业比较冷门，难找工作，或者自己并不喜欢，并不想从事相应的工作，那么我建议你可以选择就业。否则，你已经在学业上投入了很多，就会陷入已学知识不愿意放弃、学新知识没有时间、基础工作又不愿意做的窘境。

此时你的学历也并不能为你的求职带来多大帮助，特别是在专业不对口的情况下。对于招聘方来说，高学历者和本科学历者，工作能力差不多，高学历者反而有职业定位不清晰、稳定性不高、期望过高的劣势，以至于更容易选择本科生。

总结来说，要满足上述这六个维度，特别是要满足“内因 3：专业方向和以后的求职意向有关”，才建议你继续深造。

有的朋友可能会提到，有些岗位直接要求研究生、博士生才能入职。

对此，我的分析是：

a. 这种情况其实不是很多，目前大部分招聘要求还是本科生为主。

b. 如果有要求研究生及以上学历，多是科研、技术类岗位，这也符合我前面说的，这类岗位支持读研。

c. 如果是国家政府机关、事业单位等，一般对学历要求会更高一些。如果你想从事这类方向，可以先看一下心仪岗位近几年的学历要求，做好针对性的准备。

5. 高学历者常见的困惑

通过以上六个维度的分析，我相信你已经能够做出明智的选择。那么，我想再从我的咨询经历里，和你谈谈几个高学历者（研究生及以上学历）常见的困惑。

有很多高学历者毕业时，由于比大学毕业生多读了几年书，年纪大了几岁，会晚工作几年。在择业时，他们反而更加纠结。

因为他们在学业上投入更大，个人及家庭对其求职的期望也会更高，容易出现高不成低不就的情况。

前面讲到，高学历者普遍觉得，自己的岗位、薪酬都应该比大学毕业生有明显的提高。但事实上，读研、读博对于工资的涨幅不是绝对的，或者说不是很明显的。

除了对于工资、职级的期望较高，高学历者也常常对工作的内容有更高的要求，如不愿意从事非常基础的工作，不愿服从上级领导的管理等。

事实上，不论你是硕士毕业还是博士毕业，初入职场时，从事一段时间的基础工作，都是非常正常的事情。一方面，这些工作总是需要人来做的，职场新人缺乏工作经验，势必是最适合的人选；另一方面，公司只有在确定你能够做好小事时，才会逐步放权，让你承担更大的职责。

所以部分高学历者，在入职后，会觉得工作不如期望的有意义，从而容易萌生离职的念头。

在这里，我建议打算深造的同学，认真评估一下自己的期望值，根据市场行情，对工作有一个正确的预估，从而在高学历带来的竞争优势下，通过工作实践，不断提高能力，打怪升级。

二、什么时候该辞职——职场人的普遍困惑

不说在长长30年左右的职业生涯中，跳槽五六次都不算多，现在一辈子都待在一家企业已经是不太可能了。

有的求职者在找工作的时候，总担心公司会不会倒闭，其实这大可不必。只要公司不是很小，人数超过20人，那么你先跳槽的概率远高于公司先倒闭。

那么，既然要跳槽，什么时候才应该辞职呢?

1. 千万不要裸辞

裸辞确实让人感觉很爽，特别是在和上级怄气时，一转头，说上一句“我不干了”，似乎颇有影视剧主角的气势。

然而现实却往往不如想象的美好。一秒钟的豪气，可能需要好几年的时间来后悔。

我加入一个HR群，群里都是HR界知名的牛人，我们曾经共同讨论过“要不要裸辞”这个问题。答案很明显，几十人的群里，没有一个人支持裸辞。

为什么不建议裸辞呢?

1）裸辞带来的最直接的问题是经济压力过大

一场疫情让人们更加意识到工作和储蓄的重要性，大家纷纷计算着，不工作，身上的钱够用多久。

如果你问我，为什么不裸辞，我会建议你，去问一问被裁员的人，为什么他们即使获赔几个月的工资，却依旧焦虑非常。你就会知道，裸辞是多么不明智的选择。

一方面，虽说大家或多或少有点积蓄，家人朋友也可以提供一点支持，肯定不至于无法生活下去。但是毕业了，还要靠家里，很多人会感到不好意思。

另一方面，在没有进账而只能用积蓄的日子里，看着账户里的钱越来越少，而且不知道什么时候才会多起来，无疑会让人万分焦虑。虽不至于饿死、冻死，但是看到喜欢的东西，想买，却不像以前那样毫无顾忌了。

在职的时候，工资就算不多，至少是稳定的。买点自己喜欢的东西，就算贵，也知道自己负担得起，只是少存了点钱而已。

裸辞以后呢？看到喜欢的东西，想着下一笔收入还没有着落，很难拿出一大笔钱来购置；就算想分期购买，都不知道下一期有没有钱可以还。

单身的人还好，一人吃饱全家不饿，但凡是成家的，有孩子需要哺育、有老人需要赡养的，都对稳定的现金流有着深深的需求。

2）裸辞最大的问题是带来心理压力

如果你觉得经济困难还好应对，那么我要告诉你，裸辞最大的问题，是由此而带来的心理压力。

当你“骑驴找马”，也就是一边工作、一边求职时，完全不需要着急。有好的机会，就去看看，一时半会儿没有好的机会，反正还在上班，没有什么负担，吃喝总是不愁，生活也是正常开支，心里自然坦坦荡荡。

还有持续缴纳社保、公积金，若是生病了，有医保，想买房、买车也可以贷款、摇号。

反之，若你“大义凛然”地在找到下家前就裸辞了，前面几天先是感觉自己特别霸气，可以翻身做主人了，再是感慨自由真好，可是用不了多久，就该担忧“怎么还找不到工作”了。

除去特别顺利的10%和特别不顺的10%，对于绝大多数求职者来说，从萌生跳槽的念头到找到一份真正满意的工作，平均时间大约是三个月。这个求职期间，并不会因为你裸辞而缩短分毫。

裸辞一个月后，人们常常开始懊悔，如果待业的状态持续更长的时间，特别是超过三个月，那简直是度日如年。

此时让人感到痛苦的，不仅是经济压力，精神上的不安也会让人产生自我怀疑的念头：“为什么我找不到好工作？是我太差了吗？是我期望的职级和岗位太高了吗？是我能力不足吗？”

这些消极的想法对后续的求职，是非常不利的。

在这种情况下，求职者很可能降低自己的预期，不再对应聘的公司做公平客观的评价，随便有一家公司发来OFFER，就匆匆入职了。

殊不知，未经深思熟虑就冲动地加入一家公司，很可能导致这份工作也不是自己想要的，结果是工作不顺心，几个月后又想辞职了，这是对自己、也是对公司的不负责任。

同时，求职者由于焦虑的情绪和自我怀疑，想尽快入职，只要了远低于市场价的薪水，白白损失很多真金白银的情况也非常常见，真是令人惋惜。

3）裸辞并不利于下一份工作的求职

作为HR，每天面对着形形色色的求职者。不能说裸辞的人都找不到好工作，只是从事实来说，其求职难度肯定是更大的。

我们在招聘时，如果发现候选人是裸辞的，往往会不由自主地在心里打个问号。除非他能够给出特别令人信服的理由，否则我们会觉得，这个人做事缺乏长远的眼光，不够稳重，容易意气用事。他在上一家单位会裸辞，保不准在我家也会裸辞。

裸辞，特别是突然就甩手不干，连离职手续都没办好，也不好好配合工作交接，这样的求职者肯定是招聘方不想招聘的。招聘方一想到，自己以后可能也会面临这样的风险，就会选择另觅他人。

如果裸辞造成的求职空档期比较长，特别是超过三个月了，那么HR在招聘时就会更加慎重。

我们不免想到，这名求职者三个月时间都找不到工作，大概率是有什么问题的：要么是能力不足，要么是要求过高，要么是适应能力差，等等。

也就是说，越长时间找不到工作，就越难找到一份好工作。

有的读者问我，HR难道不是更喜欢能够马上入职的候选人吗？裸辞以后，只要工作满意，第二天就能上岗。

其实，这是多虑了。根据招聘的经验，来参加面试的人，绝大多数都是在职人员。招聘方绝不会因为这些求职者仍然在职，就不录用他们。

HR都知道，根据劳动法，离职需要一个月时间交接。所以在招聘时，候选人表示要一个月后才能入职，都是可以接受的正常情况。

只有极少数情况的突发性招聘才需要应聘者立即到岗，如负责人不幸重病、业务量陡然增大、客户需求大幅度调整等。

说起来，一家有风险意识的公司，也应该提前做好人才盘点工作。一名优秀的HR，也要能够配合业务领导，提前做好招聘计划，提前一两个月是起码的，而不是火烧眉毛了才开始招人。

如果你求职的公司，让你明天就去上班，你反倒要对这家公司的正规性表示怀疑。

4）也许你看到过支持裸辞的言论

我相信你一定看到过支持裸辞的言论，有的振振有词，有的慷慨激昂，仿佛一场“说走就走的离职”是每个人都应有的人生体验。

但事实上，裸辞很难找到好工作，后悔当初意气用事，才是绝大多数人的情况。

有人说，自己一直想不好该做什么，所以要辞职以后来想这个问题。

如果遇到这样的情况，其实并不需要辞职来想，完全可以边工作边思考。能不能找到一个好的方向，不在于你现在有没有辞职，而在于你有没有掌握科学的方法。具体如何进行职业规划，本书第二章会详细谈到。

有人说，不裸辞，就没有时间和精力找工作。

有这样的想法，可能是过于把“求职”妖魔化了。求职，并没有那么难，也并不需要花那么多的时间，只要掌握一定的技巧就可以了。

举个简单的例子，频繁请假去面试肯定不太现实，那我们可以对面试邀请进行筛选，先通过电话做基础的沟通，并不是所有的面试都要去参加的；还可以安排好面试时间，集中在一到两天内去参加，就不需要时不时地请假了；此外，现在很多 HR 也体谅求职者的难处，求职者可以与 HR 商量在下班后或者周末的时候安排面试。

继续阅读本书后续的章节，相信能够提高你求职成功的概率。

我们不妨来理智地分析一下，大部分侃侃而谈支持裸辞的人，要么是自己从没有勇气裸辞，只好过过嘴瘾；要么是刚毕业没多久，还没有被社会“鞭打”过的血气方刚的年轻人；要么就是有着优秀的资源，虽说裸辞了，但马上能收到大把橄榄枝的成功人士。

然而，我们大部分都是需要工作来维持生活的普通人。

如果你真的想证明自己有朝气、有魄力，其实也不需要通过裸辞。你完全可以考个高含金量的证书，可以攻读学位，可以阅读，可以运动。如果你能坚持连续一年每天跑步、每天看书，那可比你裸辞能证明的东西多得多。

2. 什么时候该跳槽了

虽说裸辞我们不支持，但是该跳槽时，还是要勇敢地跳出去。这部分内容和第二章职业规划有密切的相关性，我先来抛下引子。

以下情况可能预示着你该跳槽了：工作本身和你入职时的期望相差很大，不符合自己的职业规划；工作中有一个特别不能接受的点；身体预警；看不到进步的空间。

1）工作本身和你入职时的期望相差很大，不符合自己的职业规划

不得不说，有不少工作，招聘的时候听起来高大上、有未来，但实际上就是在“打酱油”，或者“累死人不偿命”。

比如，招聘时明明是要去培训专员的岗位，但公司非要你去销售部门锻炼半年，美其名曰“了解业务”。做培训确实需要了解业务，但要做半年，也太夸张了，很可能公司就是假借招聘培训专员的名义在招销售员而已。

再如，你明明要去做部门经理，后来也确实成了部门经理，但是部门只有你一个人，你是经理、是主管、也是员工。自己管自己，感觉好极了。

又如，你明明想做社群运营，而实际上你不是真正在运营社群本身，而是拿着二维码满大街找人扫一扫。加好友当然也是社群运营的一部分，但不应该是全部。

入职后，若发现工作完全不是自己所期望的样子，那么建议你立即离开，千万不要久留。

比如，刚入职一周就决定离职，此时还在试用期，提前三天申请即可。此时，公司还没来得及给你缴纳社保和公积金，这样的话，就完全找不到你曾在这家公司工作过的记录，也就不影响你下一次重新求职了。

反之，如果你拖了两三个月才下定决心要走，那么你接下来面试的时候，势必会因为这段工作时间太短而影响招聘官对你的看法。

2）工作中有一个特别不能接受的点

每个人对工作的期望不同，能接受的底线也各不相同。我并不是说，在工作中，但凡碰到一点小困难、小挫折就要打退堂鼓，而是假如一份工作触碰到了你的底线，让你觉得无法接受，那么你也不必勉强自己，不如另择良木。

比如，你就是无法接受“996”的工作强度，或者厌恶办公室里到处都是抽烟的人，或者不愿意被同事呼来喝去，那么不必勉强自己留下。

工作，很重要，但毕竟也只是人生的一部分。如果有一个你忍无可忍，感觉每天上班都像去上坟的理由，那么，辞职是必要的。

3）身体预警

我曾经有一段工作经历，工作很辛苦，确实是“996”的模式。当时虽然感觉压力很大，但还是觉得拼一拼，还吃得消。

接下来要说的，不是我得了绝症这种实在太惨的事，而是我长了很多痘痘。

我从来不长痘，青春期基本上也没有长，皮肤状态一直不错。结果工作了没多久，就长了一脸痘痘，而且去三甲医院皮肤科看了不下 5 次，尝试了针清、冷喷、中药等各种治疗方式都不见效。

没想到的是，后来我跳槽了，换了一份工作，痘痘竟然不治而愈了。

大脑是理性的，但身体是不会说谎的。我想，我这满脸的痘痘，也许就是身体发出的预警信号吧。

我的公众号、知乎的后台，经常收到读者的提问，特别是有读者提到自己甚至因为工作患上了抑郁症。遇到这样的情况，我请你立即停下脚步，好好地拥抱一下自己。

再次重申，工作只是生活的一部分，照顾好自己的身体和心情，才不枉度这一生。

4）看不到进步的空间

35 岁左右，很多人很可能会面临一个“中年失业”的窘境。年轻时摸鱼打水混过去的日子，都需要偿还。

能不能提前积累到足够的资本，是必须要提前考虑的事。一份工作对你来说，如果已经都是“消耗”，消耗你的人脉、资源、能力，而不能帮助你提升，那么你就可以准备离开了。

这也是我们在做职业规划时，要重点考虑的内容，在第二章中，我将进行详细分析。

3. 合适的跳槽频率

了解了提示我们应该跳槽的一些信号，接下来说说什么样的跳槽频率是比较合适的。

用猎头的话来说，如果候选人三年两跳，那么是完全不会推荐给公司的。为什么？因为公司也不会要啊！

“忠诚度”是 HR 在招聘时考虑的重要因素之一，所以你在面试时，一定会被问到“你为什么想来我们公司”，或者“你为什么想应聘这个岗位”这类问题。这其实就是在了解你的忠诚度和求职的意愿。我们通常认为，越是诚心来求职的人，越能够在公司工作更久。毕竟每一次员工辞职再重新应聘，都需要耗费不小的人力和财力，更别提由此带来的工作交接问题了。

那么，你简历上频繁的跳槽经历，就相当于清清楚楚写着“我是一个不忠诚的人，我不稳定，在一家公司待不了多久”。如果这几份工作经历之间，不论是行业还是岗位的相关度都很低，那就更让人疑惑了。

当然，职业规划不是容易的事，一开始选错方向也是很正常的。一般来说，我们对于年轻人的频繁跳槽包容性更高一些，如应届生在毕业头两年内变动两三次工作是可以接受的。当工作时间超过三年或五年时，就建议你尽量稳定下来，每份工作持续时间在三年以上会比较好。

4.“骑驴找马”是没有职业精神吗

在我的众多来访者中，有一部分求职者非常的正直，在我建议他们不要裸辞、“骑驴找马”的时候，他们会疑惑：“那是不是对老东家不负责任？”其实，这是多虑了。

一方面，是否“骑驴找马”？对于真正有职业精神的人来说，在职一天，也会站好一天岗，就算明天就离职了，今天也会认真完成工作；而对于缺乏职业精神的人，就算没找到下家，也不一定对现在的工作有多少责任心和激情。

所以说，有没有职业精神，不是看你是否“骑驴找马”，而是看你对待工作的态度。

另一方面，在收到新 OFFER，确定要离职时，提前一个月提起离职流程，配合好工作交接，就可以了。

和老东家好聚好散，在这里给你几个离职的建议：

a. 与老东家达成离职共识。

比如，离职时间、交接内容、保密约定等。

b. 配合完成工作交接。

工作了一段时间，总有工作需要交接，特别是独立负责的项目。整理好完整的资料以及注意事项。最好能够和接手工作的新人共事几天，尽可能帮助其顺利上岗。

c. 离职后，合理支持老东家的求助。

我在某公司离职大约一年后，接到前上司的电话，他询问一件当时由我负责的事情，我也积极配合回忆了当时的情景。

有些项目，可能短期内非你不可；有些新人上手较慢；或者一直由你保存的资料一时半会儿找不到；等等。在我们离职后的一段时间内，即使离职前已和新人做过交接，也可能出现需要你在后续提供一些帮助的情况。建议在不影响新工作时，尽量配合给予合理的支持，这也是职业精神的体现。

d. 不泄露公司机密，不因为个人原因恶意为公司造成损失。

离职后，不恶意抹黑公司，如果有保密协议、竞业协议的，不要违反。

5. 拿到年终奖后就辞职厚道吗

每年的春节后都是跳槽旺季，不少人都会选择在收到年终奖后提出离职。很多公司的年终奖发放时间也就越来越延后，如要到次年 3、4 月甚至 6、7 月才发放上一年度的年终奖，引起了广大员工的不满。

这个情况另外引出的一个问题就是：拿到年终奖后就辞职，厚道吗？答案是肯定的，厚道。

为什么这么说？

年终奖可以理解为奖金，其实是对劳动者上一年度辛苦付出的奖励和回报，而不是对下一年度工作的承诺。所以，领取之前约定好的年终奖，是每一名劳动者应得的，拿到年终奖后辞职，也是无可厚非的。这里反倒是建议公司不要以年终奖为要挟，试图阻止员工离职，甚至在员工离职时，拒绝发放年终奖。

6. 公司不同意我辞职怎么办

所有的相聚不一定都能有一个好的结局，也时常有来访者因为“公司不同意我辞职”而深深烦恼。

在这里我需要和大家说明的是，辞职申请，本质上是一种“告知”的行为，而不是“商量”，更不是“请求批准”。

根据劳动法的规定，员工提出辞职，提前30日告知公司就可以。也就是说，“我要辞职，这是我已经做的决定，30日后就会离开”。提前告诉公司，是为了更好地交接工作，减少公司的损失，而不是请求公司的批准。如果双方协商一致，可以提早离职，第二天就离职也可以。

怎么表明你已经提前告知了呢？

口头告知是比较难举证的，建议用公司邮箱发送正式邮件，标明是你的辞职信，发给你的领导、HR；或者把纸质版用EMS邮政发出，标明是辞职信，保留回执；再或者当面递交，保留音频或视频资料。

即使领导表示不同意你离职，三十天后，你也可以离开。公司也需要配合你办理离职手续，该给你的工资，一分都不能少。

公司任何“威胁”你的手段，都是不合理不合法的，要保留证据，该维权时就维权。

本书的读者中，一定有一些是管理者，如果你遇到了想要挽留的员工，这当然可以理解，但要用合理的方式。

打感情牌也好，提高经济回报也好，态度一定要是“商量”的，而不是冷冰冰地拒绝辞职。真诚感谢员工的付出，看看对方能不能留下继续工作，或者尽量多留一段时间以便更好地完成交接，当然也可以请员工帮忙看看有没有合适的新人推荐。

2

CHAPTER

第二章

求职准备，求职不是从简历开始

很多人以为，求职，是从下载模板“写简历”开始的。殊不知，求职其实是一次深思熟虑后的出发，是长期积土成山的结果。

一、职业生涯规划

很多人决定求职的第一步，是在网上搜索“简历模板”，花点时间挑选一份自己看着顺眼的，就开始写简历了。从我的求职指导服务的订单数来看，“简历定制”的下单量也远高于其他服务。

但在我作为 HR 看过的简历以及指导撰写的简历中，我发现有着明确职业规划、稳步向上的人不到 50%，有超过半数的求职者有过或大或小的职业变动。职业变动一方面影响你能力的积累，另一方面也影响 HR 对于你“职业稳定性、规划性”的看法。

试想一下，如果有 A、B 两名均毕业五年的求职者应聘工程部岗位，A 一直在做工程相关工作，B 经常换行，最近两年才开始做工程，即使不论其他内容，HR 也更倾向于邀请 A 来入职。

职业规划的重要性无须多言了，但是说到职业规划，很多人第一反应就是迷茫，迷茫当下要做什么，以及以后要做什么。究其根本，是因为大部分人，一直在按照别人设计的轨迹前进，却从未探索过自己的天赋和优势。等到要求职了，没有具体的考试目标了，才发现自己最不了解的人，竟然是自己。

自己喜欢的工作到底是什么？自己擅长做什么，适合做什么？自己在职场中的定位在哪个层次，竞争力又有多大？

特别是已经工作了三五年，才认识到自己根本不喜欢这份工作，想要转行，却感觉心有余而力不足，就非常可惜了。

1. 职业规划迷茫的三种类型

虽然大家都说自己“迷茫”，但是在我看来，迷茫其实也分三种不同的类型。

1）缺少决策型

有的求职者对于市场上有哪些岗位有基本的了解，但自己有不止一种意向，无法决定到底选择哪一个岗位。这个问题其实比较容易解决，推荐使用“平衡决策单”这类工具，客观地进行评估。

简单来说，就是做一张表格，先列出你求职所考虑的因素，如爱好、薪资、工作时间、价值观、同事、环境、上下班时间等；再对每个因素评估一个权重，如目前最看重薪资，权重定为 10，其次看重工作时间，权重定为 8 等。每个人关注的因素有所不同，不用太在意其他人的看法，根据你自己的情况来做决定即可。

接下来，针对具体的几个求职意向，进行理性打分，数据就能够帮助你确定方向。

2）毫无头绪型

属于“毫无头绪”迷茫类型的人，其实是最多的。

我大学毕业的时候，也曾陷入这种迷茫，当时我所知道的工作选择，不过是做老师、去银行、考公务员、做销售这些，可选的范围很小，又觉得这几个方向自己都不想做，当然会觉得毫无头绪。

有一句话说得很对：“我们在职业发展上做不出更优的选择，表面看是没有选项，其实是你没有看到选项。”事实上，大部分觉得自己求职毫无头绪、根本不知道自己要做什么的人，正是因为对“到底有哪些工作”一无所知。

《中华人民共和国职业分类大典》中有8个大类、将近2000种职业，而且数字还在增加。而你很有可能连其中的1%都不清楚。这就像你去吃饭，都不知道菜单上有什么菜，分别是什么口味的，那你要怎么点菜呢？

针对这种情况，我建议大家第一步要做的，就是多去了解相关市面上现有的行业、岗位到底有哪些，具体是做什么事情。看着看着，你就会有一点感觉了，先不说能不能直接确定方向，至少有了选择的范围。

了解行业、岗位，最好的方式是询问身边各行各业的朋友，特别是入行比较久的人，进行深入的了解。问一问，他每天的工作内容一般有哪些，需要什么样的工作能力，职业的上升通道是什么样的；也问一问他遇到过什么困难与挑战，有哪些不为人知的辛苦。尽量问得详细一点，因为很多时候，你所想当然的工作内容，和这个岗位的实际工作内容，相差非常大。

当然，如果没有从事相关职业的朋友，也可以先从各大招聘网站上的招聘需求中了解一下，着重看一下其对于这个岗位的描述、工作内容的介绍、招聘的要求，再匹配一下自己的实际情况，有一个大致的判断，也比你什么都不做要好。

在这里需要强调的是，即使岗位名称相同，在不同的公司中，具体的工作内容也很可能有很大不同。打个比方，一个岗位，同样叫作“内容运营”，有的公司偏重于写原创文章，有的公司偏重于整理稿件、重新编辑，有的公司则偏向图片和文字的结合等。很明显，适合做这些工作的人，特点也不一样。

所以，在选择方向时，重点不是看岗位叫什么名字，而是关注其具体的工作内容到底是什么。

3）转行困难型

另外还有一部分职场人，其实早就有换工作的打算，也有一个明确的方向，但是受困于现有的工作，不敢跨出第一步。特别是想跨行求职的，觉得难度太大，迟迟没有行动。

关于这点，我想和大家分享一个故事。

我有一个朋友，做了两年的展会领队，主要工作是组织各个展销商前往世界各地参展。她想转行到HR的培训岗位，做一个培训专员。但是她觉得转行太难了，自己没有一点点相关经验。

但是，她真的完全没有相关经验吗？其实并不是。培训专员需要的能力，包括前期策划、现场执行、后期复盘的能力，也包括调动现场气氛、处理突发事件的能力，这些都离不开良好的沟通与表达能力等。

在她领队的工作经历中，这些能力其实都有很好的体现。比如，她要全程安排好参展商的行程，处理好出国在外各类突发事件，维护与参展商的关系，展会结束后及时总结经验，等等。这么一看，想转行去做培训，也不是那么难吧。

所以，当你有一个确定的意向时，需要深入梳理自己过往的经历，以及去了解意向职位具体的招聘需求。试试寻找到两者之间的相似、相关之处。有时候你以为差距很大的行业，很可能你也是有相似经验的。

关于如何挖掘自己的相关经验，我将在后续的章节中详细介绍。

2. 大多数人对职业规划一知半解

有很多读者通过知乎、公众号或者私信的方式问我类似的问题：

“夏姑娘，我现在大三，可我特迷茫，我不知道该考研还是就业，如果就业的话该选择什么工作？”

“夏姑娘，我找工作有段时间了，可我感觉自己没有清晰而精准的发展目标，也不知道该向哪个方向发展。”

“夏姑娘，在下工作党，我感觉现在工作好忙，却没有什么成果，对工作也越来越提不起劲来。”

遇到这样的提问，我感到很无奈，不是我不愿意解答，而是这类问题实在太大了，不是一道数学题，也不是一段英语翻译，在不深入了解提问者的具体情况下，我根本无从答起。

大家对于职业规划的认识的一个普遍误区，就是认为这是一个非常容易解决的小问题，似乎只要花上三五分钟，或者半个小时，就能够找到答案。

但事实上，这样重要的人生问题，怎么可能轻易就找到答案呢？做好职业规划需要综合各方面的因素才能做出有效判断，如果只偏向某一因素做决定，很可能越规划越偏。

我也在网上看了各种各样的职业规划方法论，发现一个很奇怪的现象，即很多博主、大V在文章的开头，都会罗列近几年来热门、就业形势好的行业排行，给大众灌输这样一种思想：“你就选择就业形势好的行业去发展，换行也要去被大众看好的行业，这样，你的职业规划一定是很明智的。”

社会环境如此，当前很多大学生或其他求职人士在进行职业规划时往往不能客观地从实际出发，而是一味追求“三大”（大企业、大城市、大机关）和“三高”（高福利、高收入、高地位），不顾社会的实际需求和职业发展的规律等客观条件，在一定程度上把职业生涯规划当成了理想规划。

所以我希望大家可以正视这个问题：职业规划确实是很难做的，但是一旦找到了对的方向，不夸张地说，就能受益终身。

你一定也在很多地方听说过职业规划的重要性，但是只停留在“听说”的层面。道理听了一堆，当时好像都懂了，回头想想又好像什么都没懂。大家最困惑的问题主要有以下几个：

a. 每个人都说要做职业规划，到底规划和不规划的人找工作有什么区别呢？规划了的人，一定就能找到好工作吗？

b. 自己的专业有较强的针对性，如医学、法学、计算机科学等，这类专业的求职者会有非常明确的求职方向，只要按照专业相关找工作就好了，也需要规划吗？

c. 我还没有去工作过，我怎么知道我能做什么、喜欢什么？所以，规划没什么用，先去试试找一份工作比较重要。

我们先来看几个案例吧。

【案例一】小A是今年普通高等院校毕业的学生，学的是计算机科学与应用专业。大学四年没怎么认真读书，大一、大二、大三沉迷游戏，每天在线五黑，通宵达旦。每次期末考，都是低分飘过，偶有挂科，补考通过临时抱佛脚，也是很幸运地考过而未影响毕业。大四临近毕业了，身边的同学开始陆陆续续寻找实习的工作。他发现自己专业能力不够，找不到编程相关的工作，非常苦恼。

【案例二】小B已经有三年的工作经验，毕业后积极投身社会，认真工作。第一份工作选择了金融行业，从事P2P贷款业务。本以为金融行业前景应该一片大好，但是国家政策一出，公司马上面临合规问题，已经倒闭。下一份工作，不知该何去何从。

【案例三】小C今天又去面试了。这已经是他在上一份工作辞职后第三场面试，前两次面试都因为工作不稳定、频繁跳槽而被拒之门外。三至六个月就跳槽一次的经历，已经烙印在他的职场履历中。在相当长的时间内，被“频繁跳槽”标签困扰的他，对下一份工作一片迷茫。

【案例四】小D已经在外贸公司的出纳岗位兢兢业业工作了八年之

久。她本来性格开朗，没想到现在整天要和钱打交道。选专业时，听家人说："会计稳定，你看哪家公司不需要会计？"于是选择了会计专业。大学毕业找工作时，听同学说："学了四年的专业不能白费了呀！"于是应聘了外贸公司的出纳岗位。但是小D不喜欢数据，不喜欢枯燥单一的生活，她在是否辞职的纠结中，错过了最佳的职业发展时间。

大家有没有相似的情况呢？其实，不做职业规划，不是说找不到工作，但是很可能会让你的工作很糟心，职场不顺利，达不到自己的期望。

那么，到底怎样做才能做好职业规划，不辜负自己的人生呢？

3. 职业规划四大原则

要想做好职业规划，首先就要了解和遵循职业规划四大原则。这些原则即使不能在一开始就让你明确方向，但至少能够帮助你"不跑偏"。

职业规划四大原则的概念很清晰，分别是喜好原则、擅长原则、价值原则和发展原则。

1）喜好原则

就好像谈恋爱一样，你总要找一个你喜欢的人，两情相悦，方能处得长久。如果你只是将就，那么将就的感情终究没有两情相悦的感情情感深厚，生活幸福。

工作也是如此，如果你不喜欢这个行业，那么在遇到困难时，你首先想到的不是坚持，而是放弃；在遇到诱惑时，你首先想到的不是抵制，而是接受。

更有甚者，如果连喜好都没有，那么你的工作和生活将了无生趣，上班就像上坟。

2）擅长原则

擅长原则很好理解，就是做你擅长的事。天下没有哪项工作是容易的，凡是工作，都有毛病。做你擅长的工作和事情，你才有能力做好；有能力做好，你才能解决具体的问题。

竞争无处不在，只有做自己最擅长的事情，你才能做得比别人好，才能在竞争中脱颖而出，不因技不如人而深受打击。

如此，凭借自己的能力解决一个问题、做成一件事情，你才会有成就感。有了成就感，才会有源源不断的工作动力。

3）价值原则

如果一项工作你很有能力去做，但是觉得没有价值，那么即使再有能力，你可能也不愿意去尝试。

我曾经在一家知名企业以管培生的身份工作过，需要以“扫楼”的方式一家接一家地推销公司的办公产品。我并不反感这种推销方式，但在深入了解公司的产品后，我却不认可产品的价值。简单来说，我自己都无法说服自己购买这个办公产品，认为其性价比低、质量一般，那又如何推荐给别人呢？

一名销售人员，只有切切实实觉得自己的产品非常不错，才能满怀热情地进行推荐；一名产品经理，只有对自己的产品充满信心，才能产生热情，而不是开发一款自己都厌弃的残次品；基础的后勤工作者，只有觉得自己的工作很有价值，给予其他同事帮助和支持，才能尽职尽责地完成任务。

工作其实就是这样，如果你发自内心地觉得这份工作有意义，那么你就会爆发出惊人的能力，你强大的正能量场就能感染身边的人。

价值观对动机有导向的作用，只有那些经过价值判断被认为是可取的价值观，才能转换为行为的动机，并以此为目标引导人们的行为。

所以，你从事某一职业，得先认为它足够重要、值得你做，否则你再有能力也不会开心。因为它不是你想要的。

4）发展原则

这一原则目前也是市面上宣传最多的原则，譬如前面的行业排行榜，就是在介绍很有发展潜力的行业。

以前大部分人高中选理科，大学选金融、互联网等专业，看中的也是行业的发展潜力。如果在现在信息化发展的社会，你还在从事蒸汽时代的职业，势必会被淘汰，所以要选择有发展潜力、符合时代潮流的行业。

此外，具有发展性的行业，就业机会多、成长空间大、薪资水平较高、市场广泛，这样的行业才有奔头。

所以在你选出几个方向之后，一定要先用这四个原则进行检视。

4. 职业规划之旅

目标的确定是循序渐进的，不是一下子就能找到靶心的。通过四大原则，我们只能对方向有一个大致的把握，还不能确定具体的目标。

接下来的具体规划方法，我想让大家有个具象化的理解，就以“旅游”做下类比。

现在就让我们一起开始职业生涯规划之旅吧。

很多人问我，应该选什么职业？就像是在问我，最适合你去旅行游玩的地方在哪里？很明显，如果缺少对你的了解以及必要的筛选条件，没有人能够给你答案。

世界这么大，可选择的目的地那么多，到底哪里最好玩呢？是非洲还是美洲？是森林还是沙漠？是现代城市还是古老遗迹？是亲近自然还是探索科技？你有多少假期？又有多少预算？

不把这些限制条件捋清楚，就做不好规划。

下面就来讲讲职业规划的具体方法，也就是“确定旅行大方向”的方法。

1）确定旅行大方向：职业方向定位

在开启职业规划旅程之前，你首先要在广袤的地球甚至浩瀚的宇宙中，确定你要去往哪个方向；也可以想象在你的面前是一片汪洋大海，你的目的地是一个适合自己生存的岛屿，那么你要往哪里走呢？

你是喜欢山多一点的地方，还是喜欢更平坦宽广一点的地方？你是喜欢繁华的城市，还是悠闲的田园？

做决定之前，你需要深入解析自己，明确自己的喜好在哪里，认同什么价值观，以及有什么样的需要，等等。

要选择一个大方向，我在前文讲到，第一步就是要多了解市面上到底有哪些行业和岗位，先扩大可选择的范围，才能有挑选的余地。

在获取信息的基础上，接下来就要充分分析自己。但所谓当局者迷，其实最不了解你的人，很可能就是你自己。

如果不知道或很难分辨自己真正的意向，除了梳理自己的过往，你还可以向外求助。

方法一：求助朋友

观察朋友，和朋友沟通，听听朋友对你的评价不失为了解自己的一个好方法。人们交友时有一个特点，大多数时候都遵照相似原则，会和同自己脾性、价值观相近的人走得亲近一些。正因为你们在某些方面相似、相近，你们在某一个话题上面才能有源源不断的看法可以深聊。

就好像一个考研失败的人会和另一个考研失败的人把酒诉衷肠，而一次考研就成功上岸的人可能不能很好地理解为什么别人会考研失败，以为是他们不用功、不自律。两种人心境不同，能聊的自然也不一样。

所以，和朋友进行深度沟通，借助朋友的帮助分析自己，也通过分析朋友来帮助自己明晰性格取向，给自己的职业规划定一个大的方向。当然，还可以找找谈得来的前辈，问问他们当时为什么选择这份工作，实际的工作情况如何，未来又是如何打算的。

还是那句话，多听、多看、多了解，才能做出更好的决定。

方法二：求助科学

通过自己和朋友来确定自己的职业规划方向可能比较难，准确性也许会略弱一些，那么你可以借助更加科学的办法来分析自己。

这里又要老调重弹地提到MBTI测试了。虽然有不同的声音表示MBTI测试的信度、效度不是很高，所以测评结果不是很准确，但在实际使用的过程中，它还是能帮助相当一部分人对自己有一个初步的判断。

在这里需要说明以下四点：

第一，测试的结果会因为人处在不同的时期、经历了不同的事情而发生变动，这很正常，所以不妨每过一段时间重新测评一次。

第二，MBTI中的几个分类不是完全互斥的，所以当你同一纬度的两个分数比较接近时，不妨把两个解读都看一看。这是指，在MBTI的测评结果中，评价人的个性有四个维度：内向型—外向型、直觉型—实感型、理解型—判断型和思考型—情感型。简单来看，在这四个维度的两极中，每个人应该是非此即彼的，比如，这个人要么外向、要么内向，要么是直觉型、要么是实感型。但是实际上，同一个维度的两极并不是只能二者选其一的，以“直觉型—实感型”为例，人很可能既可以敏感地体验情绪、遵从直觉，同时也擅长理性地思考，他在不同的情况下，会选择不同的决策模式。如果你的测评分数呈现一边倒的结果，那么相对而言是比较可信的，但如果直觉型和实感型的得分相差不大，我建议你把这两个类型的解读都仔细阅读一下，再做出自己的判断。

第三，测试即使再准确，也只是一个参考的依据，千万不要把测试结果当成盖棺论定。每个人都是独一无二的，没有哪一个测试可以把世界上的每个人分得清清楚楚、明明白白。更何况，测试题不了解你的实际处境，无法给出完全可行的方案建议。比如，我之前带过一名非常优秀的管培生，她的主攻方向是法律，在后来的工作中也做得非常出色。但是由于突发原因她视力骤降，并且不可逆，而法律工作是用眼重灾区，所以她一下子完全无法从事法律工作了。测评虽然显示她确实很适合这类工作，可现实是，她得重新选择一条完全不同的道路了。

第四，测评把人分为 16 类，对于每一类给出了数十个建议的职业方向，一方面这些建议方向肯定不足以涵盖所有可能适合的方向，另一方面这些方向虽然有相似之处，却还是有很大的差别。每个人还是需要根据实际情况来选择具体的细分领域。

所以，我们可以先通过测试，对自己有一个大体的认知。完成了这一步，相当于找到了一个旅程的大方向，如是要去南方还是北方，去森林还是沙漠。

2）知道自己能去到哪儿：实力评估

在地球上选择了一个大致的方向，就完成了我们职业规划之旅的启程第一步，紧接着我们就要来评估自己的现状了。

如果你选择去大海探险，那就检查航行用的船只，你的船是木筏、是快艇还是游轮？遵循擅长原则，看看你在哪些方面有什么样的能力和潜力，以此来评估你的船能走多远，并判断你能做成什么事。

都是航海，如果你只有一艘小船，那么可以选择比较平静的水域，定一个较近的目的地；如果你有一艘巨轮，那么可以挑战远途；如果你有一艘潜水艇，就可以去看看深深的海底。

举个例子。

我的一名学员妙妙做完MBTI测评后，知道了自己适合的领域大致有：广告创意、广告撰稿、市场营销和宣传策划、市场调研、艺术指导、公关、公司对外发言等。

她适合的职业是：儿童教育老师、大学老师（人文类）、心理学工作者、心理辅导和咨询人员、职业规划顾问、社会工作者、人力资源专家、培训师、演讲家、记者（访谈类）、节目策划和主持人、专栏作家、剧作家、艺术指导、设计师、卡通制作者、电影电视制作人等。

那么这么多的行业和岗位到底哪一个更合适呢？或者还有没有其他测评中没有提到的可能性呢？这就需要你合理地评估自己的能力了，包括自己的学历、技能、天赋、经历、人脉等，主要遵循前面讲到的“擅长原则”。

还是前面这个测评结果，如果妙妙现在是大学心理学本科在读，以前有过演讲比赛的经历，语言天赋好，普通话一级水平，在心理学方面她认识很多大牛，那么她就可以在心理学工作者、心理辅导和咨询人员、社会工作者、演讲家、节目策划和主持人等方向进行选择。

如果妙妙现在只有大专学历，但是她对设计、电影方面很感兴趣，平时能自己做短视频、策划活动等，那么她就可以在卡通制作者、电影电视制作人、设计师、艺术指导等方向进行选择。

总而言之，首先看你有什么，然后在大方向中选出你能做什么。可以把“你是否对这件事拥有比常人更加强烈的热情和执着”和“你是否显著比其他人更擅长做好此事”这两个维度作为主要的思考方向。

明确自己擅长的是什么，拥有哪些资源，然后在选择大方向的基础上遵循擅长原则，看自己能做什么，从而进一步缩小职业规划选择的范围。

3）组织环境影响巨大：物竞天择，适者生存

确定了航行大方向，准备好了航行工具，接下来航行旅途的环境是不是也很关键？你走的航线，环境如何？风浪大、礁石多的可能是近道，道远点、慢一点，但风平浪静的能不能接受？

选近道可能更快，但是如果你水性不好，驾船技术不好，旅途可能充满危险。狼进了狼性企业，可以成长得更快；进了羊窝，可能会被渐渐同化。而羊要是进了狼窝，很可能就被吃掉；到了羊群，至少能活得很不错。

所以说，组织环境对人职业发展过程的影响是巨大的。

如果你并不掌握资源、权力，就不要试图去改造组织环境，因为个人并不具备这样的力量，不要过于理想化。主动适应环境是个聪明的选择，不假他人之手，凭借自身努力就可以把握。

我们没办法改变环境，但是我们可以选择更有利于自己成长的环境。

4）探索真实信息：不被表象迷惑

选择航海的你，历经千辛万苦，终于到达了一片陆地，可是眼前有很多岛屿。这个时候难题又来了：你到底该选择哪座岛屿登陆呢？你对目的地有多少个岛、每个岛的环境都了解吗？

如果你对岛屿的信息不够了解，盲目选择，结果事与愿违，那么前面的千辛万苦不是白费了吗？

其实，现在你已经来到了职业规划最后决定细节的一步。你看好的方向，到底是否有前景、是否适合你、是否真的像你想象的那样呢？在做出最终决策之前，我们要对目标做全方位的分析和总结，了解它真实

的样子。

首先，要了解行业的分类。

在被推荐的、有意向的行业里，你打算选择哪一个呢？在选择行业时，有两种是不建议考虑的。

第一种：夕阳行业。

不论你选择哪个行业，最重要的，是学会判断所选择的行业是不是夕阳行业。

如果你不能自主判断夕阳行业有哪些，这里给大家一个简单的判断思路：如果这个行业的产品在你的生活中逐渐变得不重要甚至消失，如胶卷制造业，或者行业的产品已经能找到更好的替代，如传统媒体，或者在新闻中很少听到发展和创新的，如房地产行业，基本上可以划入夕阳行业的范畴。

除此之外，一方面，你可以高度关注新闻上对一些行业的扶持及政府重视程度，如关注领导的一些重要讲话，里面真的有超级多的机会点；另一方面，你还可以关注招聘类咨询网站发布的一些职业类的行业报告，从行业报告中，我们基本能够了解市场上一些行业的情况。

第二种：危险企业。

危险企业，包括违规企业和灰色地带企业。其中，违规企业最常见的情况是：不缴纳五险，也就是社保。只要是正规的企业，缴纳五险是最基本的。如果一家企业连五险都不缴纳，建议完全不用考虑。我们常说五险一金，那一金呢？在这里暂时留个悬念，在后面第四章“谈薪”的部分，会有详细的介绍。

灰色地带企业不是指违法，而是指没有专门立法、产品在法律中界定比较模糊的企业，如P2P金融贷款行业。政策一出，不正规的P2P公司，倒闭一片。

随后，要了解岗位。

再来了解企业的各个岗位，一般来说，一个企业的业务就像是一条蛇。

“蛇头”负责“吃进”业务，主要指能够带来价值，即为企业提供营养的核心部门。这些部门通常工资较高，需要从业人员具有挑战精神、抗压能力，有激情和创造力，愿意主动思考。

“蛇身”负责“消化”业务，主要指支持部门，对于吃进来的订单、客户进行消化，提供高质量、高效率的服务，建立公司口碑和形象，是业务发展的重要保障。比如，运营、客服、跟单员、售后等岗位就属于这一类。这些岗位需要员工有服务意识，有责任心，耐心细致，性格平稳。

“蛇尾”负责支持前端业务，即公司的人事、行政、财务、法务等支持部门就是公司发展的保障，支持前端业务部门开展工作。这些部门要求员工有一定的专业能力，熟悉公司业务和相关政策制度，思考问题全面周到。

要注意的是，可替代岗位不建议作为长期的职业目标。可替代岗位就是指随着科技发展，容易被替代的岗位。

这类岗位的特点是从事简单机械的操作，不需要情感和审美的介入。例如，公交车卖票员被自动投币机替代、肯德基点餐员被点餐机替代、银行柜员被银行业务处理机替代。

像这些基本的信息，搜罗一下，你就会有一个大概的了解。主要问题在于，我们很难真正了解到某个行业的深层内容。

通过网络的搜索和咨询，你可以大致知道你的目的地岛屿的数量和概况，但是，每个岛屿具体如何，却很难深入了解。一次短途旅行还好，选错了也没关系，但我们是在选择人生的职业规划，一个简单的选择很可能让我们的一生发生天翻地覆的变化，所以，不得不谨慎对待。

就像岛屿的管理者才是最了解岛屿情况的人，也只有每个行业、岗位的实际从业者，才知道这份工作的真正面目。很多人开心入职，但是又频频后悔。原因就在于，你以为的工作，不是你想象的样子。

“自由职业者”已经火了一段时间，很多人觉得每天自己安排工作，没有人管，是多么开心。但只有身在其中的人，才知道没有固定薪酬的压力之大、自律之难。有人眼热“网红”动动嘴皮子就日进千金万金，却没想到其背后蛰伏数年的艰辛。

就拿我的HR工作来说，很多人觉得手中权力大，又轻松。但是谁又了解入职前几年的枯燥，被当成“服务人员”的辛酸，以及薪资低、晋升机会少的无奈呢?

大家都明白，不是专业人士，是无法了解到某一行业的深度信息的。

比如，在2018年年底，抖音短视频行业就迎来短视频推荐的最后一波红利高潮，而一般在这个时候，新做短视频行业的人是不会知道的。而到了2019年，抖音短视频培训类的行业兴起，放肆营造短视频赚钱快的现状，导致一大批视频创作者涌入，短视频内容爆炸式增长，可基本上都是被割韭菜。

如果你没有真正好的内容，想随随便便拍个视频成为“网红”，过了红利期，基本不可能。如果你对这些信息的深度不够了解，那么你很有可能只有被割韭菜的份儿。

所以，在最终确定方向之前，还是建议你找到“内行人”，切实了解一下工作的实际情况。本章第四节中的“信息验证”部分也将对此进行详细的介绍。

5）旅程不是固定不变：通过实践的MVP及时调整

《精益创业》一书中提出“精益创业”的理念，指在开发新产品时，可以先做出一个简单的原型，然后通过测试并收集用户的反馈，快速迭代，不断修正产品，使之最终适应市场的需求。

这个理论也可以适用于我们的职业规划。能够一下子找到一生不变的精准目标自然是最好的结果，但随着我们经历、认识的变化，以及社会、时代的进步，规划也很可能需要进行调整。

实践是检验真理的唯一标准，你的规划做得对不对，也是要实践了以后才知道。

如果你现在还没毕业，或者刚工作不久，那么我一定要恭喜你，你拥有的最大的资源就是时间。一下子选不好职业方向也没关系，你可以去申请不同的实习机会，从实操中体会自己是不是真的适合，这比呆坐着思考“这个选择对不对”，要有用得多。纸上得来终觉浅，绝知此事要躬行。很多人也是在兜兜转转了好几年以后，才找到真正明确的方向。

如果你已经工作了，并且在同一个领域有了一定的经验，那我建议你用副业的方式来进行尝试。除非确定要转行，否则还是先以主业为重会更好。

有人也许会质疑，目前短视频非常流行，那么很早之前做职业规划的时候，怎么可能预知这一点？其实不妨换一个角度来看待这个问题。

第一，短视频虽然现在爆红，但是早在好几年前已经有了苗头，现在抓住红利的这拨人，绝大部分都是几年前就规划了这条路的人。

第二，即使有少部分人是立即改行，搭上了这趟列车，仍然不可否认，他们之前一定积累了相关的资本。

有的人也许之前规划的是影视剪辑的方向，所以他拥有的视频剪辑、制作的能力，帮助他快速转型到了短视频领域；有的人也许擅长唱歌跳舞，短视频其实只是换了一个平台而已，其底层能力还是一样的；也有的人可能是做起了知识付费，这些人一定是有很多年专业知识的积累，才可以有这么好的内容。

所以说，最终的呈现方式可以是多样的，但是我们之前为此做的规划、积累的能量是可以迁徙的。

第三，更多的人采用了小步试错的 MVP 方式，并没有放弃现在的主业，而是抽时间投入新的领域。如果发现这条路确实更适合自己，才会谨慎地全情投入，反之，就回归原来的生活，或者把这些新的机会当成爱好来经营。

无法回避的是，在历经思考和学习之后，仍然需要试错的过程。所以，越早开始越好！

二、职业规划的常见问题

1. 什么是好工作

都说做职业规划是为了找更好的工作，那么到底什么样的工作才是好工作呢？结合前面讲到的职业规划四原则和方法，这里再给大家介绍一个好工作的标准——收益性受雇。

大家也可以结合这个标准来评判一下，自己目前的工作，是不是一份好工作，以及要不要跳槽。

“收益性受雇”是美国积极心理学领域的开创者之一 C. R. 斯奈德在《积极心理学》这本书中提出的概念。斯奈德提出，只有符合了 8 种条件的工作，才是一个真正意义上的好工作。我们在这里主要分享和大家最密切相关的 5 个点。

1）好工作，帮助你实现“职业自我效能”

大家有没有想过，为什么有些人不管工作多累都很有热情，有些人早上刚到公司，想到面对的工作，就怎么都提不起干劲。原因是，越干越有干劲的人，实现了职业自我效能。

实现职业自我效能是一个良性循环。你在工作中越努力，在工作中的表现越好，个人能力提升得越快，越能感受到工作带来的成长，也就越会努力工作。但是，大家一定也见过身边有的人很努力，但工作表现越来越差，不仅个人没有成长，而且随时可能被淘汰。

这是因为，他们没有进入职业自我效能的良性循环，一方面是努力还不够，另一方面有可能是努力的方向错误、目标本身有问题，或者自身解读不正确。

下面为大家简单举一个目标错误的例子。

静静立志于成为一名大公司的 HR 总监，她一直埋头于研究最新的 HR 理论知识。

她总是自傲于自己所谓的“专业”，对别人的努力实践不屑一顾。但她从来没有想过，HR 总监不仅需要学识，更需要落地的经验。

工作七年后，由于努力的方向错了，她离 HR 总监的岗位越来越远。

2）好工作，能保持你心理能量的正常波动

好工作，心理能量应该是波动的，就像心电图一样，有起伏。如果你的能量是不断被损耗的，而且没有上升的过程，那这份工作就不是一份好工作。

其实很好理解，工作开始时应该是能量最满的时候，相当于波峰。随着工作的辛苦、枯燥或者强压纷至沓来，你的能量会越来越低，造成你越来越疲惫，觉得工作越来越没意思。

工作完成后的成就感，让你的心理能量上升，然后慢慢损耗，这就进入了一个正常的波动循环。这种能量是人们工作动力的重要来源之一，成就感保证了你工作的延续性。

再举个例子。

老师的工作非常辛苦，晚上要备课，白天要教学，教学结束还需要批改作业，担心学生的健康成长等。但是，老师看到学生学有所成，会发自内心地开心，从这份工作中获得的心理满足感已经大大超越身体上的疲劳感，继而他会为这份职业更加尽心尽力。也有一些老师，一段时

间后，会选择转行，是因为他们不能从这份职业中获得成就感，也就不能获得动力。

3）好工作，让你英雄有用武之地

英雄有用武之地，在工作中，就是做自己擅长的事情。

例如，冰冰擅长严谨的数据处理，且有点内向。但是她选择了行政工作，每天面对的都是琐碎的事情，而且经常要做的就是沟通。处理数据的能力得不到发挥，沟通工作又没有进展，会让她时时感到挫败。如果让她去做数据分析的工作，她就能给出非常有建设性的数据分析报告，而且有成就感。

4）好工作，有舒适的职场人际关系

数据显示，在工作中，有好同事或者好搭档的人对工作的投入，是那些没有的人的 7 倍之多。这个数据是不是很吓人？舒适的职场人际关系，可以大大提升工作的幸福感和满意度。

对于不擅长处理人际关系的职场人，职场间的尔虞我诈简直是折磨。好行业、好平台、好企业不代表好处理的人际关系和团结的团队意识。

进了大公司，但是上级不愿意教你，同事不愿意帮你，下级不愿意配合你，足够让你身心俱疲。

5）好工作，有相对满意的收入

收入绝对是影响大多数求职者选择工作的最重要的因素。

本书后面的内容也会一点一点教给大家获得高薪的实操方法，帮助大家获得满意的薪水。

现在，大家内心应该有了一杆秤，知道要以什么样的标准去衡量好工作了。

2. 优先选行业还是选岗位

在实际求职的过程中，有时候“行业”和“岗位”并不能两全，你想进的行业没有招你喜欢的岗位该如何是好呢？

在我做求职指导的过程中，有很多人为了进入一个看似热门的行业而想勉强自己。但是热门行业竞争往往较大，同样的岗位，需要比其他人更高的技术水平才能够胜任，大部分人却还没有达到这样的层级。

有一位意向做设计师的求职者，他现有的设计水平还不足以进入这个心仪的行业。目前摆在他眼前的有两个选择。

选择 1：坚持进入这个行业，但是由于设计水平还不够，从而选择从事门槛较低的销售岗位，以后再尝试从销售转为设计师。

选择 2：暂时放弃进入热门行业，去其他相关行业找一个设计师的工作。在工作中不断提高和积累专业的设计能力，以后在不变岗位的情况下，尝试进入热门行业。

让我们来预估一下两个不同选择会带来的结果。

选择 1 的结果：为了留在热门行业，他努力做着销售的工作，日复一日。几年后，设计的技能他几乎都忘了，不提独立设计，连模仿都做不到，更别说重新回到设计师的岗位了。

选择 2 的结果：在其他行业做了几年设计师后，他的设计能力不断提升，已经可以独立负责大项目的设计工作了，也有了一定的带团队的管理能力。在一次跳槽中，他的能力被热门行业看中，成功入行。

答案很明显了。

你学了设计，成为设计师，设计的精髓是相通的，即使你以后想换行业，如从包装设计换到平面设计，只要有设计的基础，都是有机会的。

反之，你明明喜欢做设计，却为了进入热门行业没有成为设计师，而是做了一名销售。那么由于没有相应的经验，技能也生疏了，再想从销售转到设计师，有多困难，可想而知。

所以，如果面临行业和岗位的选择，我建议你宁可先去不那么喜欢的行业，但是坚持选择同类岗位，这样才有“曲线救国”的机会。

3. 去大公司还是小公司

这个问题被探讨了很多年，我想分成两个角度来谈谈建议。

1）应届生和毕业不久的职场新人

对于应届生和毕业不久的职场新人，最直接的建议就是，只要能选，就去大公司。

第一，对于后期的求职，大公司的名字，足以加分很多。

现在很少有人在同一家公司干很久了，跳槽是必定会面临的情况。不论一开始进的是大公司还是小公司，大部分人都会跳槽。

跳槽时，大公司和小公司的过往经历，哪一个能让你找到一份更好的工作呢？答案很明显。

也许你会说，小公司的经历也会很棒。有时的确是这样，但从概率上来看，更好的背景就是一个人更优秀的证明，毕竟能够进入大公司，也是对进入者之前能力的一种肯定。HR 招聘时，不自主地会更关注大公司出来的求职者。

第二，如果你觉得去大公司不好，是由于以下这些原因，那么，你不需要太担忧：

a. 听说大公司分工明确，自己只能做螺丝钉，学的东西很少。

在职场中，到底能学多少，还是看你的主动性。即使大公司没有安排你很多类型的工作内容，你也可以自己主动多观察、多学习、多请教。不要把自己的不争取机会，全都怪罪给公司不给你机会。

也许你觉得小公司安排了很多任务给你，但事实上，小公司的工作很可能更加杂乱无章，看似很丰富，实际上很多工作都是在“试水”，很可能完全没有价值，甚至很多是傻瓜式重复操作。

当小公司还在到处找新技术的资源时，大公司早就用上了最新的技术。

b. 觉得大公司规章制度多，受约束，人情世故复杂。

一方面，小公司不见得没有“办公室政治”。

另一方面，所谓的规章制度、人情世故是不可避免的，在以后几十年的职场中，你一定会遇到的。早点经历，总结经验，并没什么不好，反而能帮你更加成熟。相比于三十好几岁再去提升职场情商，一开始就走在前面无疑是更明智的选择。

c. 担心大公司所在行业竞争激烈，以后要转型。

近期出来的这个言论让我不免觉得有些好笑。小公司所在行业未必竞争不激烈，即使现在不激烈，也不代表以后也会不激烈。

并且，这应该是在选择行业时考虑的问题，而不是在选择公司规模时考虑的。当你选好行业后，一定要争取进入该行业里的大公司，这才是最优解。

如果你一定要去小公司，那么我建议公司人数至少要在 100 人以上。太小的公司，实在太混乱，太不稳定。很可能你入职没多久它就关门大吉了，你既浪费了去大公司的机会，还得重新找工作，得不偿失。

我曾经面试过一名不错的求职者，但是他之前从三家公司离职的原因，都是公司倒闭了，不说迷信，但这也确实让我非常苦恼。

第三，关于“画大饼”。

很多人考虑进小公司，主要是遇到了一个“超级大饼”。很多领导，之所以能成为领导，不是因为他们在专业方面有多厉害，而是因为他们非常擅长“画大饼”，也就是给你讲未来、讲发展，让你仿佛看到了公司上市、自己成为人生赢家的光彩画面。

“画大饼”，并不是一个纯贬义的词，这对于招聘、留人，以及增加团队凝聚力等，还是很有用的。

但我们遇到“大饼”时，也要理智地判断一下，许诺得这么美好的未来，有多大可能兑现呢？相信你也有自己的判断。

2）有一定工作经验的求职者

如果你已经有几年工作经验，并且积累得还不错，至少达到经理级及以上级别，此时有小公司给你一个“飞跃”的机会，让你当一个大领导一展拳脚时，可以考虑去小公司。而且去的时候，尽量争取分红，争取股权。

为什么有经验的人选择要去小公司？不就是为了跳出大公司的束缚，做出点自己的成绩吗？

如果小公司还多方限制你的发挥、有复杂的规章制度，薪资低一点不说，还不给分红之类的，那你为什么要去呢？

以上就是去大公司还是小公司的问题。

前面建议大家去大公司，这是当有选择机会的时候，但如果你实力还差一点，没办法入职名企，也不要太过于纠结“名企情怀”。

我遇到过不少应届毕业生，一开口就问：“老师，我要去BAT，简历要怎么写？”很多金融专业的同学也是动不动就非“四大”不去的。其实他们中的绝大多数人是远没有达到名企的招聘要求的。

很多求职者之所以对自己的期望过高，主要是受到身边人的影响。如果你的定位来源，是身边有同学、朋友进了很好的公司，那建议你要认真评估一下自己的真实水平，从合适的层级入手。当然，不是说你不能有很棒公司的目标，但我们可以选择“曲线救国”。非得一开始就吃成个胖子，也得先看看自己有没有这么大的肚子呀。

一个班同学差别很大，除了入学时成绩差不多，其他都是天差地别。每个人身边都会有同学进了很好的公司，但不代表你也可以。

首先，他们可能成绩不只是还可以，而是数一数二，顺便还有论文发表、科研成果结项和专利申请。

其次，他们可能还有参加学生组织的经历。各类大大小小的活动，他们已经有了全程策划组织的能力，即使不是全权负责，在其中某一环节，也是能独当一面。

再次，他们更可能还有很多实习经验，而且还是与求职意向对口的经验，实习已经是著名公司的非打杂岗位，甚至还有大领导的实名推荐信，有可能已经做出了不小的成绩。

最后，还有可能是别人对其早有安排。不可否认，这也是一项优势。在我指导求职者找工作的过程中，很多人想要从梳理方向开始，找到一份相对而言还比较满意的工作。但是，我也确实接到很多"特殊"订单，求职者直接表示，已经有亲友安排了名企入职，只需要一份简历，简历乱写都没关系，只要走个过场就行。

因此，与其花时间纠结名企，不如先客观地认识自己，先从适合自己的公司入门，不断提高自己的能力，再跳槽去更好的平台。

4. 想转行怎么办

在实际的招聘过程中，求职者是否频繁跳槽、跨行跳槽，是 HR 非常关注的。一般来说，跳槽次数多、频率快、行业区别大的人，会被贴上"不稳定""缺乏目标"的标签。

所以，如果你还比较年轻，刚毕业或者工作三年以内，那么转行的成本还是比较小的，如果你对现状不满，且工作确实不适合自己，我建议你尽快行动起来，而不是等拖了四五年年纪大了再想转行，难度就会大很多。

跨行这件事，有大跨行，也有小跨行。

小跨行比较好处理，我们可以理解为，底层的能力体系是相通的，只是反映在外在的职位上不同而已。这也是比较推荐的转行跨度。在后续的求职过程中，只要着重描述新旧两个行业的底层相关性，也就能够很好地弥补具体项目中的经验缺乏。

但是大跨行真的非常难，建议你一定要慎重考虑。如果真的选择大跨行求职，就一定要记住“骑驴找马”，不要希望有公司会给你一个“在工作中学习”的机会，而是要提前准备好一些新的技能，再去求职。求职成功后，再从原行业离职。

以下分析一个具体的案例，来帮助大家理解“通过描述相关底层能力，来写好跨行简历的思路”。

前段时间我为一名35岁国企员工进行求职指导，他由于个人原因，要离开国企。他觉得自己一直在办公室工作，以处理人际关系、帮领导跑腿办事为主，并没有实质的工作内容，所以非常担心离开后会找不到工作。苦思冥想之后，他想要转行做IT。

那么，从国企职员转行到IT，这就是一个跨度太大的、不推荐的转行。对他而言，办公室主任、总经理高级助理等岗位才是更好的小转行选择，既能发挥他的特长，又是一个需要一定年龄和阅历积累的工作，不至于面临“中年危机”。

后来这名求职者选择了我给出的建议，而不是转行去做IT。这就是小跨行的例子，更容易成功，也更利于职业的整体发展。

具体来说，建议他小跨行的原因如下。

首先，这名求职者在国企任职的这段经历，极好地培养了他的为人处世的方式。这是我推荐的岗位非常需要的能力，也是简历书写的重点。

对外，他可能会帮助总经理处理很多人员接待、洽谈、沟通的事情，甚至有可能处理一些突发情况；对内，任务的上传下达、公司内部关系的处理，也是一门大学问。这可绝不是初出茅庐的小年轻能够妥善处理好的。

谁都知道，一些“办公室政治”是不可避免的，如果有一个人，能够处理好这些事情，帮助公司减少内耗、提高效率，你说，是不是会很受青睐呢？这个时候，他的经验，就是非常合适的。

其次，他很熟悉国企的制度、文书。做办公室主任、总经理高级助理这类岗位时，有一项工作内容是“公文写作”，那么他一定比很多人做得好。

最后，他还会外语，这是一个加分项。这个岗位不一定需要外语，但是他会，那就更好了。说不定就有用上的时候，比如，有外宾或者外国客户来访，或者是需要写对外的英文工作邮件，等等。这至少也是他谈工资时，一个要求加薪的砝码。

再为大家分享一些其他转行的建议，希望能给大家提供一些思路。

a. 优秀的空姐，需要具备出众的外表、专业技能、服务意识、情绪管理能力、突发事件处理能力等。当一名空姐年纪大了，不适合再飞的时候，可以考虑去做高级行政主管等工作，或者公关类型的也可以考虑。

b. 脱离职场的全职妈妈，虽然没上班，但是学习了丰富的育儿知识，那么可以再深造一下这方面的专业，如考虑做一名育儿讲师，或者幼儿园老师。

c. 现在偶尔还有看到的，在商场街头卖“小白鞋擦鞋神器”的小伙子们，连这样的辛苦、高压都能接受，还有什么销售工作是做不了的？建议可以找一家正经的公司，做正式的销售工作。

当然，这些只是我举的例子，每个人实际情况不同，我不可能一下子全部说到。我是想告诉大家，如果在求职的方向上迷茫了，千万不要随便找一个工作就去做。如果这个工作又不合适，岂不是还得再转行？那就太浪费时间和经历了。

求职时，分析我们个人的经历、优势、特点，是非常重要的。做好自身分析，我相信，每个人都能找到自己擅长且喜欢的方向。

5. 转行做技术，我不要工资，公司会招我进去学习吗

前面讲到如果要转行，一定要先学会新技能再去求职，特别是技术类的岗位。这就引发了一个讨论：我不要工资，公司会招我进去学习吗？

关于这个问题，答案恐怕会让大家失望了。答案是，靠谱的公司基本上不会招这样的人。

也许偶尔有几家公司，实在没办法的时候，会招这样的人，如公司招不到有经验的人，或者以“人才培养”的名义招聘，实际上只是招一个“打杂的”，并不会提供你想要的学习机会。

但凡有一定规模的正规公司，如果招这样的“学徒”，其实是在给自己找麻烦。如果你以为工资要求无限低，甚至不要钱，可以换来一个好的学习机会，那就真是想多了。工作能力不错的人，都不见得能够找到一份好工作，更不要说没有相关能力的人了。

也许你还想问，为什么不要钱，公司还不招我呢？这是因为，公司虽然不需要为你支付工资，但是需要在你身上投入时间和精力。

以求职者 A 想要转行做编程为例，很多大学学对口专业、有一定基础的同学，毕业后都很难上手工作，更不要说一个转行的新人了。

一条最基础的代码，一个刚入门的人，几秒钟就能写好，但是没有基础的人，可能要花上几个小时。

如果招这样一个新人，公司还得专门找个人带你，帮你改 bug，教你算法，那可太费劲了。老员工也会拒绝从零开始带一个新人的。你以为自己可以帮老员工分担工作，但是事实上，老员工宁愿自己来做这些工作，也好过教一个零基础的人。

当然，我这样说，并不是要让大家焦虑，而是希望可以帮助你们正确地看待问题，从而做出正确的选择。

如果你真的决定转行，特别是转行到技术类岗位，我建议你不仅要自学，而且要专门找一个正规的机构学习，刻苦钻研一段时间。

三、求职素材积累

简历不是写出来的，而是准备出来的。写简历看似从打开 WORD 的时候开始，事实上，“写”这个动作也就花上几个小时，但是为了写简历所做的准备和积累工作，却是早早就开始了。

同样，面试也不是现场发挥一下这么简单，需要丰富的真实案例支撑，以及良好的表达能力的训练。所谓功夫在诗外，就是这个道理。

简历和面试中最重要的部分就是你的经历，包括学习经历、工作 / 实习 / 实践经历、项目经历等。这些经历是无法杜撰、不能造假的。所以，当你确定了职业方向，我建议你不要马上开始求职，而是先积累相应的经验。

我把积累经验方式总结为三种：理论积累、实操积累和模拟积累。

1. 理论积累

理论积累最容易理解，也就是对基础理论知识的掌握。

虽说随着工作年限的增长，实践的重要性会超过理论，学历的重要性会降低，但这不代表想做好一件事就可以忽略专业知识。

很多招聘信息，特别是研发类岗位，对于专业的匹配性要求会比较高，一般都会写明招聘的专业范围，如“计算机专业”或者“生物类专业”等。

如果你大学正好学习了相关专业，那么会轻松很多，否则就需要购买专业书籍、参加培训课和分享会来提高了。在简历和面试中，介绍自己相关的知识背景，能够有不错的收获。

作为一个门外汉，我当时选择的方式就是考取人力资源证书，通过参加线下课程的方式，系统学习了专业知识，顺利通过了考试。对于考证，我建议大家不仅要以拿到证书为目标，更要以学习知识为目的，特别是在有了一定工作经验之后，结合自己的实际工作，能够更容易地把专业知识内化。如此一来，知识不再是冷冰冰的字符，而是鲜活的案例和指导方向。

2. 实操积累

纸上得来终觉浅，绝知此事要躬行。公司招聘，毕竟不是招纸上谈兵的人，而是能够上手工作、产生效益的人。你与求职岗位直接相关的实操积累就是你能够胜任这份工作最好的证明。

通常来说，实操能力会在对口的工作、实习中积累。这就引申出了一个普遍的问题：我觉得现在的工作没有什么可以学的，要如何积累呢？这个困惑对于初入职场的人来说，更是频频被提及。

其实呀，看似最枯燥、最单调、最乏味的工作，也有可以挖掘的地方，这就要看你的主观能动性有多强了。

绝大多数的职场新人，都有过一段或长或短的“打酱油”阶段，每天不是复印打印、装订文件，就是填写报表、整理数据，或是出门跑腿儿。心里其实很想有一番作为，无奈现实没有给你机会。同样的起点，有的人尽快上手了，做起了真正有意义的事，有的人却是“工作时间 2 年”，“工作经验 0.5 年”。

那么，如何才能真正成长呢？

总结起来，最重要的一点就是：你的主动性到底有多强。即使安排给你的只是简单的辅助类工作，你也可以自己主动多观察、多学习、多请教。我总结了 6 个不同层级，可以让大家直观感受一下。

打个比方：你的岗位是 HR 助理，其中一项工作是打印要来面试者的简历，如 10 份。完全不同的主动性，会带来截然不同的收获。

【酱油模式】收到邮件 / 下载简历，打印，走到打印机前，拿出简历，拿给 HR。

【一级模式】拿出打印纸后，装订，按照不同岗位，用文件夹装好，贴上标签。如果你知道每个人的面试时间，就进行标注，并按先后顺序排好。

【二级模式】阅读简历，以自己的理解，对应相关岗位的招聘需求进行分析，可以猜猜为什么选这个人来面试，这个人有多大可能应聘成功等，更可以主动和你的带教 HR 进行讨论。

【三级模式】学习相关面试知识，猜想针对这几个候选人，可以问哪些面试问题，为以后成为面试官做准备。

【四级模式】关注面试、录用进程，并向 HR 请教，为什么录用 / 不录用这个人。

【五级模式】如果你在前面几级有一些想法，比如你觉得，这个岗位最重要的是 ×××，这个人最大的工作亮点是 ×××，那就可以观察最后录用的人，是不是这样的，他们在实际工作中，是否有变现出这些特质，以此来验证你的判断。

你看，你以为是“打酱油”的工作，实际上可能有很多拓展的空间。即使你的前辈 HR 不是热心亲切的人，不怎么理会你的问题，但只要你做了，也一定比“把自己就定位为酱油角色”，进步会飞快得多。

如果你已经有了一定的工作经验，那么最重要的，就是通过复盘来不断提高，让每一次操作不是过了就忘的简单重复，而是后续进步的基石。没有复盘的项目，是不完整的。刻意练习之后，一定要记得反思总结，不仅是回忆工作的过程，更是记住做得好的地方，也为需要提高的地方想到解决方法。反思就是帮你吸收消化的过程。在你反思总结的时候，你需要问自己这样几个问题：今天我工作中遇到了什么困难？我当时是怎么解决的？有更好的解决方案吗？我当时的心理活动是怎样的？从此事中我学到了什么？我需要注意什么？

这样，你就可以加深一遍对问题的思考、对现象的看法，从而在今后不再犯类似的错误，也帮助自己更清楚问题的本质。

很多公司要求员工写日报、周报，项目结案汇报，做年度述职等，不仅是为了管理工作进度、提高绩效，也是为了帮助员工梳理自己的工作内容，通过复盘不断使能力得到提高。

日常复盘做得好，就相当于积累了很多具体的实操素材，相比于求职时再回忆，总结效果会好上很多，在后续写简历、准备面试的时候，你也会轻松不少。

温故而知新，知道自己失误的地方在哪里，下次就可以从倒下的地方重新站起来。

3. 模拟积累

实操积累无疑是最直接、最高效的提升方法，但这样的机会也并不多见。特别是对于首次求职的应届生、想要转行的职场人来说，大家往往面临这样一个窘境：几乎所有的招聘需求上都写着，要“有 × 年的相关工作经验”，甚至连很多实习岗位的招聘需求上也写着这样的要求。

很多人就会觉得，这是一个无法跳出的怪圈。

“我想通过找一份工作，来积累实操的经验，从而满足更好岗位的招聘需求。但是每一个招聘信息都要求有经验才可以胜任，那么，我去哪里积累第一份经验呢？”这是大家非常常见的困惑。

关于这个问题，我首先要告诉大家的是，对于“有 × 年的相关工作经验”的要求，最好是在同类公司、同类岗位的工作经验，但是退而求其次，也可以是实习、练习的经验。如果你也遇到了这样的难题，除了寻找愿意招小白的岗位，更靠谱的方式是“模拟积累”。

我有一位朋友，她和第一章中写到的博士类似，本科是国际经济与贸易专业，硕士是会计专业。但是她经过职业规划的深入分析后，选择了“产品经理”的岗位。

由于她从未有过相关的经验，求职自然成了难事。但她积极参加网课、训练营，在完成作业的同时，报名参加了很多知名公司的产品经理挑战赛，并且通过不懈努力，取得了不错的成果。

她把这些网课的作业、参赛经历、获奖成果写进简历中，并且整理了自己的参赛作品，总结了参赛的经验，收到了好几个不错的OFFER。

虽然模拟积累不如实操积累那么真实，但也能够丰富一个人的实战经验。部队经常进行模拟对抗、消防官兵模拟救火操练、空姐模拟事故现场等都是一样的道理。

实操机会难寻，但各行各业都有很多模拟练习的方式。我非常建议学金融的同学多去参加各类金融挑战赛、模拟沙盘、模拟炒股比赛等；设计方向的求职者多多制作作品集，参加设计大赛；编程领域的小伙伴可以自己开发一些小程序、小游戏；求职文案岗位的，可以申请一个自己的公众号或者头条号或者其他平台，自己坚持练笔，如果你有写出过质量不错的文章，自然可以作为求职加分的筹码；连一些偏辅助性质的如行政、人事的工作，现在也有很多线上课程，自己试着写一个行政制度、制订一个培训计划都是很好的尝试。

需要注意的是，我们一定要用实操的心态来对待模拟练习。如果你只是报名了网课，却从未完成课后作业，或者草草了事不追求质量；如果你只是随便提交了一个参赛作品，也不关注评委点评，不寻求提高；如果你只是做了一个粗糙的游戏，但是经常闪退、卡住，那么模拟积累就完全称不上是有效的积累，也无法为你的职场大厦添砖加瓦。

作为 HR，我经常在面试的过程中，听到求职者说“我虽然没有相关经验，但是我很喜欢这份工作，我以后会努力学习的”。了解了前面三种积累的方式以后，你就会发现，这样的回答是多么苍白无力。不论是自己学了一些专业知识，还是模拟实践过、想尽办法去实操过，即使是自学，即使只是看了几本相关的书都远远好于“以后会努力学习的”。

我不相信如果一个人真的喜欢一份工作，会是“完全没有相关经验”的状态。要么是你其实有过一些积累但是不知道如何表述，要么就是你根本不喜欢这份工作，这句应答只是看了面经以后学的。很明显，不论哪一种，都不会成为公司录用你的理由。

你没有直接相关的工作经验可以理解，但是你如果一点准备都没有做，完全没有提前学习任何内容，公司又要如何相信，你入职以后会努力学习呢？

如果你真的想从事这份工作，那么一定要提前积累经验，而不是等着入职后再去学习。毕竟公司要招的，是一个能产出业绩的员工，不是一个无法上手的学徒，更何况，还要为这个学徒付费。这么不划算的买卖，谁会做呢？

四、打好“信息战”

信息不对称是大家都会遇到的问题，在求职过程中也是一样。做好收集信息也是求职成败的关键。

举个最简单的例子，你想吃一种口味的棒棒糖，但你根本不知道去哪里买，那么你就永远无法得到。

在实际求职的过程中，很多人之所以错失了很多好的机会，不是因为个人能力不足，也不是因为缺乏求职技巧，而恰恰是因为没有掌握足够的信息。

1. 分清校招、社招

每年的5、6月份总会有很多应届毕业生临近毕业却还没有收到OFFER，但是春招的网申环节都已经结束了，再也没有校招的机会，只能去参加社招了。

曾有人问我："错过了春招、秋招怎么办？"

我回答说："那你就去参加社招，也挺好的。"

他接着担心道："可是我没有社会工作经验啊！怎么办？"

我会问："那你以前大三、大四都干什么去了呢？"

他："我……我也不知道。"

说实话，像上面这样的对话，我遇到不下几十次了。真的是"少壮不努力，毕业徒伤悲"，对于毕业生来说，一旦错过应届毕业生的身份，就算你想后悔也没办法了。

1）校园招聘和社会招聘的区别

校园招聘简称校招，具体分为春招和秋招，校招外的另一类是社招，也就是社会招聘。

很明显，校招针对应届大学在校生，一般都是在学生没毕业时就开始了；社招针对已经有工作经验的社会人士。已经毕业的同学一般无法再参加校招，还没毕业的同学也可以参加社招。

在招聘要求和定位方面，校招以"培养人、搭建人才梯队"为核心，如果求职者的综合素质不错，"可培养"，企业就愿意给大家一段时间来学习和成长；社招最看重的是经验，"能不能快速上手工作"是用人单位考核的要点。所以，应届生一旦错过校招的机会，又没有足够的经验，想要通过社招找一份好工作，就更难了。

2）不是所有应届生都可以参加校招

一般来说，校园招聘都非常看重学生“应届毕业生”的身份，但是对于应届毕业生的具体认定，很多人都存在误区。通常情况下，由国家统一招生的普通高校毕业生离校时和在择业期内（国家规定择业期为2年，部分地区延长为3年）未落实其工作单位、档案及党团关系，保留在原毕业学校或毕业生就业指导服务中心、各级人才交流服务机构和各级公共就业服务机构的毕业生，可按应届高校毕业生对待。

应届毕业生分为以下两种：

a. 即将毕业但还没拿到毕业证，处于实习或待业状态的；

b. 已经拿到毕业证，但拿到毕业证的时间在择业期内的。

虽然说毕业两年内都是应届毕业生，但其实“应届生”与“应届生”也有区别。

举个例子：你是2017年或2018年的毕业生，2019年时，你可以以应届生的身份参加公务员考试，但是，如果人家明确说明只招收2019年的应届毕业生，那么你就无法参加了。

而在实际招聘过程中，你是不是应届生，能不能被认定是应届生，是由招聘单位决定的。

对负责招聘的HR来说，2020年9月秋招时，只有2021年还在校的大四学生，才是真正意义上的“应届生”。此时，2020年6月已经毕业的同学，已经不是了。

虽然说，这并非数学公式一般的标准，但是在实际操作中，这是被绝大多数HR所普遍认可的。

当然，我们依然要用辩证的眼光去看待应届生这个身份，根据不同年份和不同的公司、岗位情况，也会有不同的情况。比如偶尔出现某岗位投递人数不足，或有人放弃 OFFER 需要补招，或求职者确实非常优秀等情况，企业都会格外优待。

所以说，如果你 2021 年 6 月毕业，那么你 2020 年的时候就应该参加校招了。

一定不要错过秋招的黄金时间，等磨到你已经不是“企业认定的应届生”，那个时候再通过社招找工作会难上加难。

3）校招的基本流程

用人单位总想抢占先机，把优秀的毕业生招入麾下，所以秋招是公司招聘的第一波，也是岗位机会最多的阶段，与此同时，秋招的竞争也非常激烈。而春招一般是岗位补招，比如秋招有毁约的情况，或者用人单位因为战略调整才会招聘。春招的岗位机会相对偏少，竞争也没有那么激烈，主要面对的是考研失败的同学、部分秋招没有遇到特别合适机会的同学。

一般来说，校招的流程比社招复杂，公司越大、越正规，招聘流程就越复杂。校招的流程通常是：网申→全国宣讲会→一面→二面→终面→发放 OFFER →签订三方协议。

在网申过程中，很多公司会召开宣讲会。在宣讲会现场投递简历有可能提高入选的可能性，而且如果企业安排现场面试的话效率会更高。

但是用人单位在宣讲会除现场接收简历外，主要的作用其实是打造公司的“雇主品牌”，让更多的人知道公司的情况，扩大影响力，所以也并不是非去不可，直接参加网申也是完全没问题的。

网申就是指在网上进行岗位申请，主要是进行简历填写、投递和一些在线测试，如心理测评或笔试，一般建议使用兼容性更强的谷歌浏览器。

如果有在线测试，通常会有机器进行测试筛选，只有通过测试的人的简历，才会进入简历筛选的环节。部分技术类岗位，在网申后、一面前会增加现场笔试环节。

在实际的招聘过程中，有的企业可能会删减某些环节，甚至加上一些特色环节，如试岗、文化体验等，但网申、一面、二面、终面、发放OFFER 都是必经流程。

2. 信息搜集

信息搜集分为两个部分：招聘信息搜集和招聘流程搜集。

1）招聘信息搜集

有不少来访者问我："夏老师，为什么我简历投了很久，都没有收到消息？"了解以后才发现，这些求职者往往只使用了一个或者两个求职网站，忽略了其他的渠道。

获取更多的招聘信息，才能够有更多的求职机会。特别是对于应届生来说，求职的黄金时间就是校招，一旦错过就只能参加社招，和很多工作经验丰富的求职者去竞争，成功率自然低了很多。

我就遇到过很多在校招的网申都结束后，才反应过来要找工作，结果毫无办法的求职者。

所以，在你决定开始求职时，一定要先充分了解招聘信息。常见的招聘信息发布渠道主要有以下几种。

a. 各大招聘网站：包括前程无忧、智联招聘、BOSS 直聘、猎聘网、拉勾网等。

b. 官网：各公司的官网中一般都有"加入我们"的板块，就是招聘板块，对于大公司而言，在校招季一般都会在官网显眼的位置用大篇幅进行宣传。

c. 各公司公众号、微博等平台：随着新媒体的崛起，各公司纷纷打造了自己的多平台矩阵，并且和官网一样发布正式的招聘信息。如果你有心仪的公司，搜索一下公司的名称，往往能够有意想不到的收获。

d. 某些职位的专属网站：如程序员聚集的牛客网、设计师常逛的站酷网等。

e. 朋友圈：很多公司都会有内推渠道，也非常鼓励员工邀请自己的亲朋好友一起加入公司，而且邀请人还能收到一定的“推荐奖”，所以职员们也很愿意分享自己公司的招聘信息。如果你平时注意经营自己的人脉，那么你的朋友圈里可能会有很多惊喜在等着你。

f. 信息整合平台：应届生求职网等网站会定期整理校招信息，大家也可以关注公众号“简历坊”，会每年更新校招资讯，方便查看。

2）招聘流程搜集

招聘流程搜集主要是指不同公司的招聘流程不同，有的分为好几轮，有的可以一锤定音。提前了解公司的招聘流程，可以帮助我们更有“掌控感”，更能针对不同的环节来做针对性的准备。

一般来说，校招的流程比社招复杂，公司越大、越正规，招聘流程就越复杂。

校招的流程通常是：网申→一面→二面→终面→发放 OFFER。

社招则相对简单，大型公司的面试环节可能会有三轮及以上，中小型公司一般两轮就结束了。有时是先由 HR 面，有时是先由业务领导面，可以在接到面试邀请时进行确认。

3. 信息验证

“我正式入职以后，才发现工作和我想的根本不一样。”很多求职者想要跳槽都是出于这个原因。招聘官和你说的信息与真实情况有所偏差是很常见的情况，但如果差距太大肯定让人无法忍受。

同时也有不少读者私信我，觉得自己在求职的时候总是被公司挑选，但自己完全不知道该如何判断一家公司的好坏，很担心做出了错误的选择。

其实这两个问题的本质都是验证信息缺失。如果你能够提前掌握一些验证信息，就能够帮助自己减少试错成本，节省很多不必要浪费的时间。下面就和大家分享一下求职过程中常见的陷阱，并且介绍一下通过验证信息识别陷阱的方法。

求职，是人生中除学业、婚育以外的头等大事。正因如此，在求职的过程中，大家难免会很注重结果，比如说，接到了多少面试电话，笔试得了几分，面试过了几轮，收到多少 OFFER，等等。

但是，在实际招聘过程中，是有一些灰色地带的，甚至可能存在招聘诈骗情况。所以我特地提醒大家，当求职很顺利的时候，也要放慢脚步，注意几个求职时的陷阱。避免因小失大，浪费了自己的时间和精力，更可能耽误了目前已有的工作，影响长久的职业发展。

1）面试中的信息验证

先说一个小故事。作为一名有一定经验的 HR，我曾经以求职者的身份，在并没有跳槽意愿的情况下，去一家距离我家非常远，我也不可能会选择的公司参加面试。你可能会觉得奇怪，既然我根本不会去这家公司，为什么还要去面试呢？答案不是因为我在“当卧底”，也不是为了提高自己的面试能力，而是我想帮助我的一位猎头朋友完成她的面试指标。

简单来说，猎头朋友受这家公司所托，需要招聘一名 HR 经理，但是迟迟没有进展。朋友觉得我比较符合招聘的要求，所以就拜托我去参加面试，即使我最后以其他理由推托，没有去入职，但是对于猎头来说，也算是完成了指标。相比于“一名合适的候选人都没有找到”，“有一名合适的候选人，但是她不愿意来入职”当然更好一点。

有的候选人是“假的”，反过来说，你可能从不会想到，接到的面试邀请，也有可能是“假的”。所以，当你接到面试邀请时，我建议你想一想：“为什么选我？”“公司有这么多候选人，收到这么多简历，为什么要给我打电话，让我去面试呢？”

你接到面试邀请，最大的可能当然是你确实很优秀，很符合岗位需求，HR 希望通过面试来确认你的匹配程度，和你达成一致。此时，HR 一般会先与你进行简单的电话面试，确定你基本符合招聘要求时，才会和你约定具体的面试时间和地点，在态度上也比较真诚。

除此之外，还有几种特殊情况，虽然发生概率不高，但也有必要让大家引起重视。

a. HR 的工作，也是有绩效指标的。

特别是负责招聘的 HR，绩效指标一般就是在多长时间之内，招到多少人。进一步的会涉及到岗率、转正率、晋升率等，以判断 HR 招聘的有效性和准确性。有时候还有过程指标，如发布了多少职位信息、筛选了多少简历、面试了多少人等。

所以，像我前面的故事中讲到的，有时候结果数据不太好看，如某些岗位长时间没有招到合适人选，或者岗位需要非常紧急的时候，HR 也会追求过程数据，以此来体现“我工作已经很努力了，虽然没有招到合适的人，起码已经面试了很多人”。不然没有招到合适的人，中间的过程数据又不好看，就很难向领导和用人部门交代。

如果你是在这种情况下接到面试邀请，就很可能只是“走过场”。对方并不是真心觉得你适合和优秀，只是需要把你变成数据报表上的一个数据。在这类情况下，为了接到的面试邀请而高兴，可能就是白高兴一场了。

b. HR 想通过你了解一下市场的行情。

比如，公司想招一个大数据分析师，但是公司里之前并没有这样的岗位，缺乏对这个岗位的了解，所以想要通过进行一些面试测试来了解一下市场行情；也有可能是公司准备进行调薪，要根据市场最新的工资情况，确定一个合理的涨薪幅度；还有可能是你来自竞争对手的公司，那么 HR 自然对竞争对手的人员构成很感兴趣。

需要了解市场情况却又资料不足时，除了通过网络、咨询公司和同行之间的沟通，HR 也会通过面试几个人，来了解一下市场上的薪资水平，以及测试当下市场上这类人才是否容易招到。在这种情况下，HR 会重点关注候选人的报价情况，也就是你的期望工资和目前在职的薪水。也会结合候选人的工作资历、面试表现，来评估我们为招聘目标给出的预计薪资的合理性。更专业的情况是会评估是否有必要招聘这样一个人，这个岗位人才的专业技能是否值得内部培养，或者其实可以由其他岗位的员工来兼任。

此时，你成功入职的可能性不大，但也不是说绝对没有。

c. 你的简历中，有些内容很有意思，HR 想看看你本人。

比如，你的照片特别美，你是面试官同校同专业的学弟学妹，或者工作经历特别有趣，等等。当然，这种情况非常少见。

HR 邀请你去面试，有 90% 以上的概率是很真诚的，毕竟招聘是我们的本职工作，必须要保质保量地完成。但是偶尔，HR 也可能并不是那么诚心想要招聘。所以当接到面试电话后，去面试之前，我们要对公司进行初步筛选。

下面向大家介绍一下，如何根据接到的这个面试邀请电话来筛选公司。

a. 根据电话邀约的着急程度判断。

通常而言，越正规的公司越会提前做招聘计划，并且会把面试流程安排得井井有条，极少出现上午打电话，下午就叫你去面试的情况。事实上，火急火燎招聘的，往往不是优质的企业。

b. 根据面试邀约电话的专业程度判断。

你可能遇到过这种情况：电话接通后，对方直接问你是不是 ××× 女

士 / 先生，确认是你本人以后，就直接邀请你去面试，告知时间、地点，而完全省去电话面试的环节。电话时间很短，信息很不完善。

在此要特别提醒大家，如果你接到这类什么都不问就让你去面试的电话，一定要在心里给这家公司打个问号。

如果 HR 是诚心招聘的，为了提高面试效率，我们也不会无谓增加面试量。我们一般会先通过电话与求职者做一个初步沟通，也就是所谓的电话面试，再决定是否进行正式面试。如果缺了这个步骤，直接让大量的求职者来面试，对 HR 来说，其实是性价比很低的事，很浪费时间。

一个专业的 HR，可以通过电话面试，判断出一些明显不合适的候选人，那么这些求职者就没有必要再来当面面试了，这也是节约双方的时间。比如，我本来现场面试 3 个人就能挑出 1 个很合适的，那为什么要面试 5 个人，而且其中有 2 个是明显不合适的人呢？这也就是电话面试的目的——对求职者进行初选。

由此可见，像前面提到的，如果是什么都不问，直接让你去面试的，那么这家公司可能不是特别靠谱，甚至有可能是诈骗公司、传销机构，或者 HR 只是追求完成面试数量。

还有一种可能，就是这个电话，是实习生给你打的，所以没有比较正规的沟通。但在我看来，实习生也需要在掌握了基本的电话面试技巧后才开始打邀约电话，否则连这么重要的招聘工作都安排给一个什么都不懂、只会通知你的实习生，那也要对这家公司招聘的诚意打个问号。或者你可以理解为，你求职的这个岗位并不是很受公司的重视。

为了避免这样的情况，建议大家在投递简历时，尽量避免海投，对于自己投过的公司，要有一定的印象。如果是你从未投递过的公司打电话给你，要格外多长个心眼，避免上当受骗。万一遇到这种情况，你也可以主动在电话中对公司和工作的情况进行询问，多了解一些信息后再决定是否前去面试。

此外，如果是大型校招，由于人数众多，简历集中筛选量特别大，会出现仅通过短信 / 邮件通知面试安排的情况。这时，与其他参加校招的同学互换一下信息，就可以轻松判断信息真伪。社招则很少出现不通过电话面试就邀请当面面试的情况。

c. 上网查询公司相关信息。

现在互联网这么发达，有很多渠道可以验证信息的真伪。

方法一：通过天眼查等机构查询公司真实性。可以重点关注面试地址与公司地址是否相同。只要是正规机构，即使只是分公司或办事处，在地图类的 App 上也都可以查到。对于面试时间在晚上、面试地点又很偏僻的，要特别小心。

方法二：可以通过输入“××× 公司招聘”这类关键字来查看岗位是否在招聘，以及查询招聘信息发布、更新的时间等。正规公司很少一年不间断地发布招聘信息，如果这家公司，工资在中等水平，待遇听起来也很正规、很吸引人，那么为什么还招不到人呢？或者为什么公司员工流动性这么大，需要不停招人呢？

很明显，这类公司全员销售的可能性比较大。不论招聘信息发布的岗位是什么，实际上招你进去，都会让你从基础的销售或者其他推广类工作做起。很多年前，我自己就遇到过这样的情况，当时我是去应聘 HR 的岗位，但是招聘官让我入职后先去做半年销售。同时也有很多求职者应聘产品运营，也被要求先做销售；应聘数据分析，还是被要求做销售。有些职位确实有必要了解一下一线客户的情况，但没有必要长期、持续进行，而且有这种需求的岗位也是比较少的。对于长期大量招聘且招聘要求较低的公司，不建议大家加入。

方法三：通过输入“××× 公司工作如何”等关键字，查看员工评价。作为 HR 负责人，我曾处理过网络上对于公司的不良评价，该评价影响了公司形象及招聘效率。当然，反过来想，虽然离职员工有不恰当的言行，但公司毕竟也存在或大或小的问题，才会导致对方情绪激动。如果网上对于公司的某种负面评价有很多，就需要慎重考虑了。

2）OFFER 中的信息验证

说完了面试邀请，当你接到了 OFFER，也就是入职邀请时，也建议认真分析，主要是判断公司与你的匹配程度以及公司的靠谱程度。你和这家公司、这个岗位，是否真的匹配呢？

也许你看了很多面经，或者参加了专业的模拟面试指导，也可能是运气使然，你在面试时超水平发挥，表现远远高于实际能力，从而赢得了较高的职位和薪资。那么，在为自己鼓掌的时候，你也要想一想，公司给了你这么高的薪资和这么重要的职位，你入职后，真的可以胜任吗？会觉得压力很大，想逃避吗？如果你并没有把握，也许入职后不久，你会因为不堪重负，又要重新找工作了。

求职和招聘其实是一个博弈的过程，最好的情况就是双方势均力敌、旗鼓相当。如果你感觉自己特别轻松地进了一家公司，有三种可能要引起重视。

a. 公司不佳，非常缺人。

如果你发现面试官不够专业，特别是专业方面的业务领导水平也很差，那公司很可能没什么优秀的人才，你加入以后，发展前途也会比较堪忧。更有可能是这家公司本身不怎么样，离职率高，人员流失严重，HR 对求职者就来者不拒。如果你入职了，很可能下一个立马离职的，就是你了。

b. 岗位的定位低。

有的岗位徒有其名，虽然描述的工作内容很有趣、前景很广阔，但是入职后，你发现根本不是想象的那样，做来做去就是基础的打杂工作，没有什么含金量。到时候，你要么面临重新找工作的窘境，要么充满抱怨地做下去，毁了自己的发展前景。

c. 你低估了自己，对方捡了便宜。

很多求职者其实本身很优秀，但由于对自己不够有信心，或者很长时间没有跳槽，不太了解当前的市场行情，还是以自己之前的薪资为基数进行谈薪，让对方公司感觉白捡了便宜。

我收到不少职场人的私信，发现自己的工资比身边同岗位的同事要低，但因为已经入职，也很难要求涨薪了，从而非常后悔。

所以要尽量合理评估自己的能力水平，我们既不要不合理的高工资，也不要委屈自己。

d. 公司有风险。

另外，建议大家在入职前多多关注公司的业务情况。如果你加入了不靠谱的公司，后期可就要深受其害，丢了工作不说，可能还要被牵连。在入职前，建议上网更细致地了解一下公司的情况，不要只听 HR 的一面之词。

下面向大家介绍一下，接到 OFFER 后，避免陷阱的四个方法。

a. 尽早规避风险，在接到面试邀请时，就查明信息。

b. 面试时，认真了解公司情况。

我反复强调的是，求职和招聘，是相互的，双方是非常平等的。但很多人，特别是初入职场的求职者，可能心里会有很多的纠结，完全把自己定位于“被选择”的身份。

但其实，这只是一个“匹配”的过程。虽然绝大多数时候，面试是对方面试官在向我们提问，来了解我们、选择我们，但是在面试过程中，求职者当然也要把握机会，来识别公司。

一般面试快结束时，面试官都会问：“有什么问题想要问我吗？”这个时候，千万要把握机会。而且这些问题，应该是你提前准备好的、确实想要了解的，可能是关于公司的业务，可能是关于你的实际工作内容，或者是你未来可能遇到的领导的风格，等等。

除了这个时机，在面试的其他过程中，你也可以抓住时机进行提问，有时候甚至会化被动为主动。这部分内容，将会在后面面试的章节中专门讲到。

c. 认真阅读 OFFER、合同，识别陷阱。

前段时间有求职者提问，说自己面试成功一家公司，微信上 HR 和自己谈好了薪资和入职日期，却不发正式的 OFFER。这种公司值得去吗？

这个问题其实很容易回答。大家知道现在去找一份正规的 OFFER 模板有多容易吗？连一份正规的 OFFER 都不发，99% 是有问题，你说这种公司是不是值得去呢？

另外，OFFER 和合同中的以下几点需要特别重视，和你的自身利益密切相关。

第一，入职时间，以及关于延期报到的约定。如果没有按时报到，OFFER 是否就自动失效了？

第二，试用期时间及薪资。试用期不是随便定的，有具体的劳动法规定：

劳动合同期限满三个月不满一年的，试用期不能超过一个月；

劳动合同期限满一年不满三年的，试用期不得超过二个月；

三年以上固定期限和无固定期限的劳动合同，试用期不得超过六个月。

同一用人单位与同一劳动者只能约定一次试用期。以完成一定工作任务为期限的劳动合同或者劳动合同期限不满三个月的，不得约定试用期。

如果单位没有约定试用期，相当于你直接成为正式员工。

有的公司妄图延长试用期，如合同期限只有一年，却想约定长达半年的试用期，这就是不合法的。

第三，劳动报酬。特别要注意劳动报酬具体的支付金额和支付时间。要看清合同中的约定和面试时是否一致。面试时 HR 可能承诺你年薪 12 万元，结果 OFFER 或者合同上写的底薪是 6 万元，提成另算。但是提成到底有多少呢？不知道。或者每月只发 5000 元，其他的年底当作年终奖，而且年终奖还不一定是 100% 发放等，需要大家仔细识别。

d. 入职后，如果确定不合适，要第一时间离职。

如果确实没有办法提前识别工作的好坏，入职后才发现不适合自己，那么我建议大家第一时间离职。

如果你进了一家新公司，没几天就走了，这时社保也还没交，网络上也查不到你这几天短暂的工作经历，那么你可以直接当作从没来过这家公司，重新求职。

反之，如果拖了一段时间，社保交了三四个月了再离职，那么你下次求职时，这段经历就必须写在简历上了。一段很短的工作经历对于求职肯定是不利的，下家公司的招聘官首先就会对你的稳定性及做选择的慎重性提出质疑，无疑增加了你后续求职的难度。

总结来说，建议大家尽量选择正规企业，在合理评估自己能力的前提下，为自己争取合理的薪资待遇。选错了方向也许来得及纠正，但最重要的是，错过的时间无法再回来。

3

CHAPTER

第三章

简 历

写简历的意义，不仅仅是求职写简历本身，还是对自己的过往进行梳理，更能通过这个机会，深入剖析自己的优劣势，了解真实的自己。

一、我的简历能让我得到多少工资

1. 80% 的求职者，到手的工资都低于真实能力该得到的

在开始写简历前，我先要告诉大家一个事实：职员们为公司带来的收益，远远高于我们得到的回报。

有很多人私信我，说自己辛苦工作“996”，实际薪水只有别人的1/3；说自己业绩部门第一，奖金却不够这个月因加班打车回家的路费；说自己连身体都熬坏了，赚的钱还不够看病。

事实上，根据经验来看，有超过 85% 的求职者，本应该拿到比目前更高的薪水。但很遗憾，他们都错过了。

抛去其他所有因素，找工作，99% 的人都离不开对于“高薪”的追求。我自己在网上找工作的时候，第一个设置的筛选条件，就是薪资。如果薪资达不到我的底线，即使这家公司再有前途，工作环境再好，团队氛围再融洽，我也根本不会考虑。因为我觉得，不合理的薪资，贬低了我的能力。我并不追求高于我能力的薪水，只要求这份工作能够体现我的价值。

要找到一份更好的工作，短期内想提升能力是比较难的，但是要提升简历质量是相对简单的，好的简历可以让我们获得更好的面试机会，虽然最后能不能通过面试也要看个人表现，但是敲门砖很重要。

你也许以为，错过高薪，是因为谈薪没谈好。但事实上，决定一份工作值多少薪水的，不仅仅是谈薪的过程。当 HR 看到求职者的简历的第一眼，就已经有了初步的薪酬判断，后面的面试也都是围绕这份简历来展开的，而薪酬，只是基于简历和面试情况的最终博弈。

当然，每个人不用去和别人比，我们自己的简历，有没有体现出我们真正的价值，才是最重要的。如果我们的优秀没有体现在简历中，就像我们明明有考顶尖大学的实力，但高考时发挥失误，只考了平时 80% 的分数，相当于简历只展示了自己 80% 的能力，最后可能只获得了 75% 的薪水，实在太可惜了。

即使是工作时间再短、工作岗位再基础的人，也都应该挖掘自己的亮点，将其展示出来，争取更好的待遇，以配得上我们的真正价值。

如果你已经有了一份简历，可以先来做一份自测问卷，来看看你的简历在 HR 眼中是什么样的，可以为自己赢得多少涨薪，也了解一下，对于自己的简历，你是否有一个正确的认识。

如果你还没有开始动笔写过简历，也可以通过这个问卷大致了解一下一份好简历应具备的要素。

你的简历可以让你增加多少薪水

（1）你的简历一眼看上去，各个模块是不是区分很明显，是否能够清晰地区分一级层次，可以很快找到需要的内容，如教育经历、实习/工作经历、项目经历等？

A.（10 分）非常清晰

B.（5 分）比较清晰

C.（2 分）一般

D.（0 分）混乱

Tips：什么是一级层次？

图 3-1 中方框标注的是一级层次，圆框标注的是二级层次，其余的为三级层次。

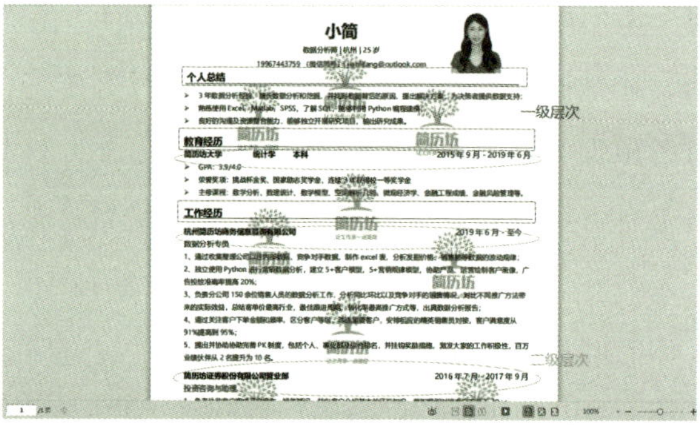

图 3–1　简历示例（一）

（2）在简历中，你是否将具体的内容拆分成了一条一条的要点，并且使用项目符号缩进显示，而不是写成一大段？

A.（10 分）绝大多数是

B.（5 分）多数是

C.（2 分）少数是

D.（0 分）没有或几乎没有

Tips：利用项目符号，将内容拆分成一条一条。

详见图 3–2 所示。

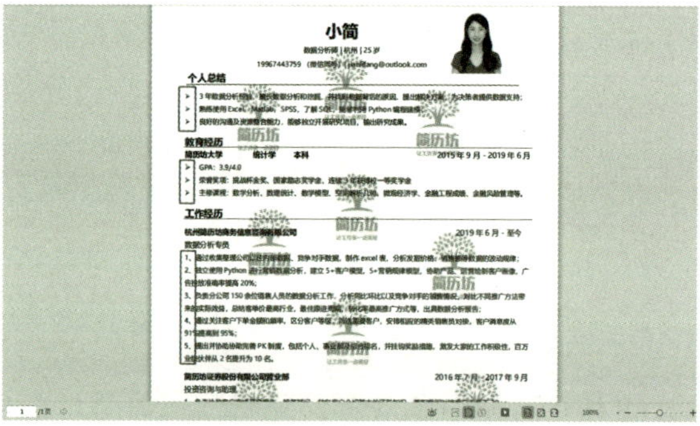

图 3–2　简历示例（二）

（3）扫描你定制的简历，有多少抽象词汇呢？

常见抽象词：很多、丰富、沟通能力、团队意识、优秀、提高、好评、一些、部分……

A.（10 分）少于 3 个

B.（6 分）3 ~ 6 个

C.（3 分）6 ~ 9 个

D.（1 分）9 ~ 12 个

E.（0 分）12 个以上

F.（0 分）难于判断什么是抽象词

Tips：如图 3–3 的简历中就出现了 8 个抽象词，计入数目。

具体事例支持：学习能力优秀（抽象词），非法学专业自学半年考取法律职业资格证书（具体事例）——不计入数目。

图 3–3　简历示例（三）

（4）你的简历当中，提到多少个具体的数字描述？（年龄、工作时间、教育时间等个人信息不算）

A.（0 分）少于 4 个

B.（3 分）4 ~ 5 个

C.（5 分）6 ~ 7 个

D.（7 分）8 ~ 10 个

E.（10 分）10 个以上

Tips：如图 3–4 所示，方框的部分为具体数字描述，共有 9 个。

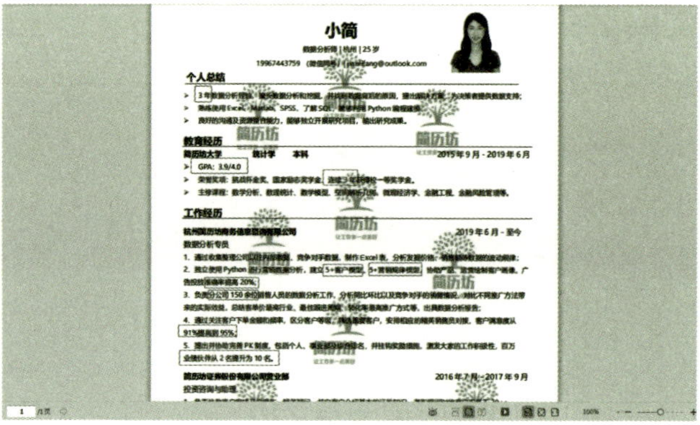

小简

25 岁

19967443759

个人总结

教育经历

简历坊大学 统计学 本科 2015 年 9 月 - 2019 年 6 月

GPA：3.9/4.0

工作经历

2019 年 6 月 - 至今

数据分析专员

2016 年 7 月 - 2017 年 9 月

图 3–4　简历示例（四）

（5）你的简历中说明成果的地方有多少条？

A.（0 分）少于 4 条

B.（3 分）4 ~ 5 条

C.（5 分）6 ~ 7 条

D.（7 分）8 ~ 10 条

E.（10 分）10 条以上

Tips：如图 3–5 所示，方框中为工作成果，共 5 条。

小简
25岁
个人总结
教育经历
GPA：3.9/4.0
2015年9月 - 2019年6月
工作经历
2019年6月 - 至今
2016年7月 - 2017年9月

图 3-5 简历示例（五）

（6）审核你的简历，与目标职位（如果你有多个目标职位，选择一个首选的）的关键词匹配度。有多少内容，是匹配招聘需求的关键词的？

A.（0分）低于10%

B.（6分）10%～30%

C.（15分）30%～50%

D.（21分）50%～70%

E.（30分）70%以上

F.（0分）不清楚

Tips：让我们来看图3-6的招聘广告，其中的主要关键词，我们用灰框标记了出来。拿图3-7简历中提到的点与招聘广告中的点进行套用，看看占比多少。

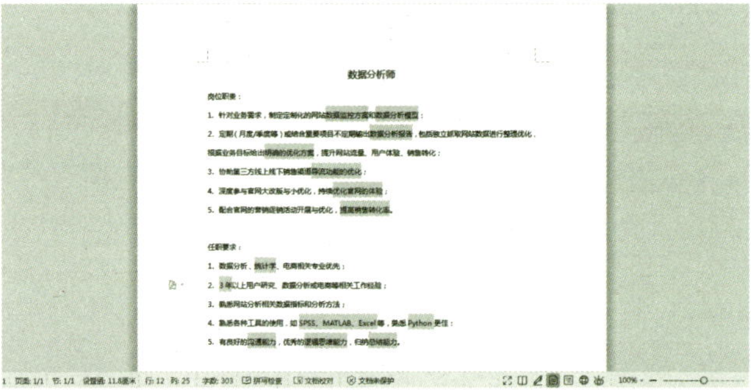

数据分析师

岗位职责：

1. 针对业务需求，制定定制化的网站数据监控方案和数据分析模型；
2. 定期（月度/季度等）或结合重要项目不定期输出数据分析报告，包括独立抓取网站数据进行整理优化，根据业务目标给出明确的优化方案，提升网站流量、用户体验、销售转化；
3. 协助第三方线上线下销售渠道导流功能的优化；
4. 深度参与官网大改版与小优化，持续优化官网的体验；
5. 配合官网的营销促销活动开展与优化，提高销售转化率。

任职要求：

1. 数据分析、统计学、电商相关专业优先；
2. 3年以上用户研究、数据分析或电商等相关工作经验；
3. 熟悉网站分析相关数据指标和分析方法；
4. 熟悉各种工具的使用，如SPSS、MATLAB、Excel等，熟悉Python更佳；
5. 有良好的沟通能力，优秀的逻辑思维能力，归纳总结能力。

图 3–6　招聘广告示例

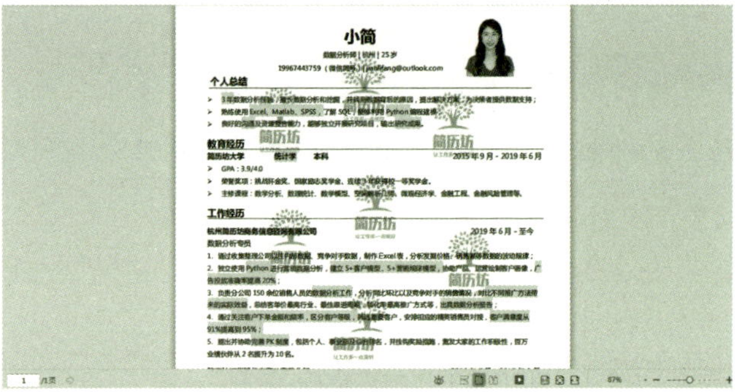

小简

数据分析师 | 杭州 | 25岁

19967443759（微信同号）| [illegible]@outlook.com

个人总结

- 3年数据分析经验，擅长数据分析和挖掘，并找到数据背后的原因，提出解决方案，为决策者提供数据支持；
- 熟练使用Excel、Matlab、SPSS，了解SQL，能够利用Python编程建模；
- 良好的沟通及资源整合能力，能够独立开展研究项目，输出研究成果。

教育经历

简历坊大学　统计学　本科　2015年9月 - 2019年6月

- GPA：3.9/4.0
- 荣誉奖项：挑战杯金奖、国家励志奖学金、连续3年获得校一等奖学金。
- 主修课程：数学分析、数理统计、数学模型、[illegible]、微观经济学、金融工程、金融风险管理等。

工作经历

杭州简历坊商务信息咨询有限公司　2019年6月 - 至今

数据分析专员

1. 通过收集整理公司[illegible]数据、竞争对手数据，制作Excel表，分析发展价格[illegible]数据的波动规律；
2. 独立使用Python进行[illegible]数据分析，建立5+客户模型、5+[illegible]模型，[illegible]，[illegible]客户画像，广告投放准确率提高20%；
3. 负责分公司150余位销售人员的数据分析工作，分析同比环比以及竞争对手的销售情况，对比不同推广方法带来的实际效果，总结客单价最高行业、最佳跟进周期，转化率最高推广方式等，出具数据分析报告；
4. 通过关注客户下单金额和频率，区分客户等级，挖掘重要客户，安排相应的精英销售员对接，客户满意度从91%提高到95%；
5. 提出并协助完善PK制度，包括个人、[illegible]排名，并结构奖励措施，激发大家的工作积极性，部门业绩伙伴从2名提升为10名。

图 3–7　简历示例（六）

（7）你的简历是否超过1页纸？

A.（10分）不是

B.（10分）是，但有5年工作经验以上和有科研项目

C.（0分）是，工作经验小于5年且没有项目经验

D.（0分）不确定

（8）在简历第1页的上半部分，是否针对目标职位进行了优化，让HR在看到简历的第1秒就能发现你的亮点？

A.（0分）不是

B.（30 分）是

C.（0 分）不确定

Tips：如图 3–8 所示，第 1 页的上半部分。

图 3–8 简历示例（七）

测试完毕，你得了多少分呢？

分数解读：

（1）小于 50 分：你的能力远比你的简历显示的要高得多，恐怕你得到的薪水远低于你的实际能力。你目前的这份简历，逻辑不清晰、内容不完整、岗位不相关，而且一点都不吸引 HR 的眼球，是最容易在 5 秒内被滤掉的简历。不合适的简历已经让你失去了很多好的 OFFER 和谈薪的机会！如果用这份简历投递非但不能提升薪资，更有可能找不到好工作哦！

好消息是，你的简历还有很大的提升空间，你的薪水也有 100% 的机会得到提高。但是需要你花不少的精力和时间来优化和完善简历，不仅是整体的排版、内容、行文方式、书写技巧，更需要深入挖掘你的过往经历，找到被掩盖的亮点。相信我，不论你觉得自己的简历是“一无可写”还是“一点都没有头绪”，或者是“文字功底太差”“完全没有方向”，修改后的简历，一定会让你惊艳！

（2）50 ~ 70 分：很遗憾，你的简历并不能提升你的薪资，也没有表现出你的真实水平，无法让你获得与你的能力相匹配的薪水。如果跳槽，下一份工作最多只能平薪，想要有什么涨幅，难度是很大了。虽然你的简历已经是一份基本合格的简历，但也只是合格而已。简历的结构没有太大的问题，但是内容缺乏岗位针对性，且没有亮点。只是简单表述了自己的工作内容，缺少数据和成果。你获得的薪水，低于你应得的！赶紧优化自己的简历，增加更多的数据和亮点，你离加薪只有一步之遥。

（3）70 ~ 100 分：你目前简历的内容比较完整，相信你已经花了一点时间和精力来研究，已经比不少毫无准备的求职者要好。根据你现在的简历，薪资大约可以提升 5% ~ 10%，不知道你是否满意呢？在茫茫的简历海洋中已经可以被 HR 相中，内容充实但是亮点不足，很多地方还有提高的空间，还不足以表现出你的能力和素质。对你来说，你对自己有一定的要求，基础也比较不错，所以，简历只比一些人好是不够的，只有远超 HR 预期，才可以让薪资得到提高。

（4）100 ~ 120 分：恭喜你，你现在的简历可以让你的薪资提升 15% ~ 30%！你真是太厉害了，你已经掌握了撰写简历的要点，知道怎样才可以写出让 HR 看了怦然心动的简历。你这份简历结构合理、有数据支撑、内容饱满、岗位匹配，可谓亮点频频。

在测试过的几百份简历里，我发现很多小伙伴连最基本的简历常识和行文的逻辑都不清楚，差的简历不到 50 分，大多数小伙伴也只是在及格或者偏上的水平线徘徊。这些小伙伴经过我们专业老师一对一的指导，认真学习简历制作的方法，简历分数都能达到 100 分以上，薪资普遍可以在原来的基础上提高 5% ~ 20%，有的甚至更高。

如果你的测评结果和你想的很不一样，那就说明你之前并不了解简历应有的模样，更说明了你有很大的提升空间。

简历是真正开启求职之旅的第一站，职场竞争在这一关卡就已开始，别让自己输在起跑线上，赶紧学起来吧！

2. 迫切需要完善的三种简历

迫切需要完善的简历，也就是通过修改简历，能够找到更好的工作、提高工作待遇的。

1）简历空空，内容很少，不知道写什么

这是比较常见的情况，这类求职者一般自称“没有经验的小白”，以第一次找实习工作的在校生或者应届生为主，也包括一些工作经历比较少，或者工作内容比较单一的职场新人。

对于这类情况，先说个结论：绝大部分人，即使是从来没有参加过工作的在校生，也都是“有一定经验”的，只是你没有意识到，自己经历的价值该如何在简历中体现。

来看一个案例吧。图 3-9 是一名应届生自己写的简历，就非常符合“一无可写”的状态，看起来内容非常少，简历大量空白。这样的简历如果投递出去，HR 很容易就直接删掉了。

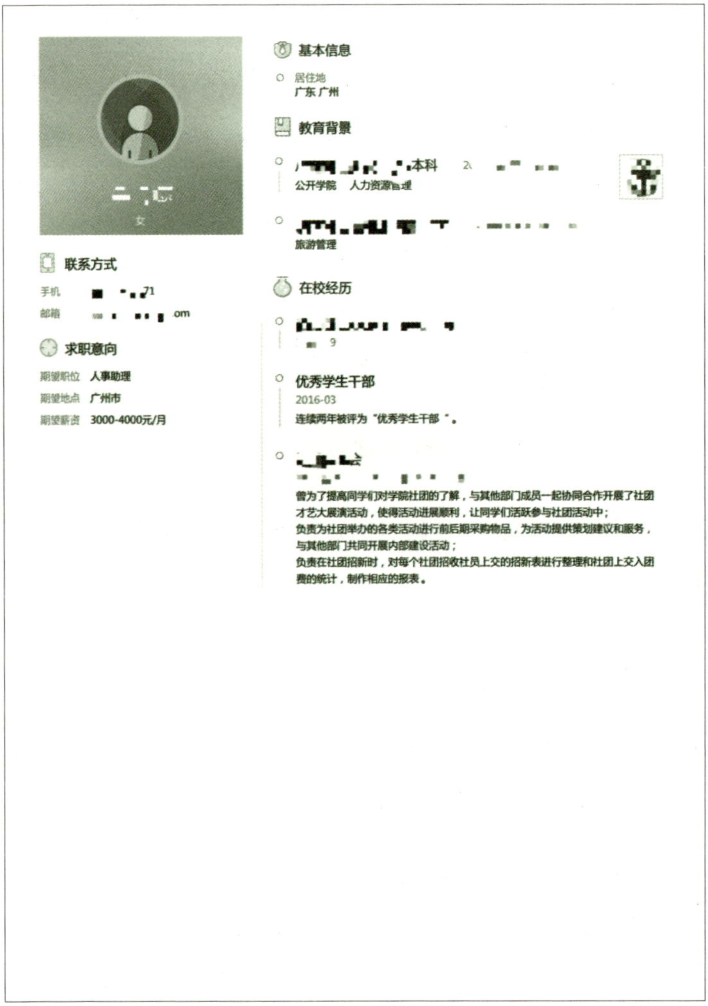
[redacted]
女

联系方式
手机 [redacted]
邮箱 [redacted]om

求职意向
期望职位 人事助理
期望地点 广州市
期望薪资 3000-4000元/月

基本信息
居住地
广东 广州

教育背景
[redacted]本科 [redacted]
公开学院 人力资源管理
[redacted]
旅游管理

在校经历
[redacted]

优秀学生干部
2016-03
连续两年被评为"优秀学生干部"。

[redacted]
曾为了提高同学们对学院社团的了解，与其他部门成员一起协同合作开展了社团才艺大展演活动，使得活动进展顺利，让同学们活跃参与社团活动中；
负责为社团举办的各类活动进行前后期采购物品，为活动提供策划建议和服务，与其他部门共同开展内部建设活动；
负责在社团招新时，对每个社团招收社员上交的招新表进行整理和社团上交入团费的统计，制作相应的报表。

图 3–9 自写简历

再看一下该应届生学习了简历撰写技巧，通过梳理过往经历、挖掘亮点后写出来的简历（详见图 3–10）。

[redacted]

HR 助理 | 23 岁

[redacted]

个人总结

- 人力资源专业，每周可实习 5 天；
- 丰富的活动执行经验和较强的活动执行能力，享受推进方案并达成结果的快乐；
- 具有良好的团队意识及沟通能力，善于协调各方资源以促进活动的完成。

实践经历

[redacted]　　[redacted]月

财务部 部长

1. 负责社团联合会 35 个社团，600 余社员所有经费的管理，包括社费收取、统计、审核、报销、制作预算等；
2. 组织协调 35 个社团统一的宣传以及招新工作，包括定点展示、招新海报、班级宣传、宿舍走访等方式；
3. 组织大型招新会，负责本部门社员招新，编写发布招新信息，筛选简历，准备面试提纲，并进行一对一面试，择优录用优秀成员；
4. 负责管理社团 600 余成员信息，收集资料、制作社员证、保管档案、制作更新花名册；
5. 定期组织各社团负责人座谈会，听取意见，满足合理需求，并不断完善社联的规章制度；
6. 建议成立社团督导小组，进行正向激励，除日常管理外，新增月度的评比，对于积极配合社联工作和活跃开展活动的社团，给予表彰奖励；
7. 统筹每周周末舞会，直接负责确定舞会主题、制定预算、采购物料、布置场地、组织暖场游戏等；
8. 参与各大型活动的策划与落地执行，如元旦晚会、迎新晚会等。

案例：【2016 年度社团才艺大展演】

1. 负责活动前期筹备，包括人员分工、经费预算、场地筛选及预订、现场布置、物料准备等；
2. 参与活动前期策划推广，包括微信公众号主题确认及内容审核、海报制作，现场观看人员超过 300 人；
3. 负责现场接待，包括引导、签到、礼品分发等，并主动向来宾介绍活动亮点；
4. 协助活动现场整体把控，如工作人员协调、人流量控制、节目秩序维护及催场等，并及时处理突发事件。

麦当劳　　2015 年 9 月 - 2017 年 9 月

新品推广员（兼职）

1. 新品推荐 223 人，顺利超额完成新品推荐指标，名列所有新品推广员第一；
2. 服务态度亲切，满意度问卷满意率 100%，没有接到任何投诉，受到店内表彰。

志愿活动

[redacted]　　2016 年 4 月

负责 300 余名华侨的接待引导，帮助来宾解决各类问题，并介绍活动亮点。

[redacted]　　2016 年 11 月

此次活动为中国文昌发射场火箭首飞，负责组织引导游客前往合适的观看点，并解答游客的问题和提供帮助。

教育经历

[redacted]	人力资源管理	本科	[redacted]
[redacted]	旅游管理	大专	[redacted]

图 3-10　学习撰写技巧后的简历

即使不看简历的详细内容，也很明显能看出，她的简历有了非常大的进步，内容充实了很多。最重要的是，这些简历中的内容，全都是真实存在的，而不是为了填满简历编造的。这是特别要注意的地方，简历不能造假，因为我们的目的，不仅是接到面试邀请，而且是最终找到一份好的工作。造假的简历，是经不起面试时的提问的，反而会被认为你的人品不够真诚可靠。

后面的章节将详细为大家介绍要如何梳理自己的过往经历，从有限的经历中，找到自己的闪光点，以及如何把这些内容进行优化，并使用专业的用语进行描述。

2）简历看起来很厉害，却很少有满意的面试机会

发生这类情况的原因，主要有两个。

a. 不了解招聘的重点，投递简历张冠李戴。

大家在找工作的时候，经常只看“岗位名称”，或者即使看了具体的招聘要求，却仍然抓不住重点。

举个例子，很多人说要找“新媒体运营”岗位的工作。那么我的第一个问题就是：“你所指的新媒体运营工作，到底是什么呢？”

所谓新媒体，通俗来说就是有好多种媒体，大部分指的是微信公众号，其他的还有微博、抖音、今日头条等。因为平台不同，所以工作内容和招聘要求也不同。

我们再次聚焦一下，定位到“公众号内容运营”。大家应该有感觉了，这个“公众号内容运营”还是有细分的。比如，有的公司侧重写原创的文章；有的公司类似“编辑”，也就是把原创作者的作品根据自己公众号的情况略作调整；有的公司偏重整理稿件、重新编辑；有的公司则偏向图片和文字的结合等。很明显，适合做这些工作的人，特点也不一样。

上面这个例子讲的是，即使是同一个岗位名称，在不同的公司，实

际负责的工作内容也是不同的。那么，对应的简历自然也有很大的区别。

不清楚招聘要求就开始写简历，就像你不知道心仪的人到底喜欢吃苹果还是香蕉，结果你送了人家一个西瓜，当然没有好的结果。

关于如何分析招聘要求，接下来会专门有一节内容，为大家进行详细的讲解。

b. 简历内容既多又杂，重点模糊。

出现简历内容杂乱无章的情况，主要是由于在实际工作中，求职者常常扮演不止一个角色，有时甚至连隔壁部门的工作也会去帮忙，导致工作经历很多、很杂，在写简历时也全部写了上去。这样就会导致“整份简历全部都是重点，就是完全没有重点”。

拿我自己来说，我第一次跳槽的时候，简历写得满满当当。由于我第一份工作所负责的内容特别多，所以我无一遗漏全都写了上去。从招聘、培训，到薪酬绩效又到员工管理，但是每一点写得都不到位。我求职招聘主管的时候，遇到了很大的挫折。很明显，公司要招一名招聘主管时，只需要他能够高效高质量地完成招聘工作，并不需要他会做培训、会做薪酬绩效等。后来我重新调整了我的简历，用很大的篇幅详述了自己的招聘成果、招聘方法、招聘效率，自然得到了心仪的岗位。

3）简历内容不会表述，工作能力评判被低估

这种情况其实是最可惜的，常常发生在有一定经历，也自认为简历写得很充实的求职者身上。他们像流水账一样将自己的工作内容做了简单的罗列，每一点貌似都有写到，但是写了和没写没什么区别。

你也许做过很多的事情，但是没有通过简历内容展示出来，或者没有展示出最好的一面。

举几个例子。

一名电商经理的简历中写道“负责团队管理和把控项目进度”。我把

这句话改成“统筹设计、市场、客服、运营、渠道5个部门员工近30人，主要负责各部门工作日程制定并通过Tower、OA关注项目进度，为结果负责，项目按时达成率98%”，是不是就完全不一样了？

一名同学在优衣库实习，岗位看似非常简单，就是卖场的服务人员，所以她写道“卖场日常顾客接待；店铺前台收银”。我来改成“掌握销售技巧，负责店面接待时，把握客户心理，提高下单量，成交量为其他员工的2倍”以及“收银工作认真热情，在微信小程序服务反馈中，获得多位客户点名好评，为同期实习生第一（1/20）”。是不是感觉后面的描述中，这名同学所做的事情更加高级，也更能够展示出她的能力呢？

我们修改后的简历内容，是完全真实的，也是这些求职者实际的工作内容和成果，但是不同的描述方式会带来完全不同的阅读感受。

在后续的内容中，你不仅能写出优秀的简历、获得更好的面试机会，还能够梳理你的过往经验、了解自己的亮点，在后续的面试中，你也能够用同样的思路来展示自己。

二、好简历的五个颠覆性常识

在正式开始教授简历包装技巧前，我们先来了解一下，什么才是好简历。

在我10年的HR工作经历中，有很多求职者会问我，自己投的简历杳无音信，反倒会接到很多莫名其妙的招聘电话，且都是一些小公司，有的甚至像是传销。

这是因为，你的简历让这些公司觉得，有可能招聘到你，才会给你打电话。试想，会有谁看见了一个公司高管的简历，然后打电话让他去发传单呢？很明显，高管也不会答应啊。

所以，如果收不到好的面试邀请，找不到好的工作，首先就要检视一下，自己的简历是不是出了问题。

纵使你有百般武艺，没有在简历中展示出来，又有谁会知道呢？

那么，什么才是好的简历呢？

关于好简历，我有以下五个颠覆性的常识要告诉你，恐怕和你的认知完全不同。

1. 面试邀请的数目不是评判简历好坏的标准

好简历的第一个颠覆性常识是：面试邀请的数目不是评判简历好坏的标准。

简历的水平能够决定你会不会收到面试邀请。所以，你会觉得，能让你接到更多面试邀请的简历，就是好简历。但是，实际上，一份好简历的标准，和你想的可能并不一样。

有三名求职者：A、B、C。三个人都投递了100份简历，他们简历投递的后续结果如表3-1所示。

表3-1　三人的投递结果

	简历投递数	面试邀请数	OFFER数
求职者A	100	3	0
求职者B	100	50	1
求职者C	100	30	5

求职者A一共投递100份简历，接到面试邀请3个，收到OFFER 0个。

求职者B一共投递100份简历，接到面试邀请50个，收到OFFER 1个。

求职者C一共投递100份简历，接到面试邀请30个，收到OFFER 5个。

你觉得，谁的简历，是好简历呢？

A的简历：这是通常意义上最糟糕的简历，虽然被投递了很多份，却没有什么消息，让人心灰意懒，产生焦虑情绪，甚至怀疑自己。

B 的简历：这是大家眼中的好简历，投出 100 份，接到了 50 个面试邀请。但是面试结果不尽如人意，面试了 50 家公司，花了非常多的时间，却只收到 1 个 OFFER。

C 的简历：命中率一般，在 30% 左右，和 B 比起来差很多。但是 C 面试的成功率较高。

这三种情况中，其实 C 的简历才是最好的。

B 的简历乍一看命中率很高，但是很明显，他并不是真的适合这些岗位，或者简历有很多造假、夸大的情况，所以面试很难通过。

你是想面试 100 家公司，拿到 5 个 OFFER，还是面试 10 家公司，拿到 5 个 OFFER？如果你想成为效率更高、准确性更高的后者，那么下面的内容值得你花点时间仔细看一看，可以节省下后面非常多的时间。

2. 简历的内容必须在真实的基础上进行优化

好简历的第二个颠覆性常识是：简历的内容必须在真实的基础上进行优化。

大部分求职者找工作的时候都比较着急，以至于用造假的简历来争取面试机会，就像前面说到的求职者 B 一样。

在实际招聘过程中，我经常遇到简历造假、简历内容过分夸大的求职者。他们的简历看上去很不错，但是在实际的面试过程中，漏洞百出。

诚信是招聘时我们最为关注的要点，而造假的求职者，即使收到了面试邀请，也会直接在面试环节被排除掉。若因此进了公司或者行业的黑名单，岂不是得不偿失？

关于如何优化简历，后续会详细介绍。这里只强调一点：过分夸大、造假的简历，面试是无法通过的。我们写简历的最终目的，是找到好工作，而不是收到面试邀请。

3. 简历不是“自嗨”的日记

好简历的第三个颠覆性常识是：简历不是“自嗨”的日记。

我相信大家都听过“梨和苹果”的故事吧：女孩想要一个苹果，男孩却给她一车梨，然后问女孩为什么不感动。

世间最大的误区不是不爱，是以自己的方式去爱，而不是对方喜欢的方式。你辛辛苦苦付出，最后感动的只有你自己而已。

同理，你想应聘一个写文案的岗位，简历内容很多，洋洋洒洒写了一整页，但是写的都是你如何举办了线下活动，或是参加了财务实习，或是之前的销售工作，完全没有提到“文案”这两个字，你又怎么会被录用呢？

所以，你的简历，只是在“自嗨”吗？

在接下来的内容中，我将以 HR 筛选简历的角度，告诉大家，什么样的简历是 HR 喜欢的、是公司喜欢的。只有这样的简历，才能帮助你获得想要的工作。

4. 很遗憾，有的简历写得再好却根本不会被看到

好简历的第四个颠覆性常识是：很遗憾，有的简历写得再好却根本不会被看到。

你有听说过“一键筛选”“一键排序”的功能吧？顾名思义，它们是指，HR 设置关键指标，对于达不到标准的简历，直接就删掉了，或者排到后面，导致简历根本不会被看到。

也就是说，不论你的简历写得有多好，你的基础条件没有达到招聘要求时，简历根本就没有被看到的机会。

比如，招聘要求明确写着“通过英语六级”。你以为，自己虽然没过

六级，但是综合条件突出，还是有机会的。这就错了，你的简历根本不会被看到。

原因主要有两点。

第一，招聘旺季时，很多HR根本来不及看完所有简历，特别是知名企业的HR。

第二，很多求职者对自己的真实水平并没有一个清楚的认识，一大半毕业生都投了BAT，投了“四大”；也有很多根本达不到经理级别的人，开始投递经理岗位了。

这导致HR收到的简历质量差别太大，很多都不符合要求，如果一份一份看，效率实在是太低了。所以，一键筛选也是不得已之举了。

当然，HR在设置筛选的关键词时，对于不同公司招聘不同岗位，会有不同的考虑。有些要求是加分项，有些却是必备项。

常见关键词如学校、学历、专业、英语水平、工作年限、薪资期望等，有时候会加上笔试题和心理测试的成绩等。建议大家在投递简历前，详细阅读招聘的要求。

确实，我们相信学历或其他要求，不是评判一个候选人的唯一标准。被筛掉的人里，不乏优秀的、有潜力的人。但是很无奈，目前一键筛选和一键排序是效率和准确率最高的办法。不可否认，满足基础要求的人，胜任这个岗位的概率会更大一点。

我们也将在后文教你如何针对招聘需求，做出基本判断，争取进入“踮一踮脚可以够到”的公司，而不要把时间浪费在不可能的事情上。

5. 也许我前面说的，都是错的

好简历的第五个颠覆性常识是：也许我前面说的，都是错的。

以上我讲到的，以及接下来要讲的所有内容，都有可能是错的。因为很遗憾，招聘是一个人为操作的事，只要有人的主观因素在，这就不是一个数学公式，就没有 100% 的确定，就不可避免地有各种情况发生。

但是，以下内容，都是大概率、大方向，经过 1000 多名求职者检验过，是切实可行的。只要你认真学习，一步步操作，写出来的简历，一定比之前的要好。

三、简历的类型不止一种

简历主要有两种，一种是打印出来，面试时带去的；另一种是在招聘网站上填写投递的。除此之外，还有另外两种。下面来介绍一下这几种简历。

1. 打印版

这是通常意义上大家所理解的简历，需要排版制作，并且打印出来，在现场招聘会上进行投递，以及在面试时带去。

2. 求职网站版

在求职网站上填写简历时，内容是重点。排版方面，由于是使用网站模板，所以也不需要额外调整，只要把打印版简历上的内容复制到相应的位置即可。大家跟着本书，把简历的内容这块充分掌握，就能够完成让 HR 眼前一亮的网站版简历。

当然，由于网页上的简历并不存在所谓“一页纸”的版面要求，因此可以略微增加一些内容。

3. 现场填写版

在应聘某些公司时，会被要求现场填写简历。这就涉及一个问题：

“为什么找工作去一个新公司面试会让我们填表？”

虽然这个做法让人感觉有点麻烦，但是如果公司有填写纸质简历的要求，而且是比较专业的，建议大家还是尽量配合，好好填写。

从 HR 的角度出发，现场填写简历的目的在于：

第一，看看字迹和求职态度。

所谓字如其人，要看看字迹是否好看、清晰，内容填写是否整齐。很明显，字写得比较好看，会有一些加分。同时，也通过书写简历，看看求职者的求职态度，是否重视本次求职、是否配合等。我自己去面试的时候，如果公司要求我填写，我也是会认真填写的。

需要注意的是，身份证号码、详细的家庭成员信息等是可以不填的。这些都属于我们的个人隐私，而且身份证、学历证书复印件等，也不需要在第一次面试时提供。只有当我们办理入职手续，或者终面时，才会用到。当然，我说的是一般的私企，政府机构如果要求填写详细内容，还是要配合的。

第二，比对内容。

在请求职者来面试前，我们自然已经有了他的电子版简历。但是，电子版的简历的准备时间总是比较充足，而填写纸质版时，有时就会与电子版的不一致。此时，我们就能关注到这些不同之处，并存在疑惑。所以建议大家填纸质表格时，严格按照电子版简历的内容填写。

第三，统一格式，补充内容。

每个人的电子简历排版不同，有时候可能会缺少一些信息，或者不容易找到需要的内容。另外，不同的公司、岗位，对于候选人的要求不同，可能会有一些针对性的资料，甚至简单加几道题目，也是有可能的。

彩蛋 1：HR 如何看待没有自带简历的面试者

这里回答一个之前比较火的问题。起因是有 HR 由于求职者没有自带简历而直接排除了他，很多人就会问：“HR 如何看待没有自带简历的面试者呢？”

说实话，提前看简历，对于要来面试的求职者，提前打印好他们的简历，难道不就是我们 HR 的本职工作吗？

在求职者来参加面试前，我们不仅会打印简历，还会思考一下面试的问题，针对不同的候选人，提前做一些标记，列一些问题的提纲。

说不定还打印了两份以备不时之需，如一面感觉候选人还不错，业务领导也正好有时间的话，可能会安排直接二面。

另外，带纸质简历是以前延续下来的习惯。以前可能无纸化办公不是这么普及，所以才需要自带简历。HR 还会把简历存下来，以后查档时会用到。

但是现在很多公司招聘时，直接就看电子版简历了，也很好，很方便。

当然，我们 HR 收到的简历很可能来自求职网站，或者来自猎头，在排版上面，可能不太合理，内容上，可能也不是很精简。如果候选人有另外制作的简历，也就是前面说到的打印版简历，我们也非常欢迎候选人自己带来。在印象中，HR 会觉得这名求职者准备充分，重视这次面试，会属于一个额外的加分项。

总结来说，HR 在招聘时，本就应该提前做好面试前的准备。

其中，打印候选人简历是非常基础的一步，还应该列好面试提纲、确认面试重点，以更高效准确地面试，节省双方的时间。

如果 HR 确实无法准备，也不想看电子版，应该主动请候选人自带简历。

若没有提前请候选人自带简历，则不该以他没有带简历作为不录用参考因素，而是应该反思自己的工作是否到位。

彩蛋2：入职前公司向我索要个人隐私内容，我要提供吗

在这里要特别提醒一下大家：个人隐私信息，不需要在入职前提供。

特别是我们的身份证号码、家庭成员这些信息，正常情况下公司也不需要，如果在表格中看到这类信息，不要填写，并且建议大家慎重考虑一下，到底要不要进这家公司。

这类隐私信息，只需要在办入职手续的时候提供一下，人事部门复印存档即可，或用于后期背调等。

提供时，建议在复印件上，写上“此复印件仅用于××公司办理入职手续使用”，以避免不必要的风险。

如果说要从面试时，就开始一个一个核实求职者的私密信息，一是这些信息的造假概率还是很低的；二是工作量太大了，也没必要。

总之，在求职开始的阶段，是根本不需要这些信息的。都不知道候选人最终会不会来上班，为什么要了解他们的私密信息呢？

一开始就要学历证书、学位证书这些的，也很奇怪，基本上也是办入职手续时才会用到。

建议大家保护好个人信息安全。

4. 猎头版

猎头版简历和大家常用的简历区别比较大，主要是内容非常多，详细情况需要非常完整，必须按照猎头给出的模板来填写，不太讲究排版的美观，但是模板内的所有内容都需要填写，如公司介绍、离职原因、目前薪资、期望薪资、汇报对象、下属、家庭情况等。一般来说，工作三年左右的候选人，如果有猎头版简历，会在3页左右，工作经验比较久的，甚至10页也是有可能的。

四、知其所需，招聘方到底想要什么

1. 明确方向，先瞄准再射击

如果说，好的工作是钱多、事少、离家近，那么，坏的工作则是权轻、位卑、责任重。

有太多人辞职的原因是当时找工作不慎重，没有深入了解岗位的真实情况就匆匆入了职。

比如，有很多应届生是抱着先就业再择业的想法随便进了一家公司，随便从事了一个岗位，也有的人从小城市孤身一人来到北上广，结果工作没多久就开始后悔当初自己的选择。

所以，求职的目的，不是找到一份工作，而是找到一份自己喜欢并且愿意长期发展下去的工作。

在每一名求职者找我们进行一对一简历定制前，我们都会与他反复确认具体的求职意向。

原因就像一开始说到的，我们要知道如果对方想要的是苹果，而我们正好有苹果，就要把我们有苹果的讯号传达给对方，我们才是相互合适的。

在第二种迫切需要完善的简历中，我讲到，我们在确认求职意向的时候，确认的不是“岗位名称”。关于“新媒体运营”岗位的这个例子，建议大家再回顾一下，这个例子讲的是，同样的岗位名称，实际的工作内容可能完全不同。

我再举另外一个例子：两份内容同样都是销售的工作，也会有完全不同的岗位名字。有的岗位名称比较直白，就叫销售，有的叫客户经理，有的叫市场拓展专员，有的叫客户关系主管，等等。你看，不同的岗位名称，其实从事的是同一种工作内容。

通过前面两个例子，大家就能发现“岗位名称”和“工作内容”的关系。所以，大家在明确求职方向的时候，一定要抛开具体的岗位名称，而去看详细的工作内容的介绍和招聘要求，这才是真正的明确定位。

如果你还没有确定好求职方向，我建议你先回看一下第二章的内容，只有方向明确了，求职才能事半功倍。

从上面的说明中，我们很明显能够得出一个结论，那就是一份简历不能投多个岗位。需要注意的是，这里的多个岗位，不是指不同的岗位名称，而是指不同的工作内容。当工作内容不同了，招聘要求不同了，我们的简历，自然也就需要做出调整了。

如果有的求职者确实有多个求职意向，没有办法定下来，就需要针对不同的求职岗位来写不同的简历。

就像我们穿衣服，不同的衣服会显示出个人不同的气质，穿运动装的活力四射、穿正装的充满职场风姿、穿休闲装的随意洒脱等。我们需要根据今天要去的场合挑选合适的衣服，才是礼貌的，也是受人欢迎的。同样，我们只有把合适的简历投递到合适的岗位，才能得到HR的认可。

请放心，同一个人，也能写出完全不同的简历。因为人本来就是多面的。重点在于，我们想展示自己的哪一面。

2. 解读招聘需求，才能投其所好

明确了方向后，我们就要根据具体的一类招聘需求，也称为JD（job description），来做一个详细的分析。知道对方喜欢吃什么菜，才有可能做出她喜欢的味道。

JD中，一般会有三类需求：关键需求、隐性需求和筛选性需求。

1）关键需求

关键需求，很明显，就是指这个岗位到底是做什么事情，对人员的要求是什么。对关键需求的描述通常会使用该类岗位的一些专用术语，描述得非常清楚，让人一看就明白。

例如：绘制产品原型图、制作财务报表等。

2）隐性需求

之所以是隐性，有时是因为使用了一些“主观判断”的词语，如组织能力、领导能力。这些能力，一个人是否拥有，在评判方面会比较主观。

还有时是因为这几个词并没有直接出现，但是 JD 中给出了一些“关键需求”的例子。

3）筛选性需求

所谓筛选性需求，就是我们前面讲到的“一键筛选”“一键排序”的关键词。这些关键词往往是一些明确的要求、可以很容易进行客观判断的词语，有时候不是特别重要的关键词，JD 中会说明“满足什么条件”时优先，也就是说，有最好，没有的话也可以考虑。

常见关键词如毕业院校、学历、专业、英语水平、工作 / 实习年限、薪资期望、性别等，有时候会加上笔试题和心理测试的成绩等。

需要说明的是，这些关键词，并不一定是恒定不变的。

这是指，第一，即使是前面说到的明确下来的具体工作目标，在不同公司，设置的关键词也是不同的；第二，有时候是一个“不满足”就会被淘汰的关键词，但在特殊情况下，要求也会被放宽，如要求是工作三年，我们实际的工作时间是两年半，其实也可以投递一下简历。

我们所找出的关键词，就是简历中应该多次、重复强调的词。

举个例子，有一名客服想要转行到运营，她在简历中写到：

a. 针对体验用户，根据 IP 活跃度，进行在线联系，提升潜在用户转化率；

b. 针对活动参与用户，通过送游戏礼品等方式，吸引客户，增加用户黏性；

c. 针对活跃用户，通过建微信群的方式，进行社群维护，提升用户满意度。

很明显可以看出，她其实做了一些和运营相关的工作，但是目前的简历中，根本没有写到“运营”这两个字。

同样的经历，她完全可以写成：

a. 用户运营：针对体验用户，根据 IP 活跃度，进行在线联系，提升潜在用户转化率；

b. 活动运营：针对活动参与用户，通过送游戏礼品等方式，吸引客户，增加用户黏性；

c. 社群运营：针对活跃用户，通过建微信群的方式，进行社群维护，提升用户满意度。

你看，只是增加了一个小标题进行概括，反复提及“运营”这个词，就直截了当地体现出了工作内容和岗位要求的匹配性。

4）案例分析

下面我们通过案例，来看一下做过和没有做过 JD 分析的简历，会有什么区别。

a. 竞争同一个岗位的两份不同简历。

图 3-11 是某企业数据分析师的岗位 JD。

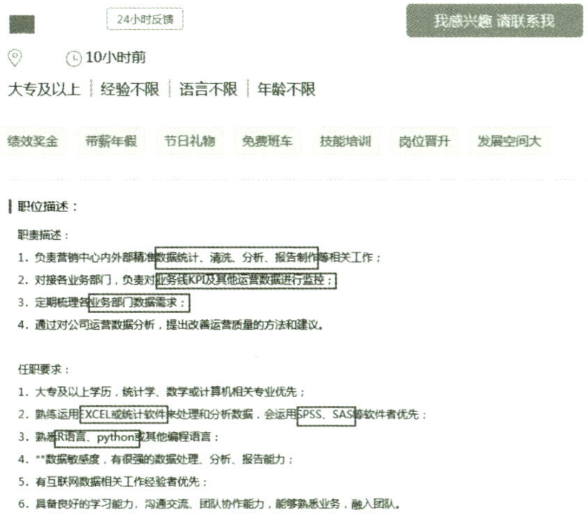

[redacted]　24小时反馈　我感兴趣 请联系我

10小时前

大专及以上 | 经验不限 | 语言不限 | 年龄不限

绩效奖金　带薪年假　节日礼物　免费班车　技能培训　岗位晋升　发展空间大

职位描述：

职责描述：

1. 负责营销中心内外部精准数据统计、清洗、分析、报告制作等相关工作；
2. 对接各业务部门，负责对业务线KPI及其他运营数据进行监控；
3. 定期梳理各业务部门数据需求；
4. 通过对公司运营数据分析，提出改善运营质量的方法和建议。

任职要求：

1. 大专及以上学历，统计学、数学或计算机相关专业优先；
2. 熟练运用EXCEL或统计软件来处理和分析数据，会运用SPSS、SAS等软件者优先；
3. 熟悉R语言、python或其他编程语言；
4. **数据敏感度，有很强的数据处理、分析、报告能力；
5. 有互联网数据相关工作经验者优先；
6. 具备良好的学习能力，沟通交流、团队协作能力，能够熟悉业务，融入团队。

图 3–11　某企业数据分析师的岗位 JD

接下来根据我们之前提到的方法来分析一下这个 JD 在讲什么。

第一，关键需求：数据统计、清洗、分析、报告制作；数据监控；对接数据需求。

第二，隐性需求：逻辑思维强；数据敏感度高，数学成绩好；由于要对接业务部门，需要一定的沟通能力。

第三，筛选性需求：学历要求大专以上；专业要求统计学、数学、计算机相关；会使用 EXCEL、R 语言或者 Python。

我们带着 JD 分析的结果，来看下面两个投递这个岗位的简历内容（详见图 3–12 和图 3–13）。

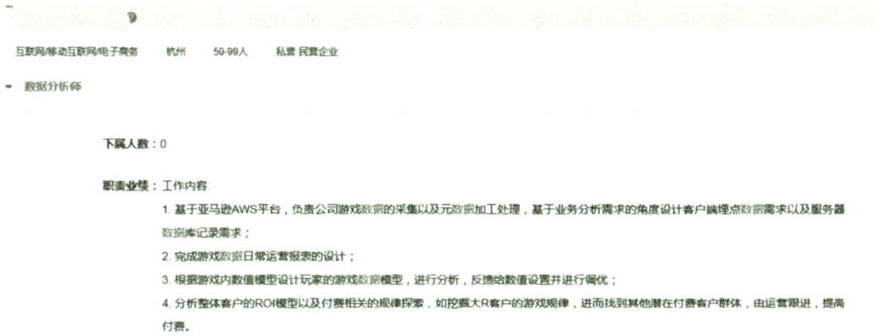

互联网/移动互联网/电子商务　杭州　50-99人　私营·民营企业

数据分析师

下属人数：0

职责业绩：工作内容

1. 基于亚马逊AWS平台，负责公司游戏数据的采集以及元数据加工处理，基于业务分析需求的角度设计客户端埋点数据需求以及服务器数据库记录需求；
2. 完成游戏数据日常运营报表的设计；
3. 根据游戏内数值模型设计玩家的游戏数据模型，进行分析，反馈给数值设置并进行调优；
4. 分析整体客户的ROI模型以及付费相关的规律探索，如挖掘大R客户的游戏规律，进而找到其他潜在付费客户群体，由运营跟进，提高付费。

图 3–12　简历内容（一）

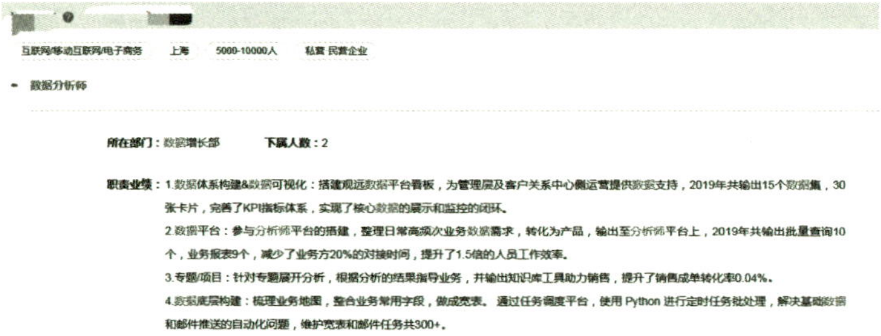

[redacted]

互联网/移动互联网/电子商务　上海　5000-10000人　私营 民营企业

- 数据分析师

所在部门：数据增长部　　下属人数：2

职责业绩：1.数据体系构建&数据可视化：搭建观远数据平台看板，为管理层及客户关系中心侧运营提供数据支持，2019年共输出15个数据集，30张卡片，完善了KPI指标体系，实现了核心数据的展示和监控的闭环。
2.数据平台：参与分析师平台的搭建，整理日常高频次业务数据需求，转化为产品，输出至分析师平台上，2019年共输出批量查询10个，业务报表9个，减少了业务方20%的对接时间，提升了1.5倍的人员工作效率。
3.专题/项目：针对专题展开分析，根据分析的结果指导业务，并输出知识库工具助力销售，提升了销售成单转化率0.04%。
4.数据底层构建：梳理业务地图，整合业务常用字段，做成宽表。通过任务调度平台，使用 Python 进行定时任务批处理，解决基础数据和邮件推送的自动化问题，维护宽表和邮件任务共300+。

图 3-13　简历内容（二）

如果我们是负责筛选简历的 HR，会联系哪个人来面试呢？

肯定是投递第二份简历的候选人。

我们来看第一份简历中的描述，重点在于平台数据的分析与建模和辅助业务的开拓。与这个 JD 的分析方向不同，虽然涉及建模但是没有提到技能的内容，没有给自己的简历设计亮点和加分项，当然也就失去了竞争这个岗位的机会。

第二份简历中几个关键词：数据体系构建、减少了业务方 20% 的对接时间、提升了销售成单转化率、使用 Python 进行任务批处理。是不是正好对上了 JD 分析结果？从这几条描述中，我们的脑海里就构建了一个不仅可以处理基础数据，更可以将数据作为工具服务于业务的数据分析师，并且掌握了 Python 可以进行建模分析。那么从这份经历的描述中，我们就可以联系这个人来面试了。

b. 同一个岗位名称，两种不同工作内容的简历。

前面说到不同公司的业务不同，对于岗位的命名也不甚相同。因此市场上，同一个岗位名称的工作内容是千差万别的。

请看以下案例：都是产品经理的 JD，具体有哪些区别呢？详见图 3-14 至图 3-16 所示。

产品经理 / 8千～1万

职位亮点

五险一金　包吃　包住　带薪年假　节日福利　通讯补助　交通补助

职位描述

岗们职责：

1. 负责产品定位和呈现；
2. 负责活动策划和落地；
3. 负责指导运营端的维护。

任职要求：

1. 市场营销、酒店旅游及相关专业，本科以上学历；
2. 相关工作经验，带过成熟案例或项目为佳；
3. 喜欢学习、逻辑清晰、善于沟通、结果导向。

图 3–14　产品经理的 JD（一）

产品经理 / 7千～1.2万

职位亮点

包住　带薪年假　大牛带队　五险　节日福利　绩效奖金

职位描述

技能要求：

竞品分析　产品策划　需求分析

岗位描述：

1. 根据新产品的开发计划，完成产品结构、外观、包装等成品及半成品的三维和二维设计；
2. 根据产品生产要求，完成新产品造型、包装和配件等线稿图；
3. 根据新产品创意要求，提出工艺、制作和生产等相关要求方案；
4. 根据新项目提案要求，完成PPT模板、产品效果图及其他设计工作；
5. 根据设计项目与打样、生产等部门沟通和协调，正确表达项目创意思路要求；
6. 合作能力、沟通及协调能力强，能很好的同其他设计师及辅助性团队进行合作，协同完成项目开发设计工作；
7. 随时关注、收集旅游商品设计发展趋势，定期整理信息报告。

其他方面任职要求：

图 3–15　产品经理的 JD（二）

产品经理 / 2万~3万

职位亮点

周末双休 五险一金 绩效奖金 带薪年假 节日福利 包吃 定期体检 周末移动办公

职位描述

岗位职责：

1. 负责公司产品的规划设计和迭代，编写移动客户端及运营后台的功能规划、产品原型及业务规则文档；
2. 有独立产品的规划能力，准确把握需求，跟踪产品开发全过程；
3. 跟踪分析用户数据及运营需求，制定产品迭代路线图；
4. 负责产品测试验收，收集产品bug及用户反馈意见，推进产品的持续优化；
5. 负责对其他职能部门的产品功能讲解及培训，产品说明书的编写；
6. 与运营及市场团队的需求沟通，及领导安排的其他工作。

图 3–16 产品经理的 JD（三）

以上三个岗位虽然都是产品经理，但是：

第一个 JD，重点在策划和运营，不涉及编程语言，类似活动策划；

第二个 JD，产品设计的是实体生产，需要对该产品设计打样，偏向设计岗位；

第三个 JD，现在互联网企业中的定位，不仅要懂设计、懂用户，还要懂语言。

所以，通过案例很直观地可以看出，如果我们想投产品经理的岗位，不分析 JD 就会出现乌龙。如果我们正好运气不好，投递的简历都是方向错误，那么迟迟收不到面试邀约，也可以理解是什么原因了吧？

通过 JD 分析，了解了公司的招聘需求后，就能够开始进行资料的收集了。

写简历，实际上就是完成一篇命题作文，作文的题目是《我符合某某岗位的招聘要求》。只是这篇作文的文体，既不是诗歌也不是散文，而是简历。

大家都知道，作文要得高分，最重要的就是不能跑题。所以目前第一步要做的，就是收集和题目相关，也就是和我们求职岗位相关的素材。

在你开始动笔写简历前，请一定要先选择一个自己最有意向的招聘JD，分析招聘需求。

五、简历素材准备

了解了求职岗位的招聘需求后，我们就需要准备好相应的简历素材。相当于首先要有制作菜品的食材原料，才有可能根据客人的口味来做出客人喜欢的餐点。

本章就来介绍如何挖掘、整理出和你意向岗位匹配的亮点，完成简历素材的准备。

在写简历的过程中，经常遇到的问题主要有以下几类。

第一类："我也想把简历写得高大上，内容丰富，亮点多多，但是，我的经历太简单了，实在没有什么值得写的"。或者"我有一定的经历，但是我还是不知道要写些什么"。

如果你有这样的想法，其实，你已经陷入误区。不是你的经历没有什么值得写的，而是你不懂得挖掘。

第二类："我的经历太多了，写出来有好几页，不知道哪些该留下，哪些该删除"。

这类求职者往往是有过一定工作经验，特别是换工作次数比较多。即使你目前已经有了满满好几页的素材，我也建议你跟着下面的步骤，从头进行梳理和筛选。食材太多做出来的可能是一锅大杂烩，简历内容太多也会让HR根本找不到重点。所以说食材贵在精，而不在多，简历也是一样。

也可以重点关注本章"三步提炼简历亮点"的内容，进行素材精简。

1. 四象限法则挖掘简历素材

接下来我将从四象限的四个方面来帮助大家认识到自己的优秀和独特之处。这四个方面分别是：我有我知道、我有我不知道、我没有我知道、我没有我不知道（详见图 3–17）。

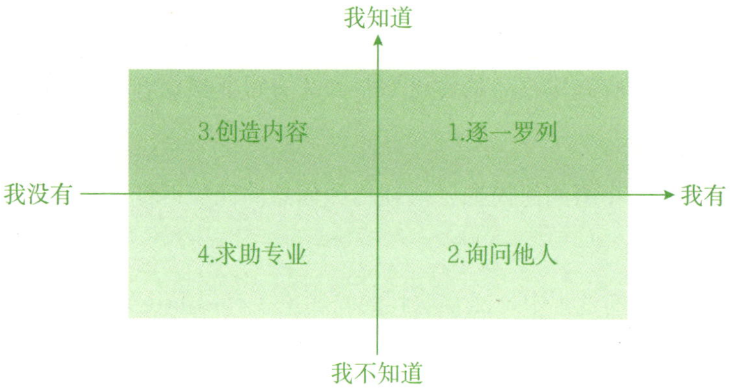

图 3–17　四象限法则

1）我有我知道：逐一罗列

“我有我知道”这个象限，听起来容易，实际上却是难度最大的一个方面，也是整份简历内容的重头戏。

写简历时，我们先不要想着一下子就把整份简历写好。具体的排版设计、模块制定、逐字逐句地斟酌内容，都是后面要做的事。

我们要做的第一步，是尽可能多地罗列出有可能相关的内容。

这里有三组需要强调的关键词。

第一组关键词是“时间顺序”。在回忆时，先遵从一定的时间顺序，能够帮助我们尽量减少遗漏。需要回忆的时间区间是高考结束后至今，太早之前的经历由于时间久远，而且我们的变化也已经很大了，所以没有什么意义了。

当然，这只是一个方便回忆的顺序，在实际操作过程中，很有可能是跳跃性的。比如，我们从大一的一个社团经历中联想到了第一份工作中的事情，这也是可以的。

建议大家尽量使用电脑来回忆，方便插入内容、调整顺序等，WORD、EXCEL 都是可以的。学过思维导图的同学，也可以使用 XMIND 等软件。

第二组关键词是“尽可能多”和“可能相关”。一开始，我们并不知道到底哪些内容能用上，哪些内容用不上，没准儿我们觉得没有价值、没有意义的内容，实际上会和应聘岗位有不错的相关性。甚至有很多内容，不是我们一开始想，就思如泉涌都能够回想起来的。事实上，绝大多数的回忆，需要一点一点来想，通过某一个点，才有可能联想到其他相关的内容。在这个回忆的过程中，我们要把所有想到的内容都写下来。凡是不确定和求职岗位是否相关的，都先写下来再说。

还有要注意的是，不是只有我们负责、主导、统筹过的事情，才算是经历。所有我们参与过的、协助过的内容，全部都可以算。

比如，我们没有全权组织过“迎新晚会”或者“公司年会”，这很正常。但我们也许是里面其中一个模块的负责人，如负责节目组、道具组、宣传组等。如果这也没有，也没关系，也许我们承担了一点小小的工作内容，如催场以确保节目能够一个接一个地顺利进行，或者小到在活动门口负责引路、签到等，都可以算。最不济，至少我们作为观众，参与过，也是有收获的。

下面给大家提供一些常见的思考方向：

- 求学经历，包括正式的校园学习、额外的培训班、线下课程等。
- 工作经历。
- 实习经历。
- 各类短期的兼职，如家教、一场活动的宣传、作为作者向公众号投稿、在某个社群负责了社群运营、担任了服装店暑期售货员等。

• 参与了学校的各类组织，如学生会、社团、志愿者协会、科技协会等。还有一些同学会参与一些跨校甚至跨区域的组织，那就更好了。需要注意的是，如果这个组织是校级及以上的，建议写明级别，如校学生会策划部；如果是院级的，直接写就可以了，如学生会艺术部。

• 各类比赛、竞赛。大到全球竞赛，小到班级里的小组比赛、公司内部的竞赛，课题作业的比分也可以算。

• 其他的各类尝试、经历，如做了一个小生意、组织了团队外出旅行、去博物院做讲解员、为小朋友准备礼物等。

• 创业经历（中小企业不要强调创业）。

• 生活经历，如有的人能够坚持一年每天夜跑、每天读书 30 分钟、每天练习英语口语等。

这里需要单独说明一下，如果你是学生，那么兼职类的内容都可以写；但如果你在正式工作期间，另外有一些兼职、私活，则要酌情考虑。一般来说，公司都希望招来的员工是全心全意为公司付出的。如果你之前在工作期间有接私活、做其他兼职的，会让公司担心你以后是否也会这么做。一方面，怕你在上班时间做别的事情；另一方面，即使你是下班时间做的，公司也怕会因为过度劳累影响你的整体状态。毕竟人的精力是有限的，你花了时间做其他的兼职，上班时的工作效率就有可能下降。

这也是劳动法里规定不能重复用工的一个原因。如果是一些知名企业、知名项目的兼职、私活，确实能够证明你的能力，可以简单提及，否则不建议写。

第三组关键词是“罗列”。这是什么意思呢？就是在记录的时候，我们别管写得好不好、语言是否通顺、逻辑是否合理，把想到的都写下来。为了避免把灵光一现的内容忘记，我们可以先采取记录重点关键字的方法。想到一件事，但一时半会儿记不清楚，没关系，把想到的片断、支离破碎的几个词语，都先记录下来。慢慢地，内容会越来越丰富、越来越详细。在想起一项内容时，很有可能也想起了其他的内容。

下面介绍一下具体的罗列方法。

第一步，就是先写下来。至于整合、梳理这些内容，用专业、优美的文字展现出来，那是后面要做的事。一边回忆记录、一边试图编辑内容的话，反而会打乱我们的思绪。

当然，对于有一定简历写作经验及整体把控能力比较好的求职者，在同一个板块的内容中，选取比较好的内容写就可以了。比如，我们参加过国家级、省级、市级的比赛，取得了一定的成绩，那么校级、院级或者其他更小型比赛的参赛经历，可以先不写。但是，一个模块中，到底选择哪些内容，不仅要看事件的规模，也要和当时的成果、影响力、重要程度等相关。具体的筛选方式，我们在后面会讲到，这里还是建议大家尽量多写，有了基础资料，才能有进一步挑选的空间。

这个过程，不仅对于简历写作非常重要，同时也是对自己以往经历的系统梳理，能够帮助大家更加清楚地了解自己，也为后续的面试积累了案例素材。所以，千万不要小看这个步骤，一定要认真对待。

如果这是你第一次接触这个步骤，那么先尽量进行独立的思考，并做好记录。在后续具体模块书写的内容中，还可以进一步细化。

表 3–2 是某个求职者的罗列案例。

表 3–2 简历内容挖掘

逐一罗列记录表

序号	时间	地点	具体内容	达成成就 / 工作成果	简历模块	重要程度
1	2007 年 9 月 ~ 2011 年 6 月	×× 大学	传播学 本科	GPA 3.31/4 奖学金	教育经历	重要
2	2008 年 5 月	×× 服装店	(1)服装店兼职卖女装,每周 3 天; (2)活动期间每天接待客户不低于 50 人	销售额 2 万 +	兼职经历	一般
3	2008 年 6 月	×× 大学	大学英语四级	通过	技能证书	重要
4	2008 年 7 月 ~ 9 月	×× 证券	(1)每天接待 30 + 名客户; (2)帮营业部员工盖章、查资料、分类文件	(1)做了一个新的表格,工作效率变快; (2)锻炼了亲和力,比较有耐心	实习经历	一般
5	2008 年 10 月 ~ 2009 年 10 月	×× 大学	宣传部部长 (1)活动策划、举办活动,如策划过校园十佳歌手、辩论赛、学生交流活动等,每学期 2 ~ 3 场大型活动; (2)负责内容宣传,包括运营杂志、报纸、微信公众号等	(1)活动形式的创新,校园十佳歌手拉到了 2 万元的赞助; (2)组织能力、统筹能力、沟通能力得到锻炼	社团经历	重要
6	2009 年 4 月	×× 大学	英语专业四级	通过	技能证书	重要
7	2009 年 6 月	×× 大学	大学英语六级	通过	技能证书	重要
8	2009 年 7 月	×× 大学	办公室软件二级证书	通过	技能证书	重要

续表

序号	时间	地点	具体内容	达成成就 / 工作成果	简历模块	重要程度
9	2010 年 7 月~9 月	××广播台	（1）在网上找旅游方面的博主，询问其有没有意向来台里做访谈； （2）指导老师给题目，整理稿子； （3）分析旅游地点，亮点是什么，主持人用来做参考。比如，分析过丹麦、土耳其、柬埔寨	（1）每天打 50 个电话； （2）每礼拜至少 3 篇稿子，全部被采用	实习经历	重要
10	2011 年 1 月	××大学	雅思 6.5 分		技能证书	重要
11	2013 年 2 月~2014 年 2 月	《××》杂志社	记者 / 采编 （1）每个月月初选题会，自己报选题，所有的稿子是个人负责制，领导不会为稿件内容负责。负责集萃苑栏目。查历史材料（北京公交车发展历史，国外品牌发展的历史，超级碗广告中的汽车广告，品牌营销）； （2）偶尔负责海外信息的栏目，将国外的稿件翻译成中文来发布；熟悉车展上的概念车、其排放标准，研究治理拥堵，了解欧洲和美国怎么治理拥堵； （3）参加行业的会议，请来行业专家，学习行业报告，写成稿子，了解不同国家行业发展的趋势及情况； （4）想要做国际化的改变，翻译杂志每一期的目录； （5）曾于 2013 年在上海举办的中国汽车论坛中担任实习记者，兼任英文引领员工作、会务工作；在媒体访谈时在旁边做补充	（1）每个月 2~3 篇，长的 5000 多字，短的 3000 多字； （2）国内外汽车相关资讯很了解； （3）独立采访报道，文笔不错，而且沟通能力也可以	工作经历	重要

续表

序号	时间	地点	具体内容	达成成就 / 工作成果	简历模块	重要程度
12	2014 年 5 月至今	×× 咨询	文案编辑 (1)做助理，给客户写推荐信； (2)半年左右，开始接做教育的客户，给客户做访谈，了解其工作、学历和经历，访谈是与外国人一起做的；单位请了一个美国人主访谈，我在旁边补充； (3)与美国律师每天邮件沟通，主要是律师来写申请信，审核申请信问题，让他们修改； (4)翻译组翻译完全套材料，寄给美国的律所，附上申请信可以提交； (5)换了律所，自己写申请信，写得很明白、很透彻，由媒体报道；在网上找渠道发表；写证明信，写清客户赴美的意向和计划；对美国行业以及发展动向和政策进行了解； (6)在团队中分享案例及心得体会； (7)带过 3 个助理，给他们分配工作	(1)每个月接待 1 个客户，基本上 100% 能过； (2)带过 3 个助理，还在带 1 个； (3)写申请信，所有成就包括进去 13 页，赴美计划 6 页左右。证明信 1 ~ 2 页，推荐信 2 ~ 3 页	工作经历	重要
13	2019 年	自学	英语口语课	日常英语对话无障碍	自学经历	一般
14	2019 年	自学	健身课	坚持健身半年	兴趣爱好	不重要

绝大部分求职者，如果求职方向与之前的工作或者经历有相关之处，这一步往往进行得比较顺利。但有两种比较特殊的群体，可能觉得困难

比较大，下面给出一些详细的建议。

彩蛋 1：没有经验的小白该如何挖掘亮点

第一类群体自称为“没有经验的小白”，这类求职者以第一次找实习工作的在校生或者应届生为主，也包括一些工作经历比较少的职场新人。

对于这类群体，先说个结论：绝大部分人，即使是从来没有参加过工作的在校生，都是“有一定经验”的。

所以有时有一种现象，大家觉得很奇怪：当公司招实习生的时候，却要求有实习经验，同学们就很无语。

但其实，很多人认为的“没有经验”和真正意义上的没有经验，是不同的。

就像很多同学问我，自己没有过实习经验，要怎么找工作？殊不知，基本上同学们或多或少都是有经验的。

在这里，我要强调一下，不是正儿八经在公司朝九晚五或者“996”地实习，才叫实习、才算是工作经历。我们可以把这个“实习”或者“工作”，理解为“实践”，理解得更广义一点。

比如说，虽然不是正经地在公司上班，但是我们做过兼职、参加过项目，都可以算是经历。

比如，最近就有几名同学来找我们定制简历。一名是某高校研究生，想入职一家电竞游戏的公司，加入游戏“英雄联盟”中的一支职业比赛队伍，成为一名管培生。简历里，我就特别帮他强调了他的游戏经验，他不仅自己游戏打得好，还组织了后援会，参加线下比赛。你看，多么相关的经验和热情，此时他的研究生学历，反而不是那么重要了。另一名同学是想做游戏策划，他虽然是大专学历，但是有着丰富的游戏经验，玩过数十款游戏，对不同游戏类型都很有研究。你说，他这样的经历，是不是就很吸引游戏公司呢？

总结一下，我相信每个同学，都有一定的经验，有闪光点，有潜质。

我们一方面要结合职业生涯规划，发现自己的特质。关于这点，我前面提供了一些思路。简单来说，就是每个人都有特点和自己擅长的领域。另一方面要扩展一下自己对于“实习经验”“工作经验”的理解，可以把各种经历都先写下来。

当然，最重要的是，在心态上，一定要相信自己必有闪光之处。

彩蛋 2：跨行求职如何收集简历素材

另一类人群，是跨行的求职者。

大体的思路是一致的，列举以往的工作内容，写着写着你会发现，原来有很多相通的地方。

跨行这件事，也有大跨行和小跨行。如果你选的跨行方向实在相关不大，那么把以前的经历写得再好也没有用；反而是要删繁就简，把不相关的内容全部删掉，以空杯的心态，从基础做起。简历中以展示自己的诚意为重。

小跨行比较好处理，你可以理解为，底层的能力体系是相通的，只是反映在外在的职位上不同而已。这也是比较推荐的转行跨度。

小跨行写简历的话，着重描述底层相关性，能够很好地弥补具体项目中的经验缺乏。我们已经工作了这么多年，绝对有一定的积累，我们可以在这个积累的基础上，再找找方向。

当然，在写简历前，还是要确定好，真的要转行吗？转行，大转到一个我们完全没有经验的领域，是风险非常大的行为，要慎重考虑。

如果在求职的方向上迷茫了，千万不要随便找一个工作就去做了。分析自身的经历、优势、特点是非常重要的。我相信，每个人，都能找到自己擅长且喜欢的方向。

在这个方向上，根据求职岗位的要求，来挖掘我们简历的亮点，会容易得多。

2）我有我不知道：询问他人

除了自己努力回想，逐一罗列出各种经历，我们自己有时候会走入一些思维的误区，可能会遗漏一些事情。此时，我们可以通过提问的方式来进行补充，向熟悉我们的朋友、同学、同事、前辈询问一下，看看是否可以查漏补缺。

表 3–3 是某求职者的访谈记录案例。

表 3–3 我有哪些亮点？

简历资料补充 访谈记录表

序号	参考问题	与我关系	回答（记录口语即可，尽量详细）	提炼
1	你认为我是一个什么样的人？为什么？	同学	（1）目标明确的，为了达成目的会全力以赴； （2）很有礼貌，经常会说“谢谢”，对人也很和善； （3）喜欢学习，经常在看书	（1）目标感强； （2）待人和善； （3）热爱学习
2	你觉得我最大的优点是什么？	同学	性格温和，情绪控制得很好	情绪控制
3	列举你知道的，我获得过的好的成绩	同学	（1）得过一等奖学金，两次； （2）参加创业创新大赛得过奖； （3）课程中的案例分析，总是得高分； （4）演讲比赛第一名	
4	列举你知道的，我参加过的各类大大小小的项目、活动、竞赛	同学	（1）校园歌手大奖赛第三名； （2）参加过志愿者活动； （3）参加过最美宿舍评比； （4）参加过学院辩论赛，获得最佳辩手荣誉称号	

续表

序号	参考问题	与我关系	回答（记录口语即可，尽量详细）	提炼
5	如果需要你举一个例子来证明我优秀，你会举什么例子？	老师	知识面广，喜欢看书；上课讲到的很多书都看过，而且可以复述出来内容	（1）爱看书； （2）善于表达
6	在学习/工作中，我有什么优势？为什么？	老师	（1）适应能力强，很快就能适应高强度的学习和比赛； （2）尽力达成工作成果，为了做出成果，可以不睡觉	（1）适应能力强； （2）目标感强
7	在我们相处的这么长时间中，最让你印象深刻的事是什么？为什么？	朋友	非常热心，有一次半夜朋友生病，虽然自己已经睡了，还是立即起来陪她去医院	热心
8	如果你是老板，最让你想要雇我的原因是什么？	老师	学习能力强，积极主动，可以在很短的时间内学会复杂的知识	（1）学习能力强； （2）有上进心

3）我没有我知道：创造内容

除了我前面提到的几种挖掘自己亮点的方式，总是还有一些求职者，觉得挖掘后还是需要再增加一些其他内容。

在投递简历到我们去面试的过程中，其实是有一段时间的，这个时间或长或短，社招会快一些，可能两三天就有消息了；校招由于有固定的流程，时间可能会长达一两个月。那么，在这个等消息的时间里，我们就需要抓紧机会。

这里就要结合前面讲到的JD分析，来进行内容的补充。再次提醒一下，这个内容补充，不是随便补充，也不是想加什么就加什么，而是根据JD分析的结果，看看还有哪些是招聘要求里提到了但是我们还没有的。

比如，我们发现某个工作的筛选性要求是通过英语六级，关键需求是有过英语文章翻译的经历。此时，如果你的英语确实通过了六级，但是目前还没有过翻译的经历，那就可以使用“临时学习、补充内容”的方法。

在写简历时，你就直接写上，有英语翻译经历，并且在去面试前，恶补这部分内容。简历中，关于英语翻译具体怎么写，需要结合你的“临时学习”计划。如果你准备无论如何都要克服困难，迅速完成 5 篇英文文献的翻译或者 1 本英文短篇小说的翻译等，那么，你就可以在简历中，把翻译的具体内容写上。写上具体的内容，可信度会比较高，也比较符合简历书写的原则。但如果你只有一个大致的计划，暂时定不下来，那就可以比较模糊地写上“有一定的翻译经历”，并尽快开始进行真实的翻译工作。

再如，你是一名应届生，想寻求一个金融方面的工作，但你缺少一些相关的经历。你可以试着在简历中写上，阅读过哪些金融相关的书籍、参加过几场相关的讲座或者分享会、上过哪些线上的课程等。然后抓紧时间，马上去看书，去参加活动，去上课。

关于“临时学习、补充内容”，这里要强调的，就是前面讲到的“不能造假”。虽然你现在是临时学习，但是，一定是真的学习了、操作了相关的内容，在去面试的时候，已经掌握了相关知识，才能够写到简历中，很明显，那就绝对不是造假了。而不是说，到了面试的时候，还是什么也不会，那就是造假了。另外提醒两点：一是要根据 JD 来看，到底缺什么内容；二是结合你的实际情况，来制定可行的学习方案。不要一时兴起，给自己定了很大的目标，写到了简历中，但实际上并不可能完成，那就相当于造假了。

举个例子，如果你简历中写了每个月阅读 10 本书，但实际上没有阅读，或者连提前看好书评、记录书本中的大致内容都没做的话，只要面试时，面试官问到书籍的具体情况，你就回答不上来了。

4）我没有我不知道：求助专业

术业有专攻，也许是因为有的小伙伴经验不足，或者由于无法正确地分析出JD的重点，也或许由于确实不太擅长做这类的事情，从而导致挖掘亮点的流程比较难以进行，这都是很正常的情况。

你可以不要着急，给自己一些时间，反复进行几次操作，慢慢使内容越来越多。

需要注意的是，有的求职者为了增加简历内容，写了自己从小学开始一直到大学的所有经历，这其实并不可取。无关的素材过多，即使有字数，也是没有用的。

我教给大家的四象限法，除了能够增加简历的内容，达到字数变多、乍一看简历就充实起来的效果，更重要的是帮助大家挖掘出自己真正有价值、有意义的经历。

如果你能够挖掘出自己的亮点，找到丰富的素材，后续就有“食材”可以“做饭”了。简历是否能够得到提升，最大的决定性因素就是“有多少有用的内容”可写。试着挖掘一下自己的经历吧，你远比自己想象中的更加优秀！

2. 简历可以造假吗

简历可以造假吗？这个问题，有太多人问了。主要就是求职者觉得，自己的真实经历不够有亮点，所以希望通过造假来吸引招聘公司。

在回答这个问题之前，我先给大家举几个例子：

把学生会副主席写成学生会主席，算造假吗？

把五个月的实习时间，写成半年，算造假吗？

把组织了一场大型活动，实际到场人数1.8万，写成2万左右，算造假吗？

把写了9万行代码，写成10万行，算造假吗？

把写过80多篇公众号文章，写成100篇，算造假吗？

以上这类，其实是算不上造假的，充其量是“美化”，重点是“美化”的部分和实际情况差别不大，对于这个人的实际工作能力并没有什么影响。

接下来换几个例子：

虚构了一段完全没有的经历，算是简历造假吗？

伪造了学历，算造假吗？

实际工作两个月，试用期内就离职了，写成了工作一年，算造假吗？

完全就是在公司“打酱油”，却说自己全权负责了一些项目，算造假吗？

很明显，以上这些，当然算是简历造假了。如果被发现，就直接证明了我们并没有某些经历、缺乏某些能力，并且性质比较恶劣，肯定是不会被录用了。

对于公司来说，简历造假的人，不一定就是不适合这个岗位的，但是，录用他是风险巨大的。一个人在简历上或者在后续的面试中，如果有比较严重的造假行为，那么，要如何保证他入职后的工作成果是真实的呢？他会不会谎报公司收益，会不会造假客户数据，会不会霸占别的同事的劳动成果，会不会制造一些八卦呢？

要知道，在人品面前，再强的业务能力和专业素质，也是枉谈。

有的人会说，“我确实看到一些人，凭借着造假的简历，成功找到了还不错的工作”。是的，这些情况一定会存在，但是，第一，这是小概率事件。HR是受过专业的招聘训练的，判别一个人所说的话是否属实，是我们不断练习和强化的重点招聘技能。说起来，有点像侦探的感觉。

如果你的简历造假了，那么在后续的面试过程中，HR 苦练了那么久的面试技巧，还是很容易发现一二的。绝大部分简历造假的行为，都会在面试环节中被发现。因为虚假的工作经历，是经不起推敲、经不起追问的。伪造的、不是真实拥有的个人能力，是很容易露馅儿的。而且部分重要岗位后续还会安排背调，以及后续试用期的筛查，其实风险还是很大的。

第二，为什么有些犯了错却一直在逃亡的人，在最后被捕的时候，总是会说“我每天都在担心会不会被警察发现，茶饭不思，而且我知道，总会有这一天”？虽然简历造假的行为，远远没有到犯罪的这种程度，但实际上的心理活动，是类似的。

比如，有人伪造了在一家知名企业的工作经历，入职后，领导可能要求他借助这家公司的人脉来开展业务，可能会让他分享在这家公司的所知所学，可能会让他拿出在这家公司的一些工作成果报告，或者让他以这家公司前任员工的身份来开拓新的业务。那么这时候，他要怎么办呢？

也有人编造了自己有一份证书，到了办理入职手续时，却拿不出来。即使是办了个假证，一旦认真核查，也是会被发现的。

所以，要想一想，为了一时入职的开心，却让自己后来的工作充满不安，是不是真的有必要呢？

在确定了合理的求职方向后，每个人，都是有亮点的，只是有时候你还没有发现而已。

3. 三步提炼简历亮点

在我们准备了很多原始的简历素材后，就要结合前面讲到的 JD 分析来进行筛选与加工了，也就是优选其中的内容，并进行整理和提炼。

看到这里，如果你忘记了要如何分析 JD，我建议你先停下来，复习一下前面的内容，把你意向岗位的 JD 分析完成后，再进行下一步，这样效率反而更高。

如果你现在已经很熟悉 JD 分析了，那就跟着我一起来进行下一步吧。

1）合并同类项

顾名思义，就是把你之前写的几十条内容，做一个分类。最好像写论文一样，有不同层级的目录，这样，我们在后续的具体写简历的过程中，能够轻松很多。如果暂时没办法分得那么清楚，也没有关系，可以先做一个大致的分类。这个分类的过程，也不是一蹴而就的，需要你反复阅读之前写下来的内容，再进行梳理和调整。

这个梳理的目录，和简历中的模块分类是一个逻辑，主要分成工作经历、实习实践、校园实践经历、学业证书、科研成果、竞赛、其他社会活动几大板块。

2）重点优化

重点优化，也就是非常重要的“简历优化”了，就是指，通过优化内容，突出自己的个人能力。

a. 突出个人经历，体现价值。

在描述自己的经历时，多使用“负责”“统筹”“主导”这类词语，减少“协助”“参与”这类词语。

这并不是说，让你把参与的事情写成负责，那相当于过分夸大了，会导致你面试很难通过。但是你可以从参与的一件大事中，找出你负责的部分。

举两个例子：

案例1：你参与组织了公司大型年度晚会，虽然对于整个年度晚会的组织来说，你只是小小的一分子，但是你一定是负责了某个具体项目。比如，负责演出物料的统计、负责舞台背景的设计、负责演员候场的秩序等。

写简历时，相比于写“参与组织公司大型年度晚会”，不如写成“负责公司大型年度晚会的物料统计、演员候场秩序”。

案例2：你参与了电商公司的“双11”活动的设计部分，虽然不是整体负责设计，但是你可以写“完成××的图文制作，负责××页面banner的设计”。

以上两个例子就是想和大家分享，只要我们深入拆解参与的大项目，一定能够找到体现自己价值的部分。

在招聘时，招聘官最想知道的，就是你自己具体做了什么，而不是别人做了什么。因为这直接影响到你入职后，到底能够承担哪些工作。团队取得的成绩固然重要，但是你自己在这个项目里具体做了什么，才是最需要重视的。

b. 扩大结果，展现成绩。

紧接着上面的内容，招聘官想知道的，是我们具体做了什么，而不是团队做了什么。但是，我们也一定要明白，团队的成绩，也是我们的成绩，我们也为团队的成绩贡献了自己的力量，团队成绩越好，那么你所获得的背书，就越能够抓人眼球。就和奥运会团体比赛一样，中国体操队如果得了冠军，那么参赛的每一位选手，都会获得金牌。

所以，在简历中，我们不仅要写自己负责的小板块取得了什么成绩，也要把整个团队的成绩写上去。

还是刚才的两个例子。

案例1：如果这场晚会非常成功，那么，在描写自己的工作内容以外，你还可以写上晚会的整体情况。

比如，“负责公司大型年度晚会的物料统计、演员候场秩序，晚会共计到场 1000 余人，公司高层悉数出席，更有媒体、政府领导参与”。后面半句是整个晚会的结果，但是，和你的努力也是分不开的。

案例 2：可以优化成“负责成交共计 1000 万的‘双 11’活动的 ×× 的图文制作及 ×× 页面 banner 的设计，其中本人设计的产品页面浏览量达到上千万”。

团队取得的成果越好，越能说明我们的能力。试想，负责一个 50 人晚会的物料统计，和负责一个 1000 人晚会的物料统计，哪一个难度更大，需要更高的工作能力呢？

当然，大家还是要记住“扬长避短”这个原则，如果团队的成果在业内非常一般，那就不需要体现出来。

c. 优化表达。

再来谈谈优化表达的方法。

方法一是优化工作内容和数据，需要注意的是，要把握好这个度，不要把优化变成造假。大家可以再看一下前面关于“简历造假”的内容，加深一下印象。

方法二则是把简单的内容进行加工。

比如，我们经常做的工作是复制粘贴，就可以写出负责资料整合，为 ×× 工作提供数据来源。

比如，我们做的是出纳，就可以写上负责公司资金管理。

再如，我们做的是在路上请人填写问卷，也可以写成做产品调研，帮助公司产品不断迭代。

这几个例子，大家看了可能有点想笑，不过这是真实的。如果没有我们的复制粘贴，就没有一份完整的资料；没有我们进行准确的收钱付钱，公司的资金就会出现混乱；没有我们走上街头收集有效问卷，就得不到用户调研的数据。

所以，每个人都要相信，自己的工作是有价值的，可以尽量深挖一下工作的本质，找到一件简单工作背后的意义。

在这里分享一个你可能早就听过的小故事吧。

有三个建筑工人建房子。有人问，你们在干什么呢？第一个建筑工人头也不抬地回答道："我正在砌一堵墙。"第二个建筑工人习以为常地回答道："我正在盖一所房子。"第三个建筑工人则干劲十足、神采飞扬地说道："我正在为建设一座美丽的城市而努力。"

所以，不要只看到高大上的工作，从而轻视自己，更要看到自己的工作对整个团队乃至公司的价值。

3）择优选用

合并同类项后，把同一类的内容进行排序。这时不建议直接删除不合适的内容，因为后续可能还会用到。

排序主要考虑以下三点。

a. 事件和 JD 内容的相关程度。

b. 事件规模的大小、事件的影响力或事件的重要程度。

c. 你参与的程度，以及你从中获得的成果。

下面做一个详细的说明。

第一，事件和 JD 内容的相关程度。

在简历中，我们所写的内容，和求职意向的相关性，是最为重要的。

在招聘时，公司不是在招一个综合素质最好的人，而是和这个岗位最匹配的人，往往特别注重于我们适合这个岗位的地方，而忽略其他不重要的短板。比如，招一个技术人员时，就不会要求求职者像销售一样能言善辩；招一个销售人员，就不需要我们逻辑思维能力特别优异。

对于同一类的"竞赛类"经历来说，如果你应聘的是运营相关的岗位，那么，你在全国奥数比赛拿了一等奖的成绩，也比不上在学校参加了一个运营策划大赛来得更相关。毕竟求职运营岗位，最重要的是展示你与运营方面相关的能力。你的奥数成绩再好，完全不会运营，公司又怎么会录用你做运营呢？

当然，并不是说这个奥数的经历，就要完全被抛弃，只是从目前的排序来说，会被排在比较后面的位置。其他还要结合我们前面对 JD 的分析和岗位的具体情况来看。

大家已经明白了，即使岗位名称相同，具体的工作内容也可能不相同。比如，你想求职的这个运营岗位其中一条招聘信息上面写到需要做数据分析，或者需要逻辑能力等相关的内容，那么，奥数的获奖经历，就有用了。

另外，即使这个运营岗位的具体招聘要求和奥数确实完全不相关，我们也可以把这条内容暂且留下。因为拥有这个经历，至少说明我们学习能力强，有比较好的心态。等我们把所有内容都排好序，并把最重要的内容填充到简历中后，如果有空余的位置，就可以把这条写上。如果简历内容已经非常满了，就不要写了。

所以，再次强调，我们是先做排序，而不是删除内容。

第二，事件规模的大小、事件的影响力或事件的重要程度。

这点比较好理解。假如你作为项目负责人，组织过多次音乐节活动，那么，省级的音乐节活动就比市级的规模更大、影响力更大、更重要。除了级别，也可以根据参会的人员、活动持续的天数、新闻媒体报道的情况等，来做一个判断。

假如你是设计师，为知名品牌做设计也一定比给小公司做设计看起来有价值。

第三，你参与的程度，以及你从中获得的成果。

比如，你是全权负责还是统筹协调，是深度参与还是简单协助？你自己有什么工作成果，以及团队获奖有没有你的一份功劳？

和重点优化一样，这里一定要强调排序的参考依据，是你个人的参与程度和成果。比如，10人团队参加比赛，团队获得了第一名，这个团队的荣誉固然重要，但只有当我们是这个团队的负责人或者是主要成员时，才有价值。反之，如果我们在团队中，只是一个“打酱油”的角色，那么我们个人的成果基本上是没有的。假如我们把这样的内容写到简历中，一是并不能体现我们的个人能力，毕竟公司招的是我们这一个人，而不是我们的团队；二是在面试过程中，面试官对这个经历进行提问时，特别是针对我们的参与内容进行提问时，我们并不能很好地回答。这就是期望越高，反而会失望越大。

换个角度，如果团队名次不是很靠前，但是你获得了个人最优，或者是有个人的突出表现，那么，这段经历，其实会比在第一名团队中“打酱油”要重要。

根据以上这三个原则，大家就可以把自己写下来的内容，进行重要级排序。

简单来说，也就是根据匹配性原则来整理。

匹配度高的，能够突出我们个人成绩的，排在前面；匹配度不高，只是作为辅助作用的，排在后面。

排序后，我们需要根据整份简历内容的多少来删减内容。我们准备了非常多的素材，但并不是每一条都需要写在简历上。和JD完全不相关的内容、微乎其微的小事、我们基本没有做出贡献或没有成果的这三类内容，基本上是不用写的。当然，从简历整体角度考虑，如果其他内容非常少，那么写上一些无关的内容，也比简历空空荡荡要好很多。

这里需要多提醒一点，如果你已经有了一定的工作经验，求职的是有管理性质的工作，那么建议先把和管理相关的内容放在前面，然后再写具体的个人实操类工作。对于管理岗位来说，不仅要自己能够做好工作，更重要的是能带领团队一起来完成目标。

4. 万能公式化腐朽为神奇

1）超好用的万能公式

通过前面的步骤，相信你已经收集好素材，找到了自己的亮点，让简历有东西可以写了。

那么，紧接着的问题就是：要怎样把这些内容写好呢？这也就是本部分内容的主题。

你有没有过这样的感觉：心里哼的曲子旋律优美，唱出来就会跑调？不瞒大家说，我就是这样的。我总感觉自己哼得挺好的，但是朋友总是说我跑调。

一样的道理，原本素材干货满满，写出来却很可能让人不忍直视，甚至很多人的简历明明还有很大的进步空间，却自以为已经很不错了，以至于错失更好的机会。

绝大部分的求职者，都因为简历和面试没有反映出自己 100% 的实力，造成拿到的工资低于真实水平。你的竞争对手，不是刚毕业就年薪百万的华为程序员，而是和你情况相似但是简历比你写得好得多的人。

如果你想到了很多经历，却不能描述好，岂不是太可惜了！反之，如果你能够运用好简历写作的技巧，更好地展示自己，那么入职更好的公司就是理所当然的。

下面就来分享一个特别落地、特别实操的简历书写的万能公式。这个公式最大的魅力在于简洁、系统、易学、好用，是写简历的“底层逻辑”。

可以说，只要学会了这个公式，所有的“经历描述”全都难不住你，包括工作经历、实习经历、项目经历、实践经历等。

这个万能公式就是：事件背景 + 负责内容 + 使用方法 + 工作成果（至

少出现 1 个数据）。

先解释一下，为什么工作成果中要出现至少 1 个数据。这是因为，数据能够大大增加语言的准确性，并且吸引人的注意力。

如果你不知道有哪些数据可以用在简历中，可以先学习一下后文的“四个维度丰富简历数据”的相关内容。

我们通过一个简单的例子来了解一下。

【原始版】我卖了很多橙子。

请问你看完后，得到了哪些信息？这样一句话，写在简历上，你觉得怎么样？

看到这句话，我们都会感觉，信息很少。“我卖给谁”“怎么卖的”“具体卖了多少”，这些内容，都没有讲到。这些问题，同样也是筛选简历的 HR 的问题。

把这句描述对应到万能公式中，匹配度只有 30%。

× 事件背景：未涉及

√ 负责内容：已包括

× 使用方法：未涉及

× 工作成果：已包括，但是没有数据，非常模糊，完全不可信

简历中出现这样的一句话，99% 的可能，简历就直接被滤掉了。最直接的原因就是，这句话中，什么有效的内容都没有。

接下来看看进阶版。

【进阶版】我通过摆摊地推的方式，总共卖出了 100 斤的橙子，销售额 600 元。

这句话，大家觉得怎么样？

很明显比原始版要好上不少。

对应到万能公式中，匹配度达到了 75%。

× 事件背景：未涉及

√ 负责内容：已包括

√ 使用方法：已包括

√ 工作成果：已包括，有 2 个具体数据

不仅句子看起来得体、专业，而且可信度大大增加。这时候，它算得上是一个合格的经历描述了。

当然，对于看到这句话的人来说，还是会有一些疑惑：你为什么要去卖橙子呢？读者可能从来没卖过橙子。所以读者不知道，100 斤橙子，销售额 600 元是好的结果还是差的结果。特别是这个数字看起来并不是很大，读者可能会觉得“卖这么点橙子很容易啊，没什么厉害的”。这也就是我们需要继续改进的地方。

再来看看终极版。

【终极版】在学校公益周，作为帮助滞销老农卖货项目的负责人，通过摆摊地推的方式，在一天之内卖出了 100 斤的橙子，销售额 600 元，为所有销售员中的第一名。

对应到万能公式中，匹配度 100%。

√ 事件背景：已包括

√ 负责内容：已包括

√ 使用方法：已包括

√ 工作成果：已包括，有 3 个具体数据

终极版比起第一种描述“我卖了很多橙子”，有了天差地别的变化。相比第二种描述，内容也更完整。在工作结果方面，有了一个“项目总销售额的占比”，说服力进一步提高。也让人了解到，一天内卖出这么多橙子，是很不错的了。

这就是万能公式的一个应用案例。大家体会到这三个版本的区别了吗？

简历与面试不同，简历是单向交流，HR 仅通过你写出来的文字

来判断是否给予面试机会。当看到一句不明确、不合格的描述的时候，HR 心里会有很多的疑惑，就像我们看到前面的例子，也会觉得事情说得不清不楚。

求职的竞争很激烈，如果简历没有直观地表达出我们的优势，HR 又怎么能知道我们的好呢？所以，我们要尽可能地把做过的事情描述清楚，把我们的能力和成果展示出来。

在这里要提醒一下大家，我们用万能公式进行经历内容描述的时候，要注意语言的精简。书面语不同于口语，能用 3 个字，就不要用 4 个字。比如，“负责公司大型年度晚会的物料统计、演员候场秩序”就比“负责统计公司大型年度晚会的演出物料、负责演员候场的秩序”更精简。

有的人容易写着写着就把一条工作内容写成一篇小作文，这就没有必要了。一般一条内容，不建议超过两行。

再举几个更加形象的例子。

【案例一】

某人实习的工作内容是：整理收集数据，汇总报表。

符合万能公式的描述是：担任数据专员期间（事件背景），负责每个月 5 个业务部月度销售数据收集与报表汇总（负责内容 +1 个数据），优化收集流程和汇报表格（使用方法），曾只用规定时间的三分之一就完成当月数据收集和汇总工作（有 1 个数据的工作结果）。

【案例二】

某人在校有社团管理经验，担任过 ×× 社团的社长。

符合万能公式的描述是：大二参加 ×× 大型活动（事件背景），需要在一个月内拉到 2 万元赞助（负责内容），通过与校外就近店铺合作、社团公众号联动等方式（使用方法），拉到了 3 万元赞助，完成率为 150%（有 2 个数据的工作结果）。

【案例三】

某人前一段工作的岗位是：软件开发工程师，负责软件开发工作。

符合万能公式的描述是：负责 ×× 项目编程开发统筹与项目跟进（负责内容），需在三个月内完成从创意到上线工作（事件背景），使用了 ×× 算法，连续加班三个月（使用方法），提前十天完成项目交割，bug 率低于 10%（有 2 个数据的工作结果）。

不论你是有工作经验，还是没毕业，只要是“经历”类型的内容，都可以运用这个公式来写出漂亮的内容。

你可能有过这样的疑问：HR 在筛选简历的时候，到底在看什么呢？简历明明写的都是过去的情况，HR 为什么看一个人的过去，就能判断这个人将来是否适合这份工作呢？

这是因为一个理论，即“一个人的行为具有一致性”。也就是说，一个人过去的行为是对其未来行为进行预测的最佳依据。换句话来表述，就是我们过去的表现是我们未来能力最好的证明。

万能公式，就是按照这个逻辑，通过描述自己过去的优异，来证明自己未来的价值和能力。我敢说，今天你学会并且应用了这个万能公式，你就已经走在了绝大多数竞争者的前面。希望大家一定要多多练习，应用起来！

2）四个维度丰富简历数据

简历中需要用到大量的数据，来提高简历的可读性和说服力，接下来大家可以从以下四个方面来搜集素材，添加数据、增加事例支撑。

a. 金钱。

我们先来谈谈第一个点：金钱。

钱是最容易引起大家注意的内容，毕竟公司招聘，是希望我们入职后能够产生价值，为公司带来收益，所以，在我们之前的经历中，为公司或者团队带来了多少收益，是最直观也是最需要展示在简历中的内容。

和钱相关的内容，包括通过我们的努力工作，为公司带来了多少收益、节省了多少成本、增加了多少利润等，可以是直接的，也可以是间接的。比如，虽然一个大的订单不是我们一个人谈下来的，但是作为团队的成员，我们也付出了努力，为结果做出了贡献，那么也可以算成我们工作成果的一部分。

另外还有一点，与我们主动或被动经手了多少钱有关。这些数据也反映公司对我们的信任，才会将相关工作安排给我们。

b. 时间。

其次受到广泛关注的关键词是“时间”，主要就是指在短时间内是否有高效的产出。

同样的时间，完成更多的工作，有更多的产出，以及同样的工作，用更短的时间完成，都是公司非常乐意看到的。

c. 数量。

接下来谈谈“数量”这个关键词。数量分成很多种，如订单数、客户数、销量、产量、人脉等。具体来说，包括HR招聘的人数、销售售卖的产品数量、程序员写的代码行数、运营举办的活动次数、设计师创作的作品数量等。

各行各业都有非常多和数量相关的内容，可以挖掘出来，写在简历上。

d. 相对值。

最后来说“相对值”。相比于直观的数据，代表排名的相对值，往往能够直观地体现我们的工作情况。

比如，同样是运营公众号，不同的公众号运营难度不同，有的粉丝几百万的大号，每篇文章轻轻松松就有 10 万 + 的阅读量，而一个只有 1000 个粉丝的公众号，如果能够有 1 万的阅读量，就是非常不错的成绩了。

同样的道理，我们获得了 1000 人比赛的冠军，一定比获得 100 人比赛的冠军更有含金量。

当绝对数值不是很能体现你的价值，或者绝对数值不太好看的时候，你可以写出相对值。比如，你的学校比较严格，你的 GPA 绩点虽然不是很高，但是成绩排名全年级前三名，就可以把年级排名写上。

你一个月只销售了 8 件产品，但确实是小组第一，或者是其他人的两倍，或者同比增长了 50% 等，都比你直接写一个月销售了 8 件产品更好。

大家可以根据数据的情况，灵活选择是写直观数据还是相对数据。原则就是，哪个数据更能体现我们的能力和成绩，就优先选择哪个数据。

六、简历模块的具体写法

从这部分内容开始，我来详细谈谈每个模块的具体写法。

请大家一定要一边阅读，一边跟着动笔。只看，不操作，是没有办法写出一份好简历的。在写的时候，建议大家先了解前面章节的内容，并在实际写简历时，反复回看前面章节的内容，前面讲的都是贯穿整份简历的重点事项，在写每个模块的时候，都会用到。

大家都知道，简历中涉及的模块非常多，最常见的有个人信息、个人优势、教育背景、工作或实习经历、项目经历、校园实践、获奖情况、工作技能、兴趣爱好等。

很明显，每个人所需要的模块并不一样。

在开始写模块内的内容前，我们要像写文章先写大纲一样，把模块定好。

在这里，我将简历的模块分成三类：必要模块、可选模块和特殊模块。

1. 必要模块的写法

必要模块就是每个人的简历中，都一定要有的内容，包括：简历标题、个人信息、教育背景、工作或实习实践经历。这几个模块也是 HR 招聘时必看的内容。

1）简历标题

这里讲到的简历标题，是指 WORD 和 PDF 的文件名，主要是用于邮箱投递简历，以及在求职网站上创建简历时使用。HR 查收邮件或者在招聘网站的后台，是可以看到这些信息的。

千万不要把一份名称是《我的简历》的简历发出去，收件人怎么知道这到底是谁的简历呢？更有甚者，发送的附件是《新建 Microsoft WORD 文档》，这就更不专业了。

如果你的简历命名不规范，那么即使你写得再好，你的简历也可能没有被看到的机会。所以，你可不要小瞧这个简历命名。要掌握简历命名规则，旨在解决下面两个问题：HR 如何定位到你？ HR 如何快速找到你？

推荐的简历标题命名方式是：姓名、岗位、× 年经验，以及其他一些与招聘需求匹配的亮点或者加上自己的联系电话。如果是邮件方式投递简历的，邮件的名称也要用这样的方式。

比如：夏 ××-HRBP- 世界 500 强 10 年经验；林 ××- 销售总监 -××

集团销售总监，连续3年销冠；蒋××-Java-5年××上线产品开发负责人经验。

千万要注意，对于简历标题，并不是要在简历中写上大大的“简历”二字。这两个字是完全没有必要写上去的，既占位置，又不专业。凡是收到简历，HR当然知道这是一份简历，所以，直接从个人信息模块开始写就可以了。

2）个人信息模块

个人信息模块，也可以叫作基础资料模块。顾名思义，内容写的就是姓名、联系电话、邮箱等信息。往多了说，个人信息还有很多，如性别、民族、籍贯、身高、体重、地址、兴趣爱好、家庭成员、毕业院校等。

其中，必要的内容是：姓名、联系电话、邮箱。

姓名最好是真名。联系电话和邮箱要保持通畅，邮箱最好避免使用QQ邮箱，邮箱名称建议使用中文或者英文名字加上一些数字，显得比较职业。

除了应聘公务员、国企等有严格要求的单位，会需要你提供非常多的基础内容，详细到家人的工作单位、年龄等。其他绝大多数民营企业有了前面三个信息就足够了。

其他的内容，大家可以酌情考虑要不要写上。简单来说，对你有益的，你就写上。

比如，对于求职行政前台的人，比较年轻的话，会是一个优势。那么如果你刚毕业不久，就可以写上你的年龄，如22岁、23岁等，而若你已经30岁左右，就不要写上年龄了。

大家可参考表3-4选择适合自己的内容。

表 3–4　常见可选个人信息列表

必写内容	可选内容
1. 姓名：最好是真名（会比较真诚，真的不方便透露可以写 ×× 先生/×× 女士，不要编很奇怪的名字） 2. 联系电话：国内手机号码，保持通畅。如果你的电话绑定了微信号，对方可以通过搜索看到你的微信头像，甚至是一些朋友圈内容。对方如果拨打这个号码也会知道你的号码注册地（通常为申请人的家乡）。所以在填写电话号码之前请确定这些信息都是愿意展现给 HR 的，也可以提前对于微信的信息做一些修改 3. 邮箱：邮箱最好避免使用 QQ 邮箱，邮箱名称建议使用中文或者英文名字加上一些数字，显得比较职业化	1. 性别 2. 年龄 / 出生年月 3. 民族：少数民族可以写一下，但也不是必需的。汉族就不需要写了 4. 籍贯：城市 5. 婚育状况：未婚 / 已婚 / 其他 6. 政治面貌：有的可以照实写。没有的，可以不写。如果必须要写，写群众（现称“普通居民”，与居民身份证相对应），不要写“清白”之类的，显得很不专业 7. 身高、体重 8. 家庭成员：除非招聘方有特殊要求，一般只有国企、事业单位等会有要求。否则不建议填写多余的私人信息，过多的冗余信息会给 HR 不专业的感觉 9. 地址：地址能够确切说明候选人此刻的所在地，如果和所申请工作是同一城市，且与上一段的教育或工作经历不是一个城市，写上地址可以告诉 HR 你已经搬到公司所在地了，如果和所申请工作不是同一城市建议不写 10. 毕业院校：建议放在教育经历中，除非毕业院校可以很大地提升自己简历的竞争力，可以写在个人经历里，加以强调

另外，有的求职者讲究“设计感”，故意把联系方式等信息放在其他地方。如果 HR 觉得你比较合适，想要联系你，却不能马上找到你的联系方式，可能会让你错失这个机会。我甚至遇到过一些求职者忘记在简历中写自己的联系方式。所以，一定要在简历完成后进行检查，避免白忙一场。

另外有一个常见的问题是，简历中要放照片吗？

照片并不是必需的，在招聘需求中，对于形象有要求的岗位要加上照片，如银行、证券或者与形象相关的前台、秘书等。其他可以酌情考虑。

如果我们形象佳，照片能够成为加分项的话，可以放上，否则不需要放照片。放照片时，自拍照、艺术照、生活照以及未经修饰的一寸照都不合适，建议使用适当美颜的一寸照或职业照，体现我们的职场素质。

虽然我们提倡内心的修养，但是如果外表是我们的优势，不妨放一张职业的照片，将自己的优势发挥到最大。

3）教育背景模块

教育背景是简历中必须要写上的内容。

如果你是应届生，或者以前没有什么比较出彩的工作或实习经历，那么学习情况就更是公司决定是否选择你的一个重要依据。这时建议你把教育背景模块放在比较靠前的位置，一般是紧跟着个人信息模块。

如果你已经毕业超过两年，或者即使是应届生，但是之前的实习经历很有亮点，那么教育背景可以放在整份简历的最后，也就是最后一个模块。

对于有多年工作经验的人来说，只有一种情况，需要把教育背景放到前面进行突出。这就是，你打算转行，转行的方向是和学习时的专业相关的，而你之前的工作经历却和转行方向完全无关。此时，把相关的学历放在前面，能够体现你与岗位比较匹配。

要注意的是，教育背景这个模块的内容，除了以上两个位置，不要放在其他的地方，这是简历排版的一个常识。

教育背景模块的具体写法要注意以下五点：

第一，规范格式。教育背景模块需要的类目条，也就是一整行的小标题中，需写的内容是：学校，学历如硕士、本科、大专，专业，大学就读时间。比如，中国科学技术大学，硕士，人力资源专业，2016 年 9 月至 2020 年 6 月。

需要注意的是，还未毕业的同学，也需要把大学的毕业时间明确写出，而不要写“至今”，以便 HR 能够判断出，你大约什么时候可以来工作。时间上一定要谨慎，在招聘中经常看到简历中的时间写错，这点会给 HR 非常不好的印象。

第二，时间范围。只需要写从大学开始的教育经历，并且采用倒序的方式。比如，你的最高学历是硕士，就需要先写硕士，再写本科。如果最高学历是本科，只要写本科就可以了。高中、初中等经历都不需要写。

第三，成绩展示。如果你毕业时间超过三年，就不需要写成绩了。

对于应届生或者职场新人，成绩优秀的同学，可以写上 GPA 绩点，或者是排名，这两者可以都写，或者择优写。如果你的 GPA 不是很高，只有 3.1，但是这是因为学校整体打分很严格，你实际的成绩排名是全年级第三，那你就可以不写绩点，只写排名。排名的表达方法，可以写全段前 5%，或者写 Top5%。

第四，主修课程。如果你所学专业和求职意向相关，可以把主修课程写上一些。如果完全无关，比如，你求职运营岗位，但你的专业是土木工程，那只需要写上专业名称就可以了，所修科目不需要写。

第五，奖学金。你如果获得过级别比较高的奖学金，如国家级、校级一等奖学金，或者是连续获得奖学金的，可以挑选最多三个来写，并且按照重要性程度，把最优秀的奖项放在前面。比如，获国家奖学金、国家励志奖学金、连续三年获得校一等奖学金。

如果奖学金级别比较低，如院级三等奖学金或者是单项奖学金，实在是太普通了，就不是很建议写上了。

4）工作或实习实践经历模块

经历类的模块是简历中的重头戏，书写难度也很大。请大家在跟着本部分内容书写时，一定要回顾前面的万能公式，才能将素材用好，写出更吸引人的简历。

a. 规范格式

工作或实习经历的标题类目条，需要写的内容是：公司、部门、岗位、工作起止时间。比如，×× 集团总部，人力资源中心，HRBP 主管，2017 年 7 月至 2020 年 5 月。

如果还在职的，时间可以写“至今”。

b. 原则：体现职业规划

经历的这部分内容，最好能够体现你的职业规划。比如，你的第一份工作是新媒体运营助理，然后是新媒体专员，然后是新媒体主管，这就是很好的一个职业发展路径。

c. 优化部门、岗位名称

但事实上，我们很多人的职场经历并不是一直有明确方向的，很可能在转行几次后才定下来。这时我们就要用到优化岗位名称的技巧了。

如果你之前的经历比较乱，有好几次转行经历，那么你可以适当调整之前工作的部门名称和岗位名称，往这次求职的方向靠拢。

还是这个求职新媒体运营工作的例子，假如你第一份工作是 HR，但是其中有一部分工作内容是负责公司内部刊物的编辑，你就可以把这段经历的岗位名称写成“内容编辑”，而不再写成“HR”。

同理，假如另外有一段经历是销售助理，其中有工作内容是销售数据分析和销售报告撰写，涉及资料整理、报告总结，你就可以把岗位写成“销售运营助理”。

说到这里，大家可能会有疑问，觉得这样是不是简历造假了呢？其实并不是的。前面说到，招聘时，最重要的是看我们的能力是否符合要求。

虽然我们修改了岗位名称，但是实际上的工作内容是完全真实的。另外，不同公司原本就会对同一类的岗位定义不同的岗位名称。在这家公司是叫作销售助理，在另一家公司就有可能叫作销售运营助理。最重要的还是我们的工作内容，而不是岗位的名字是什么，所以大家不需要担心。

同理，部门也是一样的。如果你求职的部门是市场部，但你目前所在的部门，名字叫作运营部或者销售部或者策划部，但只要你的工作内容匹配，你就可以先把部门名称写成市场部。

这样的话，HR 看简历时，能够直观地看出，你的经历和招聘需求有比较高的匹配度。

否则简历上写的部门、岗位，乍一看和求职意向的差别很大，就很有可能即使你的具体经历很符合要求，但 HR 根本就没有详细看，直接就因为部门、岗位不符把你过滤掉了。

有一点需要注意：入职前，HR 会要求我们提供离职证明，如果我们简历中写的岗位名称和公司给我们的离职证明中的不一致，但是工作内容是真实的，那么我们可以在面试过程中，主动和负责招聘的 HR 说明情况。

d. 优化公司名称

接下来讲一个看似有点奇怪的内容，就是“优化公司名称”。大家可能会想，公司名称不是固定的吗？这要怎么优化呢？

其实这个步骤主要是针对一些大型集团的各类下属分公司、子公司。比如，一家公司的名称是 A，听起来完全是一家不知名的小公司，但是它其实是某知名集团旗下的新公司，那你就可以在简历上写，“×× 集团—A 公司”。你看，这样是不是听起来厉害了很多？

前面有说到，我们所在的前公司越有名气，就越能够证明我们的价值。这就和大家普遍认为名校毕业生有一定的优势一样，我们要尽量把这个优势展现出来。

还有一种情况是，有的公司可能会更名，或者公司的产品很有名，但是公司名字和产品完全不搭边。比如，大家很可能知道樊登读书会，但不知道这个品牌隶属上海黄豆网络科技有限公司。那你在写简历时，就可以写“上海黄豆网络科技有限公司（樊登读书会）”。也是同样的道理，尽量让别人知道你所在公司的优秀。

e. 公司介绍要写吗

除了公司名称，还有一个办法可以介绍公司，就是在标题类目条下，写一个公司介绍。这个公司介绍，一般是不需要写的，如知名公司，只需要写一个公司名称，大家就都知道了。而太小的公司，写了反而自己暴露了这个短板，所以还不如不写。

什么时候要写公司介绍呢？就是公司虽然名气不是很大，但是所在的行业和我们的求职岗位密切相关，或者公司只在自己的行业内有名，外行的人并不是很清楚的时候。写的时候，也是简明扼要，最好控制在一行或一句话以内，最多不超过两行。

这个公司介绍，需要我们自己来写，官方的长篇大论的介绍只能作为参考，直接全部复制过来的话，既太多，又不能体现我们的态度。

给大家分享几个好的例子。

科技公司可以写：产品获得某科技大赛金奖。

运营公司可以写：是某垂直领域下排名前五的公众号运营方。

经销商可以写：某品牌销售额全国经销商第一。

彩蛋：空档期比较长怎么办

这个彩蛋特别分析一下很多求职者关注的“空档期”这个问题。一般来说，空档期会让招聘方有所疑虑，所以在后续的面试中，不外乎都会问到这个问题。那么，简历中，要如何处理呢？

首先，HR 对于空档期的关注，有两个维度。

维度一：空档期距离现在的时间。

如果你已经工作了七八年，空档期是在四五年前，甚至更早的时候，那你基本不用担心。因为越靠近现在的经历，才越能代表我们最近的状态，越有参考意义，HR 不会过多地关注几年前的事情。但如果时间比较靠近，比如是最近一年内，甚至是上一份工作离职后至今有好几个月都没有工作，就会引起 HR 的注意。

维度二：空档期本身的长度。

如果空档期持续时间不长，比如一两个月，那基本没有什么问题，HR 也觉得很正常。一般这样比较短的空档期，可能是因为之前工作比较辛苦，做了一个调整和休息，或者有一些家庭或者身体的原因等，都可以理解。但如果空档期时间比较长，到了三个月及以上，特别有的求职者空档期长达一年左右，就会比较容易被关注了。

综合以上两点，大家可以对自己的空档期有一个认识，如果是无关紧要的空档期，很长时间之前的，或者空档期也不是特别长的，就不需要做额外的处理。如果确实希望减少一些空档期对于求职的影响，要怎么做呢？

如果真的有无法避免的空档期，建议不要造假，同时也不需要在简历中特别标明这个时间段的情况，如“待业”“没有找到好的工作”或者“身体不适”等，正常写简历即可。

如果 HR 对我们有兴趣，在看了我们的简历后，还是会主动联系我们，对于这个空档期进行提问的，相当于我们先为自己争取了一次与 HR 直接沟通的机会，否则我们主动标注的空档期理由如果是 HR 不能接受的，反而会直接错过一次沟通的机会。

2. 可选模块的写法

如何将可选模块写出彩呢？里面的门道有很多，我们先来看看可选模块都有哪些。可选模块主要包括求职意向、个人优势、校园实践、项目经历、获奖经历、技能证书、兴趣爱好。

1）求职意向

求职意向是一定要在求职过程中体现的，但不一定要直接写在简历中。参加校园宣讲会，直接在现场投递简历的话，一定要写上意向，以避免投递人数和开放的岗位太多，最后 HR 根本不知道你要求职的是哪一个。

最好是提前确定求职意向，在制作简历时就写上。如果你在参加宣讲会前，还没有明确要投递哪个岗位，打印版的简历上可以先不写，在现场投递时，用笔写上也可以。

如果是参加社招，HR 邀请你去面试前，就已经清楚地知道你的求职岗位是什么，所以也可以不写。

2）个人优势

个人优势，也叫个人总结、自我介绍等。这个模块，是一个选择性的模块，不一定要有。

以下三类求职者比较适合写这个模块：

a. 工作多年，经验丰富的求职者：有突出的业绩以及非常匹配的经历亮点，可以直接抓住 HR 的眼球。

b. 转行求职者：当之前从业经验相关性不高，却有其他契合招聘的亮点时，需要通过描述告诉 HR，我们和这个岗位的相关性在哪里，说服对方给自己面试机会。

c. 经验不足，简历内容欠缺的应届生：可以自己总结出一些简历上无法明显体现的优势，也许不是正儿八经的相关工作实习经历，但积极参加讲座、相关竞赛获奖等都是不错的证明。

要注意的是，此个人优势非彼个人优势，绝不是像学校里写报告一样，从网上摘抄一些如“我热爱国家，热爱工作，积极主动，乐于助人”

的内容。这样千篇一律的文字堆砌，看起来就是假大空，没有人愿意看。

我们来看一个反面案例：

本人性格开朗、稳重、有活力，待人热情、真诚；工作认真负责，积极主动，能吃苦耐劳，勇于承受压力，勇于创新；有很强的组织能力和团队协作精神，具有较强的适应能力；纪律性强，对工作积极配合；意志坚强，具有较强的无私奉献精神。对待工作认真负责，善于沟通、协调，有较强的组织能力与团队精神；活泼开朗、乐观上进、有爱心并善于施教并行；上进心强、勤于学习，能不断提高自身的能力与综合素质。在未来的工作中，我将以充沛的精力、刻苦钻研的精神来努力工作，稳定地提高自己的工作能力，与企业同步发展。

这个描述，即使真的是求职者自己写的，也像是从网上复制粘贴的，完全没有说服力。

再分享一个我之前招聘时看到的，让我和同事们哭笑不得的自我介绍。

这是一名“稍微”有点谦虚的求职者：

对待工作稍微负责，稍微擅于沟通，稍微有点协调能力，稍微活泼开朗，稍微乐观上进等。

另外还有一个类型，是在自我介绍中“自曝缺点”：

本人的缺点是实践经验不足。

在自我介绍中，完全不需要写上自己的劣势。

如果要写个人优势部分，切记不要假大空，否则真的是很难为HR了。就像大家平时看微信公众号、看新闻报道，对于大段的文字，一般就是直接跳过。而且这类内容很明显就是千篇一律，没有可读性，那还真的不如不写。

反之，如果你能以简洁的语言，总结出 2 ~ 5 条非常匹配你求职岗位的真正亮点，这个模块将是你简历中的一个最大的亮点。在简历中，挑选出最具代表性、最突出的实践和工作业绩，用简洁的话语描述并加上强有力的数据支撑，能够让 HR 对你有直观的第一印象。

简历正文内容比较多，这个模块又通常出现在显眼的地方，如果写得好，能够一秒抓住 HR 的眼球，大大增加你的面试邀请率。

我们来看两个好的案例。

案例 1，应聘知名企业项目经理：

7.5 年项目经理工作经历，熟练掌握项目从 0 至 1 全流程，能独立负责 10 亿美元项目。

案例 2，应聘英语随行翻译：

3 年海外派驻经验，英语听、说、读、写能力优秀，可作为工作语言。

你看，是不是直切要害？

如果简历中写了这个模块，就要把它放在个人信息的后面，而不是在整份简历的最后。因为这是优势，是要让人注意到的，如果放在最后，很可能不会被看到。

当然，这个模块属于最精华的总结性内容，写起来难度比较大，建议大家把其他所有内容都完成后，再来深入总结提炼，完成这个模块。

以下分享几个个人优势 / 个人总结推荐案例。

一、应聘岗位：产品管培生

1. 硕士毕业于全球 Top27 大学，优秀毕业生，中英文流利，学习能力强；

2. 担任宣传部长，10 余次各类活动组织经历，社团管理经验丰富，表达良好，具备人际沟通与协调的能力；

3. 自学产品经理课程，具备产品思维与数据分析能力，逻辑思维清晰，可运用逻辑工具解决问题；

4. 兼职经验丰富，喜欢挑战，自我提升意识优秀，有较强的成就动机。

二、应聘岗位：HR 助理

1. 1 年 HR 助理经验，主要负责招聘模块，全面负责基础岗位招聘工作；

2. 211、985 人力资源管理专业毕业，专业知识掌握扎实，已取得 ×××× 三级证书；

3. 熟悉 OFFICE 办公软件，可用 EXCEL 进行简单数据分析。

三、应聘岗位：高级采购经理

1. 对数据敏感，能够掌握最新采购市场行情，能够独立进行成本分析，提高公司营收；

2. 熟悉工厂完整生产流程，能够独立完成供应商管理、采购谈判、新供应商引进及培训等工作；

3. 洞悉行业规律，熟练掌握策划技巧，能够合理预估货品销售结果，能够结合生产周期、物流、成本、补货时间等，提前进行采购规划，周占库率极低；

4. 拥有丰富的供应商资源，涵盖家居家电、床品、服饰、食品、保健品、日用百货、美妆等共计 300 余家。自己制作详细的《各品类供应商优劣表》，对各供应商有深入的了解，能够掌握每家供应商的具体优劣势，并进行排序，可以第一时间上手工作。

四、应聘岗位：产品经理

1. 极度热爱产品工作，独立负责过公司多个重要产品从 0 至 1 的开发全过程；熟练掌握产品规划、用户需求分析、业务结构分析、订单架构设计及流程设计、系统运维及测试等业务技能；

2. 拥有极强的逻辑思维能力，爱思考，爱创新，工作主动性强，有良好的团队意识和沟通能力；

3. 有强烈的学习愿望和优秀的学习习惯，通过“混沌大学”拓宽思维边界，通过“网易云课堂”学习产品技能，通过“三节课”“起点学院”学习项目管理和交互设计，通过日常社群如菜园子产品经理社区和PMCAFF等与优秀产品经理在交流互动中学习提高。

五、应聘岗位：测试工程师

1. 本人热爱计算机技术，上进心强，具有独立思考和创新能力，日常通过专业书籍、专业网站及51CTO、CSDN等各类技术博客主动进行学习和提高；

2. 为人正直诚信，具有良好的职业道德和服务意识；积极向上，待人真诚，工作认真负责，有一定的抗压能力；

3. 注重团队合作，善于沟通协作，善于利用一切资源快速解决问题；

4. 富有活力，长期保持健身习惯；能承受较大的工作强度。

3）校园实践

首先，每个人都要写校园实践模块吗？

只有毕业三年内的人，或者在校园中有一些特别重大的经历，比如举办或参加了世界级或国家级的比赛，并有很好的表现时才需要写这个模块。

对于有一定工作经验的人来说，校园的经历比较久远，而且内容比较简单，不具备好的参考性。当然，对于应届生来说，这是很重要的一个模块。

其次，校园实践一般有哪些？

不同于工作 / 实习经历，校园实践并不是那么容易清晰界定的，也不需要有特别清晰的界定。所有我们在学生时代经历过的项目、活动、演出、兼职等，基本上，除了真正意义上的实习工作，其他都可以归为校园实践。

常见的有以下几大类：

a. 各类短期的兼职，如家教、一场活动的宣传、作为作者向公众号投稿、在某个社群负责社群运营、担任服装店暑期售货员等。

b. 参与了学校的各类组织，如学生会、社团、志愿者协会、科技协会等。还有一些同学会参与一些跨校甚至跨区域的组织，那就更好了。需要注意的是，如果这个组织是校级及以上的，建议写明级别，如校学生会策划部；如果是院级的，直接写就可以了，如学生会艺术部。

c. 各类比赛、竞赛。不论是校内校外、规模大小都可以。

d. 其他的各类尝试、经历。比如，做了一个小生意、组织了团队外出旅行、去博物院做讲解员、为小朋友准备礼物等，都可以算。

最后，规范格式。

校园实践的标题类条目规范格式是：实践的内容名称、所在的部门、岗位、实践起止时间。如果还在继续实践的，时间可以写“至今”。然后是实践的内容名称和你所在的部门、岗位。比如，校学生会文艺部，部长，2019 年 10 月至 2019 年 12 月。

关于部门和岗位，在校园实践中，不一定很明确，那我们可以根据自己实际的负责内容来想一个名称。一般可以写 ×× 内容的负责人，或者 ×× 比赛的领队、×× 项目的队长或主要成员等。

工作时间部分，一般放在前面。但如果这是我们的劣势，比如经常跳槽，在每家公司待的时间都很短，或者有明显的很长的空档期，那么还是把时间放在最后会更好，不容易被一眼注意到。

具体的写法和前面工作或实习经历模块的一样，哪些内容可以突出你和岗位匹配，就重点写出来，大家可以回顾一下“工作或实习经历”，以及万能公式的内容。

4）项目经历

首先，什么时候需要写项目经历模块？

项目经历也是一个可选的模块。首先要考虑的问题是，需要专门列出“项目经历”这个模块吗？还是直接把内容写在工作 / 实习经历模块中呢？

事实上，有优秀的项目经历时，才需要做详细的描述。并且，是你真的负责项目中的某个重要内容，而不是“打酱油”、随便参与的。否则你把一个经不起推敲的项目写得这么显眼，就是给自己找麻烦。面试的时候，面试官一定会对这个特地单独列出的项目做重点的提问。如果不是有真材实料的项目，就直接写在工作经历的正文中简单提及就可以了。

有的人经历的项目可能会比较多，通常情况下，如果项目类型和你的工作职责大致相同，只需要选取一个成绩最好、最能表现你个人能力的项目进行展示就可以了。如果每个项目的差别非常大，而且你的工作内容有比较大的区别时，才需要选取多个不同的案例来展示。

如果两个项目都是线上 App 推广，工作内容类似，只是 App 的内容有所不同，那么不需要重复写。

但如果你在 A 项目中只负责了宣传素材制作，在 B 项目中负责了撰写文案、设计活动，就需要分开写两个项目。当然，如果 A 项目只有这么一项主要工作内容，除非项目难度特别大，或者最终结果特别好，其实也是不需要单独展示的，直接写在工作经历的正文中就可以了。

其次，规范格式。项目的标题类条目规范格式是：项目起止时间、项目名称、所在的部门、岗位。

比如，2019 年 11 月至 2020 年 5 月，《高工资简历包装术》音频课程内容部课程编辑。同样，项目如果还在继续的，时间可以写“至今”，如果是独立项目部，没有子部门，那么也可以不写部门。

项目经历中的岗位，不一定是岗位名称，也可以是某项目负责人，或者某模块组长。

书写具体内容时，建议加上序号和小标题，如项目背景、负责内容、项目成果，就像写项目复盘报告一样，来更清楚地进行展示。

下面推荐两个项目经历的案例。

案例一：

2019.03 ~ 2002.07，参与某非营利性组织的长期商业发展计划，数据组，数据调研分析负责人

• 项目目的：

为宣传非洲文化、消除种族歧视的非营利性组织制订商业发展计划，设计收费项目并盈利，获得可持续发展

• 负责内容：

a. 深挖组织文化，确定未来发展方向以及需求，小组讨论确定方向

b. 联系相关非营利性机构、教育组织、多位学术专家和社会名人，担任计划书的咨询顾问

c. 市场调研，设计问卷，年龄段为 15 ~ 60 周岁，获取有效问卷 600+，进行数据统计分析，对可行性进行分析并撰写报告内容，进行 PPT 演讲

• 项目成果：获校级项目策划一等奖

a. 完整提供了可行的商业发展方案，确定以付费培训方式获取盈利

b. 落地场地赞助商，与摄影学校合作，采取线上理论与线下实操结合的教学方式

案例二：

2017.09 ~ 2018.06，参与法国高级沙龙香水品牌 CARON 的品牌革新，活动策划负责人

• 项目目的：

了解品牌现状，发现品牌问题，提出解决方案

• 负责内容：

a. 从事品牌发展调研工作，收集品牌历史、产品系列、市场占有率、专柜运营等数据，根据数据分析品牌市场占有率下降和受众群体缩小的原因

b. 采用数据搜索、客户评价、实地调研的方式确定品牌现状，提出合理革新建议

• 项目成果：

a. 提出新的包装设计理念，贴合新的品牌故事和建立年轻化的品牌形象

b. 门店活动策划，邀请 KOL 为品牌站台，提供香水试用

c. 植入官网，搭建香水线上销售平台

具体的写法也可以回顾一下“工作或实习经历”，以及万能公式的内容。

5）获奖经历

获奖经历这个模块主要指学生时代的奖项。而工作中获得的荣誉，一般写在工作经历的模块中。

应届生如果获得了比较好的奖学金，可以写上，如国家级奖学金，连续三年获得一等奖学金等。但如果获得的很少，而且只是院级二、三等奖学金，或者普通的单项奖学金，就不建议写了。

如果你的奖项比较突出，但是整份简历内容已经很多了，也可以直接把获奖内容写在教育背景模块，在相应的学习时间段后面增加一行即可。如果获奖与求职岗位相关度很高，可以直接写在个人总结部分来

强调。

6）技能证书

技能证书也是一样，如果是英语六级，或者成绩不错的雅思、托福等成绩，可以写上，但像国家计算机二级证书这些基本上每个人都有的，或者通过率非常高的证书，并不能体现你的优秀之处，就不建议写了。

如果有和工作相关的证书，如财务类的注册会计师 CPA、国际注册会计师 ACCA、特许金融分析师 CFA、精算师或者建筑类的注册建造师、注册造价师、注册监理师等，都建议写上。

有的人证书很多，但是和求职的岗位关系不大，如果都写上的话，会让 HR 觉得你“没有职业规划”“没有自己的主见”“随大溜儿”等，反而不利。

假设你是求职人力资源相关工作，那么你拥有的建筑类证书就不需要写了。

另外，前几年还很流行一种用来表示技能掌握程度的图表（详见图 3-18），如 EXCEL、PPT 等，让求职者自己给各个技能打上“分数”，这也是很不推荐的。

图 3-18　技能掌握程度

一是因为求职者往往对自己这些技能没有正确的评价，全靠主观猜想打分，不具备参考价值；二是因为简历页面位置非常宝贵，明明可以用“掌握 EXCEL、PPT 技能”这么几个字搞定的内容，却用了一大张图表，有的甚至占到页面的 1/5，实在是没有必要。

同样，如果整份简历内容太多，无法再单独列出一个证书模块，也可以放到个人优势或者相应的教育背景模块。

7）兴趣爱好

兴趣爱好这个模块有 95% 的概率是不需要写的。除非你在这个爱好中有一定的成绩，并且非常坚持。

和大家分享两个比较好的案例。

案例 1：“马拉松爱好者，每周至少长跑 3 公里 5 次以上，并成功参加比赛 10 余次，如参加北京马拉松、厦门马拉松、南京马拉松等比赛。”

这段内容是持续的马拉松锻炼，体现了求职者坚持的态度、坚毅的品格，以及自律性和良好的身体素质。但如果我们只写了“喜欢跑步”这四个字，则完全没有用。

案例 2：“热爱阅读，全年累计阅读 300 本书，每本书阅读后，都会进行拆分制作思维导图，某著名 100 万拆书类型公众号签约作者。”

从以上内容中，可以看出这名求职者不仅阅读，而且一是有数量，不是一年只看了 5 本书，二是有质量，既看书，又能够有高质量的产出。这就是一个很让人惊喜的爱好，如果我们只是写“热爱阅读”，也是没有用的。

以上案例的内容，也不一定要单独放在兴趣爱好模块。如果上面的内容和你求职的岗位关系比较密切，完全可以放在个人优势的模块。

3. 特殊模块的写法

特殊模块之所以特殊，主要是因为很少用到，包括求职信、推荐信这两种。

1）求职信

只有在邮箱投递简历时，才需要用到求职信，其他时候都不需要这部分内容。写求职信的话，在邮件正文中，要写明求职岗位、求职原因，通过几句话展示匹配的亮点，并感谢阅读，再直接接上简历即可。简历可以附上 PDF 版的附件，并且导出图片直接贴在正文中，方便 HR 阅读。

下面分享一段求职外企审计岗位的求职信案例。

某某公司 HR 老师，您好！

我是美国某大学 2020 年硕士毕业生，夏姑娘。

专业为：会计与金融（GPA 3.9，专业前 3%）。

求职贵公司审计实习生。

简历已附在附件中，请您查阅。

我从几年前就开始关注贵公司，经常搜索公司相关的新闻报道，例如××××（简单写两三个事件名或公司其他相关内容），让我印象深刻。

贵公司的工作氛围以及公司愿景都让我十分向往，贵公司是我理想中的公司。

在校期间，我积累了核查校验、数据分析评估、报告编制、落实跟进等方面的经验，对于审计也有自己的想法。

目前已获得 ×× 从业资格证等。

我相信自己是这个岗位的合适人选，可以在该岗位上为公司创造价值，而贵公司也将是我得以发挥自己才能的优秀平台。

感谢阅读。

期待您的回复！

审计实习生应聘者 夏姑娘

2）推荐信

在国外求职的时候，推荐信是比较流行的，基于文化原因，推荐信的内容是保密的，而且可信度比较高，所以是非常有效的一个证明，能够大大提高求职者成功入选的概率。

但目前国内并不盛行这样的方式，而且基于人情关系，推荐信的可信度也大打折扣。所以，在国内求职时，是不需要用到推荐信的。

当然，如果有一封好的推荐信，还是有可能给你加分的，只是并不是那么重要。前提是，这是一封好的推荐信，而不是从网上搜索来的模板，也不是毕业的时候，学校给每个人写的“该同学热爱祖国，品质端正，学习刻苦”这样千篇一律的评价。

好的推荐信，需要有一定背景的推荐人发自肺腑地，通过具体事实进行观点论证。比如，需要写到双方的关系、对被推荐人的评价和印象，以及有哪些事件和细节可以论证观点。

举个好的推荐信的例子。

我推荐运营部小简，我是她的直属领导。小简工作负责，积极主动。她曾在电商电促活动中，三次主动承担额外工作，持续加班到凌晨 3 点，确保圆满甚至超预期完成工作后，才下班休息，并且从未抱怨过辛苦。

从上面这个简单的例子可以看出，推荐信的思路和我们写简历以及后面的面试是一样的，必须要有佐证，才具备可信度。

4. 特别提醒

虽然我把简历划分成了很多个不同的模块，但是，简历本身还是一个整体。每个模块按顺序写完后，还是要以大局观的眼光来看。首先要保证整份简历的内容充实又不过分拥挤，其次再来平衡每个模块的内容有多少。

要保证有个人信息、教育背景、工作或实习经历模块，其他模块可以做适当的调整。当然，如果是在网站上投递简历，不需要遵从一页纸的要求，内容可以稍微多一点，但是也不宜过多，避免造成阅读疲劳，以及重点太多反而导致全部都不是重点的情况。

七、简历风格、排版

完成简历内容后，可以开始排版了，本部分内容主要围绕打印版简历的排版方式进行展开。

现在有许多可以下载简历模板的网站，其中有很多可以在线编辑，非常方便。在正式动笔写简历前，找简历模板也成了大家的常规操作。这就像一个人今天要出门，会搭配的人，总是会根据出门的原因给自己拟定一个着装风格类型。简历的风格也能够体现我们的求职诚意和职场素质。

1. 市面上的常见错误排版案例

我相信，很多求职者在制作简历的第一步，就是先去网站上搜索一下有没有合适的简历模板。现在市面上可供选择的简历模板网站非常多，里面也有非常多好看的模板可以选择。

在选择模板前，我们需要明确一下，什么样的模板才是合适的。这个要看我们需要通过模板达成什么样的目的。

这就和写商业计划书一样，简历售卖的产品是我们自己。商业计划书的目的是把产品卖出去，简历就是要把自己卖出去。

所以，先不论简历的内容，我们来看一下简历模板的作用。主要有以下四点：

第一，辅助文字，表达信息。简历是我们希望给 HR 看到的与求职相关的个人信息的总和，所以简历模板最重要的作用是辅助我们更好地表达内容。

第二，显示职业素养。简历模板可以体现出我们的职业态度和专业性。

第三，突出个人亮点。简历模板可以通过排版，突出我们想突出的重点，让我们的亮点可以一下子被抓取。

第四，表达态度，显示诚意。简历模板设计可以显示自己的审美和态度，与求职企业文化结合，可以事半功倍。

即使是专业提供模板的网站，也有很多不适合你的模板。那么它们为什么会不适合你呢？

1）绝对不能出现的排版案例

a. 形式陈旧，重点模糊

表格式的简历大家一定不陌生，大概刚刚毕业的时候，学校里给的就业推荐表就是类似的模板。

很多人不太明白，表格式看起来清晰明了，所有的内容都各归其位，为什么会不好呢？

因为真的是毫无美感。最重要的是很多表格都非常陈旧，里面有很多现在求职时根本不需要的内容。你可以把简历当作一份商业计划书，售卖的产品就是我们自己。表格因为被框住，很难突出重点，所以非常不推荐。

b. 颜色抢眼，喧宾夺主

大家有没有被这样的简历模板荼毒过呢？一份简历模板原本的设计挺好的，一旦用上了丰富的颜色，确实会在一堆简历中非常显眼。但是用颜色需谨慎。

第一，大部分的求职者，并没有经过专业的审美学习。对于颜色的美感大家并没有很深的认识，很容易选不好，或者撞上 HR 不喜欢的风格，这是非常危险的。第二，太过花哨的配色，给人以不稳重之感。这对于职业形象的塑造非常不利。

即使我们简历的内容非常丰富，但不合适的颜色容易让我们的简历瞬间降低不止一个档次。我们建议一份简历中不要有超过三种的颜色，在选用有颜色模板的时候，一定要慎重。

c. 花纹复杂，方枘圆凿

有些求职者，在大量的简历模板中精挑细选了自己觉得最有设计感的模板：精致的花边、美丽的花纹以及浪漫小清新的整体氛围，认为自己选的简历模板一定可以显示自己的用心。

但简历模板始终不是海报。我们有见过商业计划书、策划案或者文稿提案里会采用不合适的复杂的花边设计吗？显然是没有的。那在简历中设计上复杂的花纹，是不是也不合适呢？就像我们穿着漫展的衣服参加商业酒会，会有很强的违和感。

在特殊的场合，花纹可以增加美感；但在不合适的场合，花纹只会显得轻佻，非但不能增加美感，反而会让简历失去专业性。

d. 排版复杂，阅读费力

过于复杂的简历排版，会在很大程度上增加 HR 获取关键信息的难度。排版的设计势必会浪费许多的简历版面，许多关键信息没有办法全部展示。

我们来看三个案例。

图 3–19 中的简历模板，采用了左右结构，右边还采用了时间线的上下结构。重点都放在线上，可以用来描述工作的内容非常少。这原本是挺有想法的设计，但是在简历中这样设计，就像小学的时候我们做的手抄报，是很不合适的。

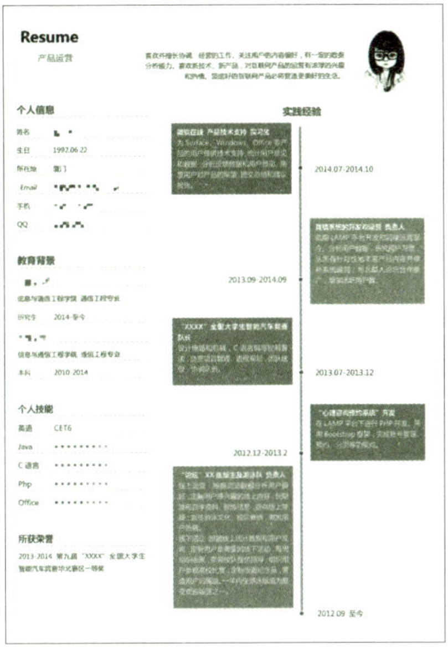

图 3–19　简历模板（一）

图 3–20 中的两份简历，乍一看很有设计感。这也是很多模板网站会给大家提供的样式。这样的模板最大的问题是，看起来好像什么都有，但是其实什么内容都没有表达。除非我们需要通过设计来表达自己的能力，但即使你是平面设计师，这种模板我们也是不推荐的。我们更推荐的是，简单的排版和与岗位匹配的内容。作品可以附件的形式呈现，不要与简历正文混为一谈。

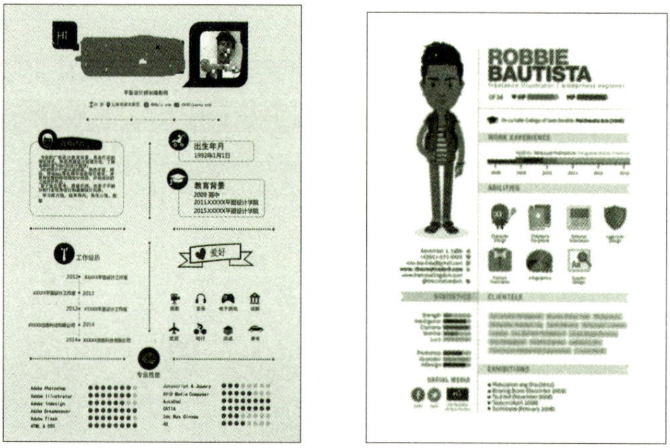

（a）　　　　　　（b）

图 3–20　简历模板（二）

2）不推荐的排版案例

上面几款是不推荐的版式，主要问题是不够美观。

但是还有一种是版式太过于常见，虽然还不错，但是使用非常常见的模板并不会给自己的简历加分，也不推荐。

a. 页数过多，长篇大论

图 3–21 是一份简历的内容，有封面也有封底，很完整。这也是在招聘会现场，HR 很容易收到的简历样式。但是不好意思，拿到简历后，HR 会无情地撕掉碍事的第一页和最后一页，因为里面没有任何重要的信息，而且还会严重阻碍阅读和调取数据。长篇大论的自荐书也是非常不推荐的。

看这份简历的感觉，就像别人说要告诉我们一个重大的消息，第一句先起个头，第二句再进行自我介绍，第三句才是这个消息，最后还要加一个无关的话题，是不是让我们感受很差？具体到这份简历，大家可以感受一下，重点是在第三页，但是要翻两页才能看到，这是重点非常不突出的表现。

切记，简历是为了表现我们的职业素质，不是在学校里写作文，越长代表我们越认真。

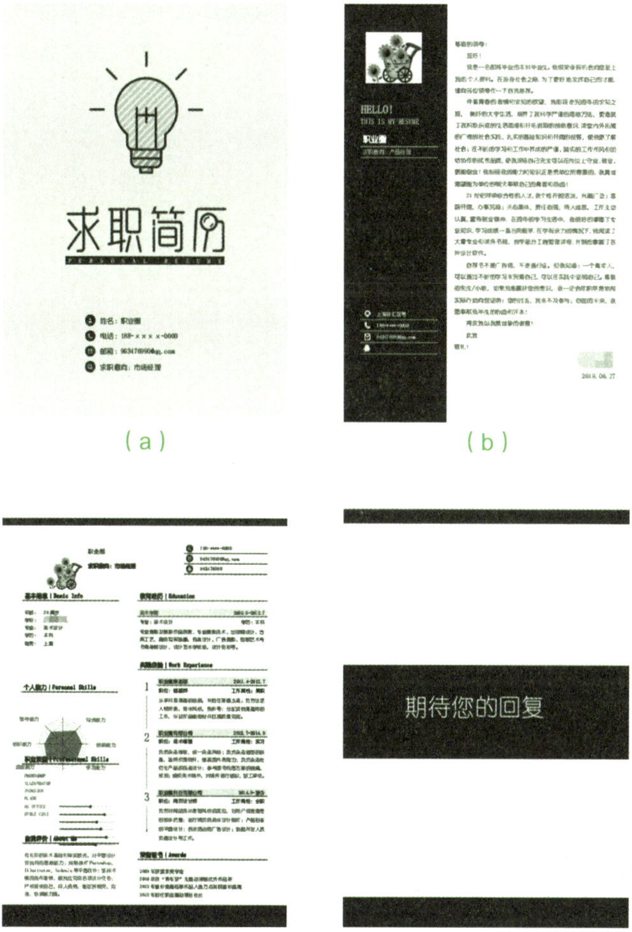

（a）（b）（c）（d）

图 3-21　简历模板（三）

b. 模板无错，撞版大错

肯定很多人看了下面的模板会觉得挺好看的，现在很多人也都是采用这种类型的版式。

下面的模板问题不在于审美，而在于使用频率。应届毕业生 10 个人的模板，有 5 个是这种类型的，虽然没有非常大的硬伤，但是不推荐。

举个例子，这种模板就像今年的爆款衣服，设计本身没有问题，而且颜色也好看，我们出去溜达一圈，看到第一个人穿觉得还不错，第二个人穿也还可以，但若是又出现了第三个、第四个、第五个同样穿着的人呢？我们还会想买这件衣服吗？

这件衣服的问题不在于其本身，而在于容易撞衫。就像这种类型的简历模板，问题不在于本身的设计，而在于撞模板。

想要一个真正有好设计的模板，不如选择一个不把重点放在设计上的模板。就像我们推荐的白纸黑字通栏式，其重点在于内容本身，没有干扰，更容易让 HR 将视线聚焦于简历内容本身。

具体详见图 3–22 所示。

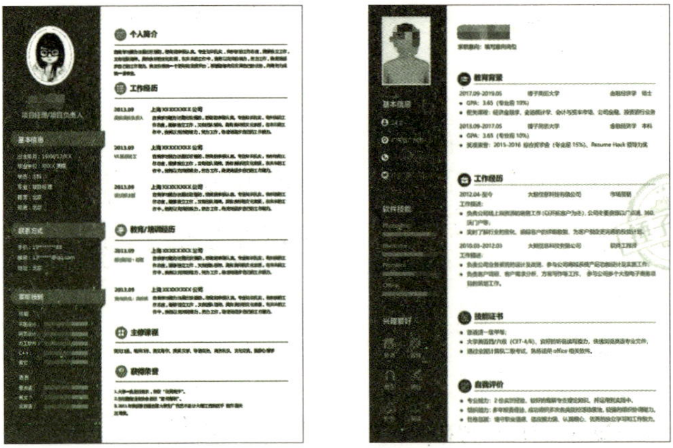

图 3–22　简历模板（四）

讲到这里，相信大家已经明白了什么样的简历模板是不合适的。

那么，推荐的模板是什么样的呢？

2. 选择简历模板原则

简历的风格和排版，相当于人见面时的着装，也就是第一印象。选择主要有两个原则。

1）简洁、大方、易查看

凡是花花绿绿、左右分栏的模板，都能让 HR 一眼看出我们是应届生，透露着朝气和稚气。所谓简洁、大方和现在的穿衣打扮也是一个原理，穿衣服时，全身配色要简单统一，没有复杂的花纹和像圣诞树一样的颜色，简约的风格反而更能凸显个人气质。很多职场人士常穿的衣服，也都是设计简单的黑白灰或者驼色系列。

所以，如果是非设计类岗位，最推荐的简历排版，也就是“白纸黑字通栏式”，或者是最多不超过两种颜色的通栏式简历。无论中文还是英文简历，都是同一个道理，简洁大方，一清二楚。大家一看便知，详见图 3–23 和图 3–24 所示。

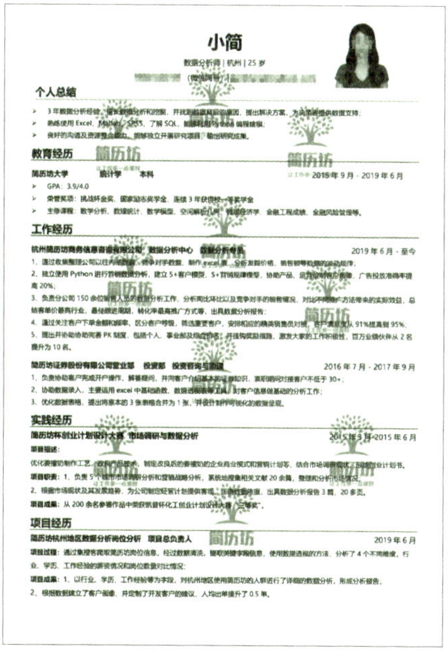

图 3–23　通栏式简历（中文）

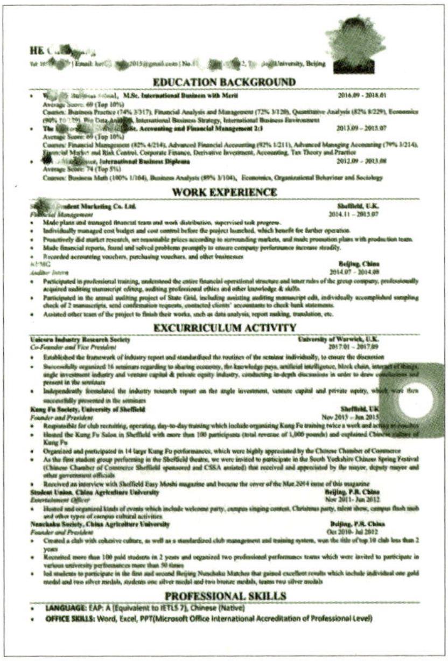

HE

Email: ...2015@gmail.com | ... University, Beijing

EDUCATION BACKGROUND

- ... Business School, M.Sc. International Business with Merit — 2016.09 - 2018.01
  Average Score: 69 (Top 10%)
  Courses: Business Practice (74% 3/317), Financial Analysis and Management (72% 3/120), Quantitative Analysis (82% 8/229), Economics (90% 10/229), Big Data Analysis, International Business Strategy, International Business Environment
- The ... Sc. Accounting and Financial Management 2:1 — 2013.09 - 2015.07
  Average Score: 69 (Top 10%)
  Courses: Financial Management (82% 4/214), Advanced Financial Accounting (92% 1/211), Advanced Managing Accounting (79% 3/214), Financial Market and Risk Control, Corporate Finance, Derivative Investment, Accounting, Tax Theory and Practice
- ..., International Business Diploma — 2012.09 - 2013.08
  Average Score: 74 (Top 5%)
  Courses: Business Math (100% 1/104), Business Analysis (89% 3/104), Economics, Organizational Behaviour and Sociology

WORK EXPERIENCE

... Student Marketing Co. Ltd. — Sheffield, U.K.
Financial Management — 2014.11 – 2015.07
- Made plans and managed financial team and work distribution, supervised task progress.
- Individually managed cost budget and cost control before the project launched, which benefit for further operation.
- Proactively did market research, set reasonable prices according to surrounding markets, and made promotion plans with production team.
- Made financial reports, found and solved problems promptly to ensure company performance increase steadily.
- Recorded accounting vouchers, purchasing vouchers, and other businesses

KPMG — Beijing, China
Auditor Intern — 2014.07 - 2014.09
- Participated in professional training, understood the entire financial operational structure and inner rules of the group company, professionally acquired auditing manuscript editing, auditing professional ethics and other knowledge & skills.
- Participated in the annual auditing project of State Grid, including assisting auditing manuscript edit, individually accomplished sampling check of 2 manuscripts, send confirmation requests, contacted clients' accountants to check bank statements.
- Assisted other team of the project to finish their works, such as data analysis, report making, translation, etc.

EXCURRICULUM ACTIVITY

Unicorn Industry Research Society — University of Warwick, U.K.
Co-Founder and Vice President — 2017.01 – 2017.09
- Established the framework of industry report and standardized the routines of the seminar individually, to ensure the discussion
- Successfully organized 16 seminars regarding to sharing economy, the knowledge pays, artificial intelligence, block chain, internet of things, angle investment industry and venture capital & private equity industry, conducting in-depth discussions in order to draw conclusions and present in the seminars
- Independently formulated the industry research report on the angle investment, venture capital and private equity, which were then successfully presented in the seminars

Kung Fu Society, University of Sheffield — Sheffield, UK
Founder and President — Nov 2013 – Jun 2015
- Responsible for club recruiting, operating, day-to-day training which include organizing Kung Fu training twice a week and acting as coaches
- Hosted the Kung Fu Salon in Sheffield with more than 100 participants (total revenue of 1,000 pounds) and explained Chinese culture of Kung Fu
- Organized and participated in 14 large Kung Fu performances, which were highly appreciated by the Chinese Chamber of Commerce
- As the first student group performing in the Sheffield theatre, we were invited to participate in the South Yorkshire Chinese Spring Festival (Chinese Chamber of Commerce Sheffield sponsored and CSSA assisted) that received and appreciated by the mayor, deputy mayor and other government officials
- Received an interview with Sheffield Easy Moshi magazine and became the cover of the Mar.2014 issue of this magazine

Student Union, China Agriculture University — Beijing, P.R. China
Entertainment Officer — Nov 2011- Jun 2012
- Hosted and organized kinds of events which include welcome party, campus singing contest, Christmas party, talent show, campus flash mob and other types of campus cultural activities

Nunchaku Society, China Agriculture University — Beijing, P.R. China
Founder and President — Oct 2010- Jul 2012
- Created a club with cohesive culture, as well as a standardized club management and training system, won the title of top 10 club less than 2 years
- Recruited more than 100 paid students in 2 years and organized two professional performance teams which were invited to participate in various university performances more than 50 times
- led students to participate in the first and second Beijing Nunchaku Matches that gained excellent results which include individual one gold medal and two silver medals, students one silver medal and two bronze medals, teams two silver medals

PROFESSIONAL SKILLS

- **LANGUAGE:** EAP: A (Equivalent to IETLS 7), Chinese (Native)
- **OFFICE SKILLS:** Word, Excel, PPT(Microsoft Office International Accreditation of Professional Level)

图 3–24　通栏式简历（英文）

在帮助求职者定制简历的过程中，有人对于这个简历的模板提出过疑问，觉得我们是为了偷工减料而故意选择一个不是很有“设计感”的简历。殊不知，工作需要的是高效、可靠，而这样的简历，就能够让人有这样的感觉，所谓的有设计感的简历，除非恰好求职者从事的是设计类的工作，否则反而是减分项。特别是有一定工作经验的求职者，更需要通过简洁的简历来体现职业素养。

当然，如果我们求职的是设计类岗位，那么还是有必要制作一份特别的简历的。但是，千万不要去下载所谓的设计类模板，而是建议自己设计一个，展示出自己的水平。作为一名设计师，如果连简历这么重要的东西，都不自己设计，招聘方又怎么能相信你确实喜欢设计这个工作，并且能把设计工作做好呢？

2）一页纸

前面说到，网络投递版的简历，可以有稍微多一些内容，但是本着避免阅读疲劳的原则，还是建议尽量精简。

至于打印版的简历，正文部分，一页纸足够了。这里的一页纸是指，内容充满一页，过长或过短都需要调整。如果有其他的附件，如详细的项目策划书、设计的作品等，就另外印制，简历正文保持一页即可。如果确实内容太多，无论如何一页写不下需要两页简历的，那么，第二页中的内容至少要填满页面的2/3。否则，如果第二页只有三四行内容，这个第二页就没有存在的必要。不论是通过内容的精简还是排版的调整，都是可以缩到一页以内的。

3. 格式统一

选定模板后，排版上最需要重视的细节就是：格式统一。我把格式统一拆分为对齐统一、字体统一、标点统一。

1）对齐统一

很明显，对齐统一是一眼可以看到的，类似于我们写毕业论文时，学校会在一开始就对论文的格式有一个统一的要求。很多同学的论文稿前几次没有通过，不是内容的原因，而是老师一看到我们的格式错误，就会让我们先把格式改好，再来谈内容的优化。

a. 模块标题位置统一

每个模块的标题，如教育背景和实习经历、社会实践等，是否都居中，或者都靠左对齐？只要保持统一，这两种都可以。相对来说，居中会更明显一点。

b. 各模块中间间隔统一

各个模块中间是空一行，还是不空行?

一般建议空一行，但是可以通过调整行距来控制空行的宽度。当简历正文内容不多，可以有更多的空间用于分割模块时，直接按回车就可以。当整体内容较多，需要紧凑一些的排版时，行距可以窄一点。

c. 经历模块条目内容的分布统一

经历模块条目中的公司、部门、岗位、工作起止时间等要素中间是空几格? 采用的是左对齐还是两端对齐呢?

可以左端对齐，每个要素中间空相同的格数，如 3 格或 4 格，根据实际情况来定。

可以左端对齐，同时保证每个要素竖着对齐。比如，公司一有 10 个字，公司名称写完后，后面空 3 格，相当于部门信息是从第 14 个格的位置开始写的。那假设公司二有 7 个字，为了保持其对应的部门也是从位置 14 开始写，那么很明显，需要空 6 格。或者可以使用 WORD 中的标尺来对齐。

从操作上来说，第一种做法空相同格数比较方便，从视觉上来说，第二种做法保持元素竖对齐比较好看。都是可以的。

d. 正文开头位置统一

正文内容顶格，还是开头空 2 格? 关于这个问题，一般顶格就可以。

e. 空格间距统一

很多人会忽略的一个情况是，空格时，要注意输入法是全角还是半角状态。1 个汉字是 2 个字节，占 2 个空格。全角状态下，1 个空格占 2 个字节；半角状态下，1 个空格占 1 个字节。所以，半角状态下的空格，是全角状态下的一半。有时候大家发现空格怎么都对不齐，就可以看看是不是输入法需要调整一下。

另外，除了标题以及需要对齐的地方，文中如果有多余的空格，如正文中出现连续空格，是要删除的。

2）字体统一

关于字体统一，也分成两个部分。

a. 整份简历字体统一

这里主要是指字体类型，如宋体、微软雅黑等，而不是指具体的字号、粗细等。整份简历最好使用同一种字体，最多不超过两种。想要使用两种字体的话，模块标题可以用和其他内容不同的字体。

推荐使用微软雅黑、宋体。

b. 同级别字体统一

如果你做过目录，对于一级标题、二级标题、三级标题、正文等内容的层级会有一个认识。简单来说，就是教育背景、实习经历、社会实践等同一类标题，用同一种字体。次级标题，如每一条的公司、部门、岗位、时间，都用同一种字体，而正文，也是保持同一种字体。

这里的字体，除了指字体的类型，也指字号、粗细、颜色、下划线等。

c. 关键词加粗

在正文中，可以通过关键词加粗来突出重点吗？关于这个问题，答案是肯定的。但一定要注意过犹不及。一份简历中，用于强调而加粗的关键字，建议不超过 5 处。否则到处都是加粗内容，重点太多，反而全都不是重点了。

如果我们能够通过设置小标题把正文内容进行分类，就可以只加粗小标题，或者把小标题设置成单独一行等来进行强调。

另外，为了方便查看，模块的大标题，以及公司、部门、岗位、时间这部分内容，是推荐加粗的。

d. 下划线、斜体字的使用

可以使用下划线或者斜体字吗？答案是否定的，请不要这么做，会使你的简历看起来比较乱，而且缺少职业性。

3）标点统一

标点统一是最容易被忽略的，但是HR往往很容易发现问题。特别是对于严谨性有要求的岗位，如财务、法务等，HR会特别注意我们简历的细致程度。如果有标点不统一的情况，就显得我们并不是那么细心，会非常影响我们的求职情况。

一方面是前面讲到的空格问题，中英文和全角半角状态下的标点，是不一样的。检查时，就看标点左右的间距即可。中文和全角状态下，标点所占位置比较大，标点左右两个字会分开得比较远。如果有靠得很近的，就需要调整了。同理，英文简历的话，都应该使用英文标点。

另一方面是在段落结束时请注意标点统一，如正文部分每一条内容结束时，都用句号或者分号，也可以结尾处不使用标点符号。

4. 逻辑序号、项目符号

逻辑序号、项目符号就是大家常用的1、2、3，A、B、C的编号以及圆圈、小圆点、三角形、箭头、打钩等项目符号，这些素材也要注意统一。

逻辑编号首选数字类型，后面加点（.），根据需要可以再加上次级编号，如1、2、3的小括号形式或者A、B、C。

整份简历的项目符号只能有一种，最多不超过两种。项目符号首选小圆点、小三角箭头。当内容条数太多、超过三条的时候，用数字的逻辑序号能够更好地展示。

5. 关于字数的注意事项

有时候简历写好了，你会发现有些内容的最后一行只有一两个字，这是不太合适的。我们可以通过精简文字，或者增加文字，以及调整页边距、字距等方式，来避免一行只有四个字以内的情况。

八、写简历常见误区

根据前面的内容，大家已经能够写出一份非常不错的简历，本部分内容将反向思考，指出写简历中常见的误区，帮助大家做一次简历检查。

1. 简历格式错误

如果通过内推、附件或者邮件的方式投递简历，很可能出现简历格式错误的问题，如文件无法打开，或者乱码、错位等。

细节决定成败，如果因为简历格式错误，或者你发的简历 HR 根本看不到，那么你做再多努力也是白费。所以你的简历格式一定要注意，不要直接发 WORD，特别是 HR 直接在手机上看简历时，WORD 版的简历特别容易出现乱码情况。

现在投递简历的格式一般都是用 PDF，所以在投递之前，要记得把 WORD 转成 PDF 格式。

除此之外，要保证你的 PDF 不是空白的，要不然又是一起“车祸现场”。

2. 简历作品发送方式错误

在投简历时，附带自己的优秀作品，这本来是一个特别好的操作。

但是如果你因为发送方式错误，导致HR看不到你的作品，或者要经过一番波折才可以看到你的作品，那么你这波操作非但没有给HR增加好感，反而会影响你在HR心中的形象。

所以如果你有额外的作品，特别是设计类岗位特别大的作品集，记得不要用需要下载客户端或者付费买会员才能用的网盘，也尽量别发特别大的压缩包。作品集不需要面面俱到、数量惊人，和简历一样，只要精选匹配性高的、能体现你能力的作品就可以了。建议把文件做成PDF格式，或者在线文档的形式，发给对方，能够轻松查看，非常方便。

3. 错别字

显而易见，我们是否认真对待求职这件事，从简历中就能看出来。先不说其他的一些技巧，错别字是每个人都应该反复检查确认的问题。如果一个人连简历这么一点内容里都出现错别字，公司要如何相信他以后会以认真负责的态度来对待工作呢？

4. 中英文混用

这种问题在留学生的简历中出现得会比较多一些。

在中文简历中，除专业用语如PPT、OFFICE、SCI、MBI外，其他内容请不要出现英文单词，全部用中文表示，避免出现中英文混用的情况。

如果你想体现自己的英文水平，那么建议另外准备一份全英文的简历，而不是在中文简历中穿插使用英文。

5. 自相矛盾

简历中有时还会出现自相矛盾的尴尬情况。

1）时间矛盾

典型的自相矛盾是时间错误，如几段正式工作时间中间出现重叠，学业时间和毕业时间出现错误等。

2）职位矛盾

职位矛盾主要是指职位和工作内容不符的情况。

前面讲到岗位名称是可以优化的，但是有的人会给自己“戴高帽”。比如在一段经历中，岗位名称写的是运营主管，结果内容其实是销售或者设计，和运营没有关系；也可能是写自己的岗位是项目负责人，其实只是一名普通的工作人员。

3）特性矛盾

特性矛盾是指简历中所描述的你的特性、综合素质和实际情况相差甚远。比如，你在简历中写道自己擅于写作，但是表现出来的简历却写得很差；你写自己认真仔细，却有很多错别字；你写自己学习能力强，结果一个获奖经历都没有等，都是矛盾的。

我们在简历中所展示出的自己的特性，一定要符合自己的定位。

6. 正确的内容放在错误的位置

1）什么是黄金广告位

就像女生出门，最花时间的就是脸部化妆，因为这是人视觉的重点区域。网站出售广告位时，最贵的位置在哪里呢？

就拿招聘网站帮招聘方做广告来说，我们打开网站看到的第一屏信息，自然是受众最多的。

那么简历最重要的部分是哪里呢？同理，也就是打开 WORD 或者

PDF 时的第一屏，即简历第一页的上半部分。

对于一个基本的职位，HR 常常可以收到上百份简历。在这种情况下，如果我们无法第一秒抓住 HR 的眼球，就很可能永远失去机会。

不论 HR 打开的是 WORD 还是 PDF 版本的简历，他打开看到的，并不是完整的一页简历，而是第一屏，也就是第一页的上半部分。即使显示器越来越大，人的视线也是首先聚焦在这个区域。

为了最大限度地给自己赢得面试机会，我们需要在简历的这个“黄金广告位”放上最重要的内容，也就是我们匹配这个岗位的最大亮点。

2）“重要性”排序原则

这里要讲到简历的一大内容排序的原则，也就是“重要性原则”。不论是模块的顺序、条目的顺序还是具体内容的顺序，都需要遵守这个原则。

前面讲到，简历中的模块有很多，最常见的有个人信息、个人优势、教育背景、工作或实习经历、项目经历、校园实践、获奖情况、工作技能、兴趣爱好等。

虽然每个人简历中需要的模块不同，但推荐放在这个“黄金广告位”的模块是统一的，它们是：个人信息模块、个人优势模块、教育背景或者工作经历模块。

7. 写简历变成写作文

1）大段文字，密密麻麻

在阅读公众号、新闻、小说的时候，如果看到没有换行，缺少标点的大段大段的内容，密密麻麻，很可能我们就直接失去了兴趣，根本没有阅读下去的欲望。而且即使想要耐下心来读一读，也会造成阅读疲劳。

所以大家在写简历时，一定要简明扼要，并且通过增加逻辑符号、换行、空行的方式来减少招聘官的阅读疲劳。

2）缺乏素材，像写读后感

有时候我们写简历会像写读后感、观后感、日记一样，加上很多个人的主观看法，如从某一经历中获得的感悟，就完全不需要。

要注意，不要在工作经历中增加感悟或主观评价，没有事例支撑的话都是空话。比如，我们说自己热爱学习，而每个人都可以说自己热爱学习，这就是一句空话了。

3）内容重复

很多对职业生涯比较有规划的人，可能几年来一直是做同一个大类的工作。这是一件非常好的事。只是要避免简历中有大量的内容重复。

比如，一开始你是做 A 公司的新媒体运营助理，后来做 B 公司的新媒体运营专员，然后做 C 公司的新媒体运营主管等。这其中一些工作内容的大方向是重复的，可能都包括公众号文章的撰写。只是因为不同公司的公众号定位或者方向不同，导致写的文章类型不同。

在这种情况下，我建议你在不同的工作经历中，对于同样的工作内容，着重选择一个重点来描述。一般是选择最近的一份工作，或者是成绩最好的，其他经历中的相同内容，简单略过就可以了。而不是在每一段经历中，都对同样的“公众号文章撰写”做重复的说明。

如果在三段经历中，每一段都对同样的工作内容做同样的描述，不免非常乏味，而且也没有必要。

还是这个例子，你应该把重点放在这段经历中的不同之处，来做详细的描述。比如，在 A 公司做新媒体运营助理时，因为经验比较少，除了写文章，主要是做资料的收集、整理的工作，以及数据统计。等到在

B公司做新媒体运营专员时，数据统计工作难度提高，工作变化为根据后台数据进行一些调整，设计一些活动，来提高公众号文章的点击率以及吸引新的粉丝。再进一步，在C公司做新媒体运营主管时，能够联合不同的公众号，做联合推广活动。这就是发掘三段经历的不同之处，虽然都是数据方面的，但是实际的内容是不同的，是有层次性的，这就能够体现你的能力成长之路以及你清晰的职业规划。

8. 用词不够专业

1）未使用书面语

简历毕竟是一份正式的公文类书面材料，书写时需要使用规范书面语。常见的口语如“我”“了”“大概”等词语都不建议使用。

a. 我

需要用到“我”时，请替换成“本人”，当然，写简历不是写作文，一般也不需要出现主语。每一句工作描述，只要直接写“负责招聘”即可，不需要写“本人负责招聘”，更不要写“我负责招聘”。

b. 了

“了”字是经常会被错误使用的口头语。比如，学会了制作PPT、完成了某项工作。我们直接把“了”字去掉，写成学会制作PPT、完成某项工作即可。

c. 大概

如需用到“大概”，比如现场参赛人数大概100人，可以写成100余人，或者约100人。

d. 可能、也许

这类词语，也不建议使用。写简历时，用肯定的词语来进行展示，会更加有力量感。

2）用词过于夸张

虽说我们要在简历中尽量体现自己的优秀，但是我们经常看到求职者的简历中写着“精通 EXCEL”，却连数据透视表都不会用，这就很尴尬了，就需要用中性词了。

除非是确实掌握很深，类似于考试有把握考到 90 分，就避免使用“精通”“最”这些词语，否则就是给自己挖了一个坑。面试官非常容易就我们自己描述的亮点来进行深入的提问，到时若无法妥善回答，很明显就是夸大其词。

在描述一项技能掌握程度的时候，我们可以选用“基本掌握”“熟悉”“了解”这样的词，或者写“在 ×× 方面有一定的积累”。

3）用词单一

简历中经常用到的动词，被称为关键行为词。中文博大精深，多使用不同的关键行为词来表达我们的行为，可以增加简历的可读性。在某一段经历，或者前后三四句话中，要尽量避免重复用到同一个词。

比如，一段经历中的四句话，如果每一句开头都是“负责”，就会显得非常死板。

“负责招聘，负责员工培训，负责员工活动，负责办公用品采买。”这样听起来是不是很乏味呢？

如果改成以下这样：“负责招聘，统筹员工培训，组织员工活动，主导办公用品采买。”是不是就生动丰富了很多？

再如，同样要讲到数据的分析处理，我们可以使用搜索、归纳、汇总、统计、整理、分析、运算、核算、调整、归类等词语。而不是通篇都只用“分析处理”这一个词。

写简历时常见的行为关键词如表 3–5 所示。

表 3–5　简历中的常见行为关键词

表现个人成就	简化　实现　执行　提升　创造　完成　改造　改进　激励　扩大
表示指导、教授他人	建议　阐明　指导　传授　辅导　教导　协作
表示行政管理能力	引导　详细制订　分配　建立　呈递　供应　支持
表示领导能力	主持　发起　指派　制订　处理　决定　指挥　分配　监督
表示人际沟通能力	说服　沟通　报告　拜访　建议
表示组织、计划能力	计划　组织　分配　参加　指导　收集　管理
表示创新、创造能力	建立　设计　发明　发起
表示研究、逻辑分析能力	评估　调查　核实　检查　研究　搜索　观察
表示金融、财经知识	审计　筹资　支付　平衡　预算　计算　分析　评估　估计
表示技术能力	维护　重建　测试　诊断　应用　使适应　修理

4）不够精简

选择了各种关键行为词后，我们在写简历时，尽量使用“一个关键行为词 + 名词”的组合。

比如，“统筹活动”，这里的统筹，就是行为词，活动就是名词。而不是写成“负责活动统筹”。

“负责活动统筹”这样表达虽然也没有问题，但是前面说到，要多选用不同的词。这里用到了负责和统筹两个词，在这里用到，其他地方就不建议再用。

另外一个原因是，简历最好能够精简一点，“一个关键行为词 + 名词”的组合已经能够很好、很专业地进行表达了。

彩蛋：简历加分项

HR 每天看的简历真的非常多，除去内容、排版，有什么是意料之外的惊喜，能让人印象深刻呢？要知道，让人对我们有一个印象，就已经打败了 75% 的对手。

为大家推荐的“惊喜”主要有两个。

惊喜一：公司定制

只要这个 HR 对公司没有敌意，往往对自己的公司还是比较认可的。越大的公司，企业文化做得越好，HR 对公司就越有认同感。所以，我们的简历可以体现为这家求职公司定制的意思，包括加上求职公司的标语、名称，选用这家公司的主题色作为我们的简历主题色，如百度蓝、京东红、阿里橙等，会让人感觉很有亲切感。

我在百度担任 HR 的好朋友曾经面试了一个人，他在基础的白纸黑字通栏式的简历基础上，在自己的个人信息栏用上了百度的搜索框设计，这就是比较有心的，能够获得加分。

惊喜二：作品

我们来假设几个场景：一名产品经理来面试，他带了对应聘公司某产品的分析，谈了谈自己对于这个产品的理解以及对于产品进一步迭代的建议；一名程序测试员来面试，指出了应聘公司产品的问题；一名 HR 来面试，根据收集的资料，谈到他对于应聘公司目前人才体系、招聘方式的想法。

如果你是招聘官，是不是会对这样的求职者给予加分呢？

在网络投递简历时，我们可以将自己的作品作为附件附上，需要在简历正文明显的地方提示一下这个内容，以免它被忽略。在面试时，也可以拿出来作为一个重点的内容。

有求职者问过我，在面试过程中，如果指出面试公司的问题，会不会不太好？

其实如果说会有反面效果，那主要是因为我们的表达方式有时候太过直接。我们只需要委婉地指出，或者不能说是指出问题，而是共同探讨一下，是向对方请教，都会获得非常好的效果。

另外，即使我们说的内容还不是完全切中要害，但至少体现了我们对这次求职的重视、对这家公司的热爱，更体现了我们的积极主动，以及我们的上进心和职场专业素养。这样的求职者，哪个招聘官会不喜欢呢？

前面已经反复说过，一个候选人是不是诚心想要加入，是招聘时的一个重要判断依据。如果做了作品，还不算是诚心的话，那就没有诚心这个定义了。

当然，拿出一个像样的作品可能比较难，不必强求。在我的职业生涯中，面试了这么多人，能做到这一点的，不足1%。但大家以后可以有意识地往这个方向去靠拢，对于真正想要的东西，再多一点付出和准备，慢慢地相信一定会有很大的收获。

九、好简历要这么用

忙了半天，简历是写好了，但如果没有正确地使用，可就白忙一场了。在简历章节的最后部分，向大家介绍一下简历正确的使用方法。

1. 简历投递方式不止一个

1）招聘网站投递

简历的第一种投递方式就是大家所熟知的，也是最常使用的方式：招聘网站投递简历。先来看一下主流求职网站的对比，如表3–6所示。

表 3–6 主流求职网站对比

网 站	特 点	适合人群
智联招聘、前程无忧	国内两大主流综合招聘网站，智联高端岗位占优，前程无忧在二、三线城市影响面更广	所有的白领、金领或者学生群体
猎聘网	中高端候选人的传统招聘网站，因费用较高，只有企业有中高端人才需求时才会开通猎聘渠道	三年以上工作经验，高学历，中高端职位求职者
拉勾网	专注互联网垂直招聘网站，细分领域专业性更强，信息较全，比较精准	互联网行业的求职者（一、二线城市企业使用较多）
内推网	互联网行业的内推、直招类型的垂直招聘平台	互联网行业求职者
BOSS 直聘	移动端招聘 App，可以直接在线沟通	所有适应 App 在线聊天的求职者
58 同城、赶集网	除了招聘，板块较多，网站内容多而杂	学历偏低、蓝领、基础低端岗位或者学生群体
应届生求职网	被前程无忧收购，应届生兼职、实习、全职都可，除应届生求职信息外，还有宣讲会、招聘会等资讯	在校生或者应届毕业生
大街网	服务内容比较多，职场社交＋公司点评＋个人测评＋问答＋招聘服务	在校大学生实习或应届毕业生
某些职位的专属网站：如程序员聚集的牛客网、设计师常逛的站酷网等	专项定点，匹配性强。可以通过在网站上发布自己的作品，主动吸引到招聘方	某一专项技能的求职者

知己知彼才能百战百胜，大家对自己求职投递简历的流程比较熟悉，但是不清楚 HR 在筛选简历时的后台是什么样子，接下来就带大家了解一下。

a. 智联招聘

来看一下智联招聘网站 HR 后台的简历收件箱，如图 3-25 所示。

图 3-25 智联招聘网站 HR 后台

求职者投递的简历，都会出现在收件箱里。HR 可以根据一定的关键词和条件筛选，选出符合自己要求的简历。这也就是前面说到的，一键筛选或者一键排序功能，如果简历筛选不符合硬性的要求，可能简历都不会被打开。

另外，大家也可以看到，简历会有几种不同的状态，包括“待处理”“有意向”“已发面试邀请”“已发测评邀请”“不合适”等，就是 HR 对于这些简历的操作结果。

越认真、越专业的 HR，发出的面试邀请越少。只有匹配性很高的简历，才会被选中。如果面试来了很多人，却都不合适，其实是浪费双方的时间。只有一些常年招聘、招聘需求量很大、员工离职率很高，而 HR 又不是很专业的公司，才会轻易地就邀请人去面试。因为对于他们来说，先尽快找到一个能来上班的人，比招到一个真正合适的人要重要。

除了处理主动投递的简历，如果没有看到合适的简历，HR 还会主动搜索简历，进行人才寻访。方法也是在搜索框中搜索关键词和筛选条件，如果我们的简历是开放状态，就有机会被搜索到。

这也就是为什么，很多求职者会接到没有投递过的公司的电话。自己主动投递简历始终是有一定局限性的，而好的简历如果设置成开放状态，会获得其他合适的面试机会以及邀请。如果是 HR 通过搜索找到的，而不是主动投递的简历，HR 查看他们的联系方式都是需要付费的。虽然这笔钱由公司出，但是下载数量有限，如果匹配度不高，也就不会下载了。

b. 前程无忧

前程无忧网也是类似的，具体会根据 HR 的个人习惯有一些不同的设置。

c. 猎聘网

猎聘网有单独的沟通模块，候选人可以直接和企业 HR 沟通，这块沟通方式跟 BOSS 直聘类似。

猎聘网的收件箱，HR 可以直接根据出现的信息选择目标人选，如果不合适，会直接被筛选掉，具体详见图 3–26 和图 3–27 所示。

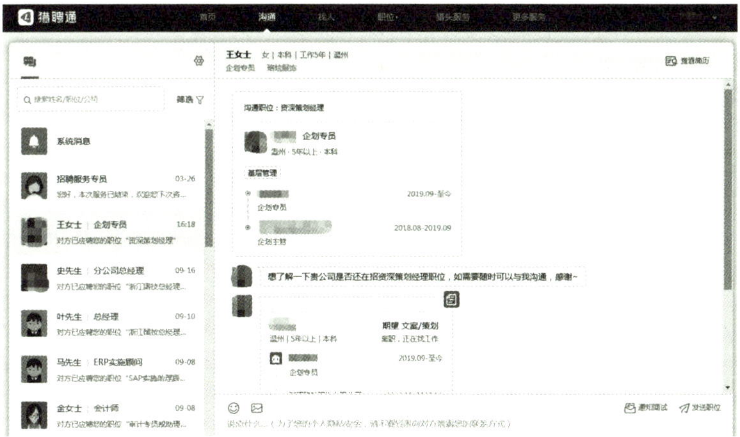

图 3–26 猎聘网收件箱的沟通模块

图 3–27　猎聘网收件箱的信息选择功能

搜索框的使用，与前面类似，如图 3–28 和图 3–29 所示。

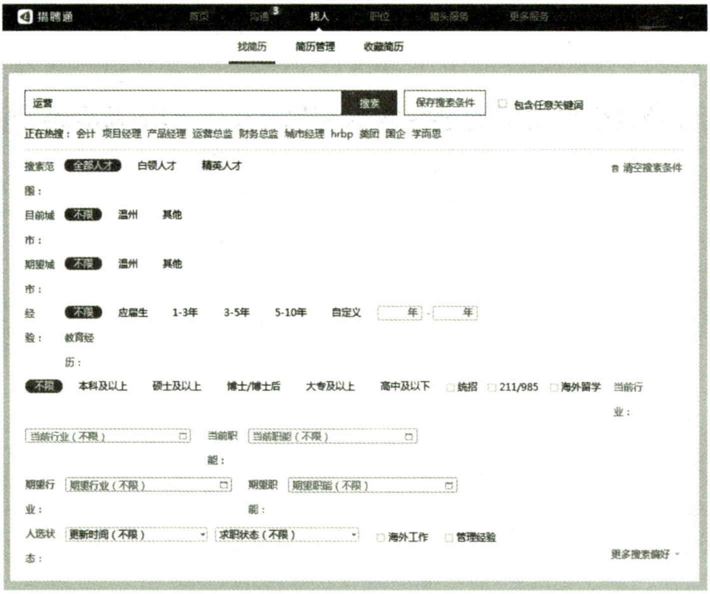

图 3–28　猎聘网收件箱的搜索框模块

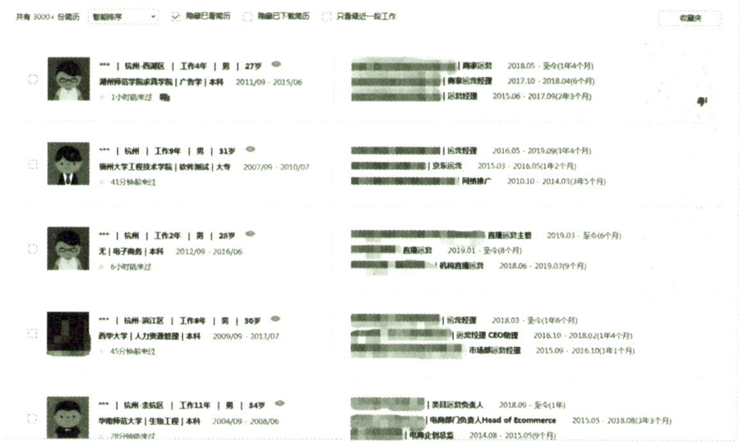

图 3–29　搜索框模块的检索结果

d. BOSS 直聘

BOSS 直聘，没有收件箱，有意向沟通的简历会直接出现在沟通界面里，如图 3–30 所示。

图 3–30　BOSS 直聘的沟通界面

与其他招聘网站一样，BOSS 直聘也可以根据关键词进行人才寻访，如图 3–31 所示。

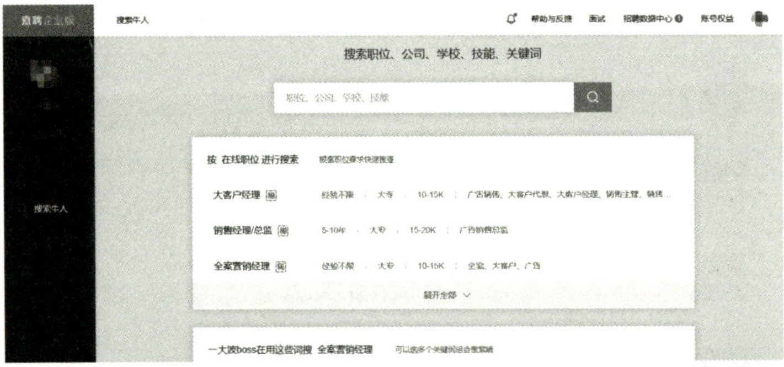

图 3–31　BOSS 直聘的人才搜索模块

根据 HR 提交的 JD，系统推荐人才，也就是“推荐牛人”，HR 可以直接与之沟通，详见图 3–32 和图 3–33 所示。

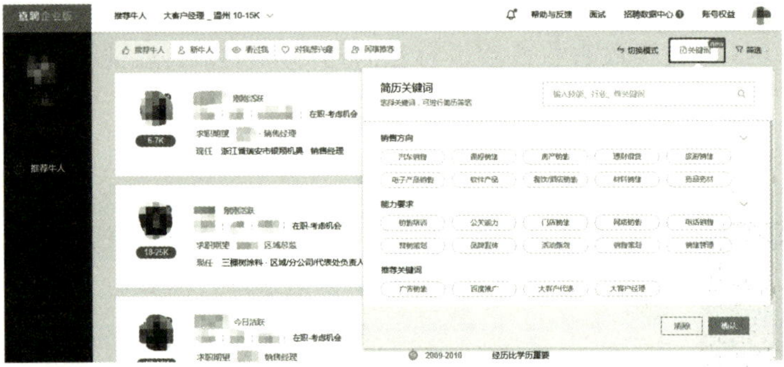

图 3–32　推荐牛人模块（一）

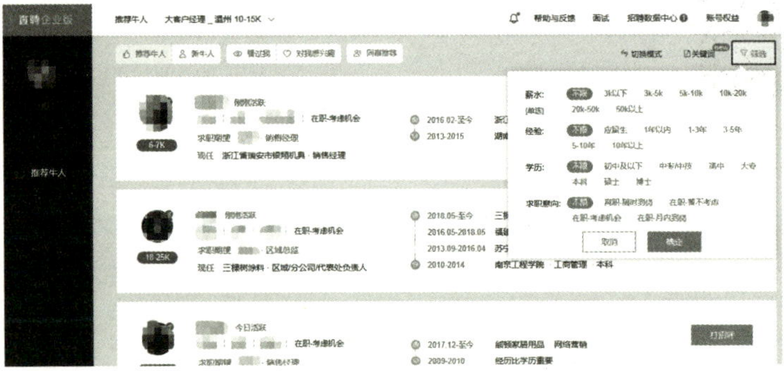

图 3–33　推荐牛人模块（二）

其他的一些网站，也都类似。

另外，除了登录招聘网站后台，HR 也可以选择通过邮箱查收简历。我们有时会把各个不同的网站简历，都设置成发送到同一个邮箱，在邮箱中统一处理，就不需要登录多个网站了。

彩蛋 1：BOSS 直聘上都是 BOSS 吗

"找工作，我要跟老板谈"，哈哈，这句广告语是真的传播得有点广，以至于有不少求职者问我：BOSS 直聘上都是 BOSS 吗？

问这个问题，那就实在是被这个广告所误导了。如果招聘网站上的企业方都是老板本人，那我们 HR 都要失业啦！况且求职者这么多，一家公司，很可能在同一个招聘平台上的 HR 都不止一人。

大家可以看一下企业方人员的信息，上面写的职位基本上都是 HR。只有非常小型的创业公司，在没有 HR 的情况下，才可能是老板直接在负责招聘。

其他公司，即使会有老板参与招聘，也是在最后环节，也就是终面环节，老板绝对不可能在一开始的简历查收、筛选中露面的。

彩蛋 2：如何不着痕迹地找下家，而不被现任公司发现

我一直非常不建议裸辞，裸辞的成本太大了，而且会影响求职心态，很可能进了一家还不如现在的公司。但是也会有求职者提问，如何避免自己的求职行为被目前的公司发现呢？下面从 HR 招聘角度出发，为大家提供一些方法。

简单来说，只要我们通过网络渠道开始求职了，就有被发现的可能。说不定 HR 正在搜简历，就搜到了你的。那么，网络渠道找工作，怎样可以尽量"不着痕迹"呢？

第一，简历中不使用真名，如用夏小姐、夏女士等。

第二，具体公司名称也不写完整，如行业头部公司。

第三，只主动投递我们有意向的职位，但是简历不公开。也就是说，其他 HR 主动搜索，是看不到我们的简历的，除非是我们自己投递的。一般在招聘网站上的简历，都是默认开放的，也就是所有的 HR 都能看到我们的简历，这样可以增加我们的简历被看到的概率。但如果我们只想去固定的某几家企业，或者由于我们还在职，公司又严禁在职期间求职的，则可以把简历状态设置为“不开放”。

目前有些招聘网站也有针对性地推出一个功能，即可以把简历设置成对某个具体公司不可见。这样即使我们符合 HR 所设置的搜索条件，我们的简历也不会被看到。可以理解为半公开状态，当然，这也不排除被其他兄弟公司的 HR 看到的情形。

以上方式可以帮助大家尽量求职不留痕迹。

当然，从招聘角度来看，HR 更喜欢简历内容完整的。所以还需要你自己权衡。

2）官网投递

第二种投递方式，是官网投递。比较大型的公司都会在官网上开辟“加入我们”板块，也就是招聘板块。特别是校招季，提前获得招聘信息，就能够快人一步。

官网投递一般也会提供指定在线模板，或者让求职者下载后填写。与招聘网站不同，官网的模板需要大家填写完整。每家公司提供的模板会有区别，更专业的话，对于不同的岗位，也会设计不同的招聘模板。这很好理解，和我们写简历时候一样，不同的求职者，求职不同的公司、职位时，简历中的模块、内容也都是不一样的。

如果有“上传简历附件”的地方，就上传我们自己制作的简历，或者附带一些作品，能够有加分。

3）邮件投递

以前邮件投递还比较常见，现在已经不多了。如果我们在其他渠道投递了简历没有回音，或者像我前面所说的，有些基础要求不符合的，可以尝试找到 HR 的邮箱进行投递。

这个方式现在使用率不高，一是因为招聘网站、招聘 App 现在比较普及；二是因为对外公布的招聘邮箱，多是公司招聘部门的部门邮箱。这个部门邮箱，如邮箱名很明显是 zhaopin@xxx.com，而不是某一个具体的 HR 邮箱。这个部门邮箱，每天会收到各式各样的邮件，包括大量的垃圾邮件。

而且一个部门的 HR 有很多，分工不同。但是部门邮箱，之所以称为部门邮箱，可能是部门的助理来管理，或者是一个不负责我们的岗位招聘的 HR 来管理。那么很明显，你的简历会被认真看到的概率也不大。

如果你能够找到一个邮箱，正好是负责这个岗位招聘的 HR 的个人工作邮箱，那么恭喜你，你的成功概率，会比其他投简历到部门邮箱的人高很多。

再来说一说邮箱投递简历的注意事项。

首先，邮件标题：邮件标题和前面简历标题一样，要正式、简洁明了。

其次，邮箱号：避免使用名字怪异的邮箱，以体现我们的职业性。

最后，注意邮件礼仪：邮件正文中，开头要写敬称，懂得尊敬别人，并写上一句简单的感谢语，然后就直入主题。邮件正文要简洁明了，千万不要写很多不相关的内容，或者写上几大段表决心的内容。邮件结尾写一两句感谢的话和祝福语之类，并留下详细的联系方式。

在正文写完后，下方贴上简历，并在邮箱附件中放上 PDF 版本的简历。这样既方便 HR 直接查阅，想要下载时又能够避免 WORD 版本的内容错位。如果我们投递的是设计类或者其他需要很多作品来展示实际工作能力的岗位，简历和作品请不要打包在一起，否则下载起来非常不方便，会给HR的工作增加难度，也会给自己添加绊脚石。当HR觉得我们的简历符合要求时，才会按需要决定是否下载附件，也可能HR并不需要看这些附件，就会把邮件转发给业务面试官查看。

4）内推投递

接下来介绍内推的投递方式。

很多人实际上放大了内推的作用，觉得只要有人帮忙内推，入职的成功率就会大大提高。其实并不是这样的。内推确实会对求职有所帮助，但前提是，要有负责任的推荐人，进行负责任的推荐。

什么意思呢？

如果推荐人只是简单地把我们的简历上传了一下就结束的话，那么，这份简历对于HR来说，和从招聘网站上看到的简历并没有什么不同，只是另外一个收简历的渠道而已。

如果想提高简历通过的成功率，还是需要推荐人多做一些事情的。比如说，写一些真诚的且符合我们应聘岗位的推荐语、推荐原因。前面说到，一家公司，特别是大公司，每个HR的分工很细致，如果推荐人能够找到到底是哪位HR负责招聘这个岗位，然后给这个HR发送正式的推荐邮件，甚至把我们的简历打印下来，拿过去给HR，这个推荐成功率，自然是高了不止一点点。

我相信，很多求职者都有这样的心态：即使简历没有通过，也希望能够得到HR的反馈，好知道是什么原因导致没有通过，从而进行一些修改。那么，如果推荐人这样做了，一方面，99%的可能是，我们会得到一个面试机会。即使我们的简历再不济，面对如此真诚的推荐人，HR也会给同事一个面子。另一方面，如果实在不符合要求，HR也会真诚地告知原因，在后续的求职过程中，我们也能够有所进步。

当然，我们能找到一位推荐人，已经是有求于人了，如果对方比较忙，或者并没有意愿做后续的推荐，也不要太过挂怀。

毕竟，简历中的真材实料和我们本人的能力、经验，才是决定我们能否被录用的因素。除了十足的关系户，大家还是靠实力说话的。

最后，如果要给这几种投递方式排个序，一般是负责任的内推优于招聘网站，招聘网站优于官网，官网优于邮件。

当然，从提高成功率的角度来看，大家不妨都试一试。

2. 什么时候投简历效果最好

了解了简历投递的渠道后，其实还有非常关键的一点，就是简历投递的时间。在此仅讨论 HR 人工查看简历的时间，适用于非校招季。

HR 在查看简历收件箱或者邮箱时，简历是按照投递时间，倒序出现的。这是系统自动排序的，也很少有人会去调整。

所以越晚投的，越在前面。

由此我们可以知道，什么时候投递简历比较好呢？答案是晚上，或者早上 HR 上班之前。比如，早上 8 点左右，或者是晚上比较晚的时候。周末可以不投，因为几天没看简历，积累的未查阅量比较多，容易被忽略。

HR 筛选简历时，当然会看简历的内容。但当内容相当的时候，越先看到的简历，机会越大。毕竟我们的工作目标，是通过简历招到合适的人，而不是把所有的简历都看一遍。

如果已经有合适的简历，有时不会再继续往下看。

当然，简历最重要的还是内容，不论什么时候投递，内容突出的简历，总是最有机会的。

3. 简历投递多久后，会收到回复呢

有很多求职者问我关于简历没有回复的问题。

如果你简历投递后一两天没有收到答复，是很正常的。HR 不是每天都在查看简历，或者说，不是每天对所有岗位的简历都会查看并做出判断。

可能是 HR 忙别的去了，除了招聘工作，HR 还有一些其他的工作内容，如培训、组织员工活动、和员工谈心等；可能这个岗位的招聘需求不是很着急；可能这个岗位收到的简历比较多，要多次比较后，再挑选相对而言更合适的候选人；等等。

那么简历投出并且通过后，HR 什么时候会联系我们呢？

这还真是没有一个确定的时间，每家公司的情况差别很大，没有一个定论。

在这里我和大家说一个真实的小故事：

我曾经在几年前招聘过总经理助理，当时有几位还不错的候选人，综合比较后，入职了一位，其他几位被放在人才库中，没有再联系。

大概四个月后，另一位总经理也要招助理，要求基本一致。我想起之前的这些候选人，所以就没有直接发布招聘需求，先从以前的简历中挑选。

电话联系后，还真的有仍旧对我公司感兴趣，并且愿意来面试的。最后，也顺利入职了。

当然，这并不是说，投递了简历，但是没有人联系我们时，就可以过分乐观。大概率上，还是要调整一下求职策略的。

另外，HR 只与合适的候选人联系，也就是说，如果简历没有通过，你是不会得到来自 HR 的直接消息的。我也曾经找过工作，非常理解求职者们希望自己的简历即使没有通过，也能够得到回复，不要让自己空

等着。最好还能被告知自己是哪里不合适，所以简历没有通过，好让自己能够有改进的空间。

但是，由于 HR 工作量大，招聘一个人时，往往有很多求职者投递简历，而我们通知来面试的人数，远远小于整体的简历数，所以 HR 只会和通过简历初筛的求职者联系。当然，现在很多招聘网站上的信息也很全，更新得也很及时。如果 HR 已经看过我们的简历，或者把我们的简历贴上“不合适”的标签，我们都会收到相应的消息，或者在系统中可以看到投出的简历的进展状态。

如果投递的比较多，等候的时间比较长，但是还是没有接到面试邀请，那大概率就是简历不符合了。

4. 企业是如何进行背调，来确认我是否撒谎的

只要是真心招聘的正规公司，无论公司规模大小，无论岗位重要与否，一个人在入职前，多多少少都会被背调。只是不同公司、不同岗位，情况不同，进行背景调查时的详细程度不同。

背调主要有三种。

1）入职背调

背调不一定要正儿八经地请专业机构，或者给我们的老东家相关同事、领导打电话才算。最常见的背调方式，就是入职时的资料确认。

这种是最基础的，包括对身份证信息、学历证书的查验，以及对最近一份工作的离职证明核实，一般办理入职手续时都会进行。所以，这些显而易见，容易核查的内容，是绝对不能造假的。

2）HR 背调

HR 会主动通过一些其他方式来确认候选人的真实可靠性。会采取的

方式比较多样，比如，由候选人提供前任公司领导或同事或人力资源部门的联系电话，进行电话核实。为了避免有时候选人提供的是一些提前打好招呼的人员的联系方式,HR 也可能直接去我们的前任公司进行拜访，或者通过其他渠道获得他们的联系方式。

当然，HR 也可能通过查社保记录的方式来核对。正规的企业，缴纳社保都是用线上系统进行操作的。一般来说，如果我们的社保还没有断缴，可以直接在线上系统中看到我们最近这份工作目前社保的缴纳情况，即当月是否在保。如果已经断缴，可以由我们自己拿着身份证去社保局调出社保缴纳明细，或者由我们授权 HR 代为查询。因为很多城市买房买车、申请贷款的时候，都会需要用到这类明细，所以社保明细的调出还是比较方便的。

和社保记录同理，以往的银行工资流水，也是一个重要的资料。

另外，HR 们也有自己的圈子，有时候在群里问一声，也许或多或少就能得到一些信息。

3）第三方背调

第三种是由正规的第三方公司进行背调。这种背调，也就是大家通常意义上所了解的，狭义的背调。这种方式主要针对比较高级的职位以及重要岗位，如财务、采购、审计、核心代码负责人、管理层等。第三方背调是需要向委托方，也就是公司收费的，价格还比较高。所以并不会对每个人都进行背调，像应届生、工作时间不久的，或者是非常基础的岗位的人员，一般不会被背调。

另外有一点就是，正规的第三方背调机构在开始调查前，会需要我们签署一份授权书，表示我们愿意接受调查。这样才是合法的。所以，有没有被调查，我们一般也能知晓。当然，也有一些其他比较秘密的调查方式。

5. 背调内容和真实情况有出入，会怎么样

企业做背调，主要还是为了看看我们的真实情况，和我们简历、面试中体现出来的内容是不是相符，我们的人品是否端正可靠。

有一些小的问题，不打紧。要重点注意的是，对于这些问题，是不是有合理的解释。

举几个例子。

比如，我们说我们的岗位名称是 ×× 经理，实际上当时的职级只是 ×× 主管。但如果我们确实已经承担了经理的工作职责，也有相应的能力，那职位叫什么名字，也不是那么重要。

比如，我们实际所在的部门是市场部，但是为了应聘推广专员的工作，我们在简历中把前一份工作的部门写成了推广部。关于这种情况，只要实际上我们做的就是推广的工作，那部门名字其实也不是那么重要。

比如，我们十年有四次跳槽经历，其中比较早之前有一次的离职时间，我们延长了两个月，把工作了十个月写成了工作一年。这也不算是一个大问题。差距不算大，记错了也是有可能的。

当然，前面的例子仅供大家参考，不同情况可能有不同的处理。

但是，如果是原则性问题，那就直接会被拒绝，如伪造学历证明、谎称一段关键代码是自己独立完成的，又如违法乱纪、贪污腐败、为前司造成大损失、前司同事对自己评价极差等。

这些情况，一旦被发现，情节都属于比较恶劣，此次求职没戏了不说，还会被列入公司黑名单，也可能会被很多公司拒之门外。

另外分享一个真实的案例。

我们公司曾招聘过一名技术不错的人，通过了多轮面试。大家都非常高兴，找到了这么一位人才。

当他来办理入职手续时，他没有提供“离职证明”。当时他的解释是

忘记带了。所以HR请他第二天带来。但是次日，他还是没有提供，解释说是丢失了、找不到了。那好吧，HR让他找原公司补开一下。

结果下一周他还是没有如约提供。

后来经调查，发现他的实际工作经历与简历及面试中所说的不符，所以才拿不出符合的证明。

非常遗憾，虽然这名求职者技术不错，但是由于存在诚信问题，不仅简历和面试中的内容不属实，还多次说谎。所以，我们没有让他继续留在公司。

4

CHAPTER

第四章

面　试

面试就像一场交易谈判，提前准备、开诚布公才是获得双赢的最好办法。

一、心态决定了你的面试结果

面试场上，可以说会集了形形色色的人，有自信满满的，也有垂头丧气的，有侃侃而谈的，也有哆嗦结巴的。

大部分人在遇到自己很熟悉的问题时都能够娓娓道来，但是遇到自己不太懂或者没有准备好的问题时，下意识就蒙了，愣在那里不知道该说些什么，有些面试者反应强烈的话，还会急得哭起来。

面试时，被问得无所适从，从应聘公司出来，感觉自己在面试中只发挥出了 50% 的实力。能不能被录用另说，就算过关了，薪水也很有可能被压下不少。特别是若遇到接二连三的面试受挫，心理压力进一步增大，不是越挫越勇，反而是越战越害怕。

遇到这样的情况，多是由于事发突然，自己不太熟悉，或者对某件事太过重视。可以归结于当时过于紧张，未能充分调用自己的知识水平，表达出自己的意愿、发挥出自己的真实水平。

面试问题千变万化，想要成为“面霸”，至少得花上十天半个月的时间。可一旦因为紧张大脑一片空白，就可能什么都答不上来，又或者连悉心准备的自我介绍都磕磕绊绊，3 分钟内容只剩 30 秒，听着还像小学生背课文。

很多人都以为面试中最重要的是回答的内容，其实比内容更重要的，是你的心态。

所以，在学习具体面试技巧前，最重要的，是调整好面试心态。有了好的面试心态，可以大大减缓焦虑和紧张的情绪，从而有更好的临场发挥。即使在技巧上有所欠缺，良好的心态也能帮助你应对各种突发状况，回答好面试官的提问。

1. 求职就像相亲，不合适才是常态

求职时总是容易太过关注结果，如果面试失败了，就会对自己产生怀疑。实际上，不论结果如何，都要认可自己的价值，工作谈不拢，大概率只是因为不合适。

找工作和找对象相似，找到相伴一生的伴侣是很难的事。我们往往要花上几年的时间，兜兜转转，挥别错的人，才能终遇良人。这就是因为每个人都是独一无二的，所以适合我们的人，也是很少的。其实找工作也是一样。如果你去面试的那么多工作，全都适合你，那才奇怪了。

世界上真正适合你以及有缘分走到一起的人或物，并不是那么多。有好几次面试不顺利的情况，也是非常正常的事。如果每家公司、每个岗位，都和你契合，就像世界上每一个异性（当然也可能是同性）都适合做你的另一半一样，这反而不正常了。

所以只要你努力准备了，就不需要太在意面试的结果。我自己去求职的时候，也有好几家公司没有给我发 OFFER。是因为我实力太差吗？有可能。但更大的可能只是因为我不是最合适的人，那么即使我是最优秀的，也没有用。

找工作，一定要找到自己真正适合并且喜欢的。有些岗位，面试官拒绝你，并不是因为你不够优秀，而是他判断出，这个岗位不适合你而已。此时，对方拒绝你，其实也是帮了你。否则，如果你入职了这个不适合自己的岗位，一开始因为拿到 OFFER 很开心，以后发现不妥还要辞职，再重新找工作。那多浪费时间和精力呀！

与其入职不适合的公司，不如精挑细选，找到能够发挥才能、帮助进行职业积累的工作。

面试了好几家公司都没有收到 OFFER 是真的让人焦虑，但只要你分析总结了面试情况，合理调整自己的求职方向，那么之前的面试经历，

都是后续的宝藏。何况还有人即使暂不求职，都有意参加各类面试，以增加自己的面试经验。

2. 求职和招聘，是平等的

另外一条能够加分的面试心态其实很简单，也特别有效，只是很多人都没有想到过。

这就是：请一定要想“面试官和我，是平等的”。希望这句简单的话，能够帮助到你。

很多求职者，特别是工作经验不丰富的人、应届生，往往把自己放在“被选择”的位置。但是，你要知道，面试官在考察你、选择你的时候，你也在考察公司、选择公司。

求职和招聘，是一件双向选择的事。一名求职者的入职，双方势必是相互满意，达成了共识。公司选择了你，你也选择了公司，这很公平。而很多求职者，就是因为觉得自己处于被动地位，是被选择的那一方，所以感觉到压力很大。

简单来说，公司除了你，还有其他候选人；对于你来说，除了这家公司，你也还有很多其他的机会。我们也当然可以在面试中，向 HR 提出自己所关心的问题，评估企业和岗位的优劣势，再做出选择。

如果这家公司你不喜欢、不满意，那么即使对方求着你去，给你开高价，你也不一定去，不是吗?

所以在心态上，不要因为觉得自己是被选择的而特别紧张、担心。

不论面试官是什么类型和风格的，特别是有的面试官看起来特别严肃，甚至高高在上，你在心态上，都不要觉得自己是被选择的而特别紧张、担心。包括在面试过程中，你也会观察面试官的表现，以及通过提问来了解公司和岗位，从而判断自己是否想要加入。

如果有时你发现，对方看起来高高在上，排除他故意在做压力面试

（如果是这样，完成面试的后期，面试官会告诉你。而且只有少部分求职者会需要经历压力面试），而让你感觉很不舒服，你可以选择不去这家公司。

都说面试官是公司对外的名片，展示着公司的形象。如果这种公司名片上写的是“刻板”“摆架子”，你不喜欢，不去也罢。

把它当成一次门不当户不对的相亲，是不是淡定了一些？

3. 面试问题答不上来很正常

在我将近十年的工作经历中，遇到过四五名在面试中哭起来的候选人。

印象最深的是一个应届生小姑娘，她连续有好几个问题答不上来，应该是觉得自己的表现太差了，有点“悲愤”的感觉。面试还没结束，说了一声“对不起”，就捂着脸跑走了。

绝大多数人不至于会在面试中哭泣，却很可能会因为太过紧张而没能展现出真正的实力。

那么面试官就会怀疑你的能力，毕竟在真实的工作环境中有 70% 左右的问题是临时突发的，也有很多问题压根儿就没有答案，如果你不会面对未知的、你不擅长的东西，那么你可能也就不是公司想招的人。

但是你也不要把这件事想得太严重。发现你有什么不懂的，本来就是面试官的任务。不然他为什么要问你这么多问题呢？面试官就是要通过不停追问，来试图找到候选人身上存在的一些特质。

当你遇到不太懂的问题时，先不要慌张，在面试前就给自己树立一个这样的认知：面试问题不会回答很正常。这不是我在骗你，面试时遇到不会的问题真的很正常。有时候，就算你把所有的问题都答上来，面试官有可能还会“搞鬼”，故意问几个你可能不懂的问题。

当然，这也不是面试官在“为难你”，他只是想早点搞明白你到底适不适合这个岗位。

形成“面试问题不会回答很正常”的认知后，我相信你会感觉轻松很多。

二、完美回答面试官所有问题的方法

面试前，在互联网上随便一搜，总能看见各种面经总结和面试问题汇总。看到名字会感觉花上几天时间也只能初步浏览，要说熟记于心，甚至在面试时能够对答如流，短期内是没什么指望了。更有甚者，看到密密麻麻的文字，看不到一半就宣告放弃。

那么，有没有可能用最短时间来完美回答面试官所有问题的方法呢？还真的有。

我们先来想一件特别“异想天开”的事——高考。如果我们能够提前拿到考题和答案，考试满分也不是不可能，那恐怕我们就能成为一大新闻了。

同样的道理，如果大家去面试的时候已经知道了面试官会问什么，并且准备好了答案，那么是不是就能够对答如流，面试十拿九稳了呢？

1. 正确识别面试问题

想要押对题，首先要学会正确识别面试问题。明明你已经猜对了提问的方向，但是面试官换了一种问法，你就以为自己从来没有准备过，那就太可惜了。

“正确识别面试问题”这句话，乍一听，是不是有点好笑？我们怎么会不知道面试官问的是什么。

有时候，还真是如此。面试时，HR 可能问你各种奇奇怪怪的问题，但是仔细分析起来，其实也没有多少种类。问来问去，都是同一类问题，只是问法不同而已。

以“学习能力”举例，HR 可能会有以下三种问法：

a. 你的学习能力如何？

b. 能否举一个例子，证明你在短时间内，完成了一件你以前并不会的事情？

c. 在以往的工作过程中，你是否有遇到过很有挑战的事情？你是如何应对的？

如果用问题 a 问你，你一下子就明白了。但是用问题 b 和 c 来问你，你可能就不知道说什么好了。大家仔细看看，这三个问题，其实都是同一类问题，问的都是学习能力。

问题 a，很直白明显。

问题 b，里面有一个关键词，是“以前并不会”。这就需要用到我们的学习能力了——如何快速学习新知识，并且解决问题。实际上问的就是“学习能力”。

问题 c，当然也可以用学习能力来回答了。如果这件有挑战的事，是我们以前并不会的事，那么，回答思路就会和问题 b 类似。更专业一点的话，我们会发现，对于问题 c，除了回答学习能力，还有很多种回答方向。你也可以回答抗压能力、团队合作能力等。

有时候我们回答不好一个问题，往往不是因为内容本身不好，而是“跑题”了。答非所问，当然不会是一个好的回答，还会让面试官觉得，我们的理解能力、分析能力不是很出色。

如果在工作中，我们和同事说了半天，发现对方根本没有明白我们的意思，那该多让人无语啊。

在听面试官的问题时，要仔细，可以不用着急回答，先判断一下问题的含义，确实把握不准的，可以用自己的理解来描述一下问题，和面试官确认。比如，“请问您的问题是，我能否运用学习能力，快速地解决一个新问题吗？”

同时也可以在平时多看一些面试真题进行相关的练习。

了解了同一个问题可以有多种问法后，我们就知道，押题，其实押的是“考点”，而不是具体的问题。

2. 面试回答的黄金三角

面试问题再多，究其根本就是“你为什么选我们公司”和“我们公司为什么选你”这两个问题。

前者是为了确定求职者的意愿强烈程度，以评判其稳定性、忠诚度，毕竟谁也不希望辛苦招进来的人，没过多久就离职了。后者就是“择优录取”，找到候选人和公司岗位的匹配之处，预估投入产出比是否合适。

既然如此，在回答每一个问题时，都往“喜欢公司和岗位”“匹配工作要求”“能够带来价值”这三个点靠拢准是没错的，具体如图 4–1 所示。

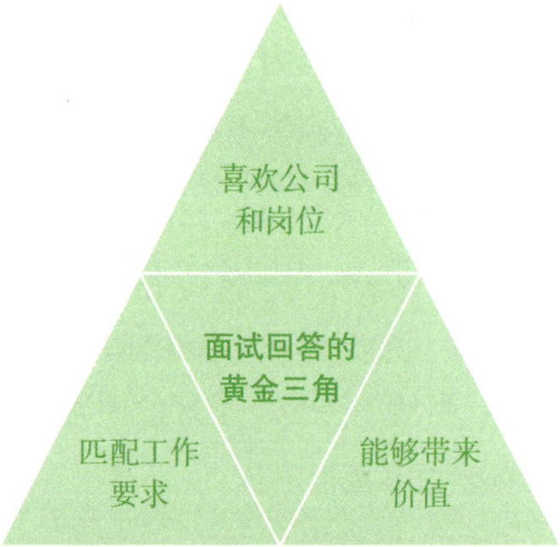

图 4–1　黄金三角

在不同情况下，这三点的比重会有所不同，比如，有的公司更看重员工的忠诚，只要热爱公司，工作技能不是最重要的；有的公司注重员工的专业能力，能把工作做好最重要；也有的公司看重性价比，态度不是很好没关系，能为公司带来利润就行。

但哪一点更重要，也不论面试问题是共性问题还是个性问题，这三点都是面试的核心。

接下来我将围绕这个黄金三角，对面试的两种问题类型进行剖析，介绍如何提前猜到面试题，从而做好针对性的准备。

面试问题主要分为“共性问题”和“个性问题”。

共性问题也可以理解为通用问题，和具体岗位无关，是基本上每个人都会被问到的问题，也是市面上的面经里最常出现的内容。只要提前做好准备，都能顺利应对。

这类问题包括：自我介绍；为什么来我们公司应聘；你对这个岗位的理解是什么；请谈谈你未来 3 ~ 5 年的规划；你的优缺点是什么；你的离职原因是什么；你的期望工资是多少；等等。

个性问题，是最让人头大的，感觉无从准备。每个人，每次去面试，似乎被问到的问题都不一样，千奇百怪。但事实上，个性问题也是可以提前猜到的，这也是本部分的重点。

3. 个性问题押题技巧

1）根据简历内容进行押题

很多人害怕面试，其实是害怕个性问题，因为无法获知会面临什么样的难题，失去掌控感而感到焦虑。

其实，面试问题各种各样，归根到底，都会和招聘 JD、简历有密切的关系。只要你掌握了本部分内容，就可以预判面试的问题，像高考押题一样，做好准备。

对于简历中已有的内容，面试时，会核实和延伸。而 HR 想要了解的，但是简历中没有的内容，他也会在面试时进行补充和确认。HR 所提出的问题也逃不出前面的黄金三角：“喜欢公司和岗位”“匹配工作要求”“能够带来价值”。

a. 会对简历中有的内容进行核实和延伸

根据简历已有内容进行核实和延伸，也就是说结合你的简历来进行提问。HR 主要是通过“不断追问”来看看你简历中的内容是否真实，以及你具体是怎么做的。

在面试中，我就遇到过一些“学生会干部”，他们在面试中的表现可谓“一塌糊涂”。最明显的一点，就是自己对简历上的工作内容不清楚，回答不上来，或者回答得牛头不对马嘴。

比如，简历上写着“主办了 ××× 活动”“和 ×× 品牌洽谈成功过 ×× 项目”，看起来校园生活相当精彩，个人经验也相当丰富，一问细节却全部回答不上来。

我问他：“你们跟 ×× 品牌洽谈合作时，具体遇到过哪些问题呢？”他一愣，然后回答说：“这一部分的工作，我主要是交给外联部门处理的，我不太清楚。”

我再问：“那你们在 ×× 活动中，对外宣传上有什么亮点吗？”他的回答则是：“这是宣传部的工作，我主要负责把控大体的方向。”

也许这名同学真的有很强的“领导力”，但至少在面试过程中，我没有看到他做出任何有力的表现。如果只是分配工作，但是又说不出自己在活动和项目中的主要作用，可能这种学生经历价值反而不如实际执行的外联部和宣传部同学了。

举这个例子就是要告诉大家，你需要非常熟悉简历的内容，并且对自己写上去的内容，要烂熟于心。并且，在当时写简历的时候，可以把经历进行优化，但绝不能造假。

如果你认真学习了简历撰写的内容，针对不同的招聘需求准备了不同简历，那么在去面试前，要记得找到投递记录，确认一下你当时投递的是哪一份，并且再熟悉一下简历的内容。

这里再提醒一下，很多人在面试时会比较紧张，有时候自己的很多亮点都忘记展示了。所以，建议大家一定要带上至少两份最新的纸质简历，在面试时，把简历放在桌上，偶尔看上一眼，就可以帮到大忙。

另外，面试官提问的重点，就是简历的内容。简历中你越是强调的内容，比如重点的项目、匹配的工作经验和能力，就越是会被重点提问。千万要在面试前重温一下简历的重点，面试的回答要和简历中的保持一致，否则简历里的亮点反而是给自己挖坑了。

b. 会对简历中没有的内容进行补充和确认

每个人的经历都有独特性，我们的简历也肯定不会 100% 和招聘要求一模一样。那么，有一些重要内容，如果你的简历中没有写到，在面试时面试官就会进行提问。

比如，你求职新媒体运营岗位，虽然你之前也是做这个岗位的，但却是在制造业，现在是要去互联网行业。面试官就很可能会问你，对互联网行业了解多少？

这就和写简历时一样，需要我们详细研究招聘需求，并做好针对性的答题准备。所以，抓住了简历重点和招聘需求，就是抓住了面试的关键。认真分析有哪些内容是 JD 中强调的，但自己简历中没有的，或者匹配度不高的，那么这几个点也就是面试官会重点提问的方向。

当然，押题属于比较高阶的内容，对于大家来说，难度会比较大。大家可以多花一些时间，在面试前，做好充足的准备。既然猜不准 HR 会问哪些问题，那我们就尽量多准备一些。

如果你确实想不好如何准备，记得吗？还可以求助专业化。

2）面试押题案例

了解了面试回答的黄金三角以及简历的重要性后，我们就可以预测出面试官会问什么样的问题了。

下面以一个热门岗位“新媒体运营”作为案例，选择其中几个内容，来进行讲解。为方便理解，这个案例中，招聘要求相对比较简单。实际求职过程中，“招聘要求”的信息往往会复杂很多，需要大家多花时间来准备。

我们来看一下这个岗位的招聘要求，详见表 4–1 所示。

表 4–1　新媒体运营的招聘要求

新媒体	1 人	不超过 35 周岁	具备全日制教育大学本科以上学历	有媒体工作经验、会运营微信公众号者优先	擅长拍照、摄像，文字、图片、视频处理能力强，能承担学校品牌形象推广工作

经过 JD 分析，我们能够发现，JD 的关键词是“媒体”“公众号”“拍照、摄像”“文字、图片、视频处理”“学校”“形象推广”。这几个关键词是我们简历中要重点写出的内容，是自我介绍的核心，也是面试时会被重点问到的问题。

然后，来看一下这名求职者的简历，如图 4–2 所示。

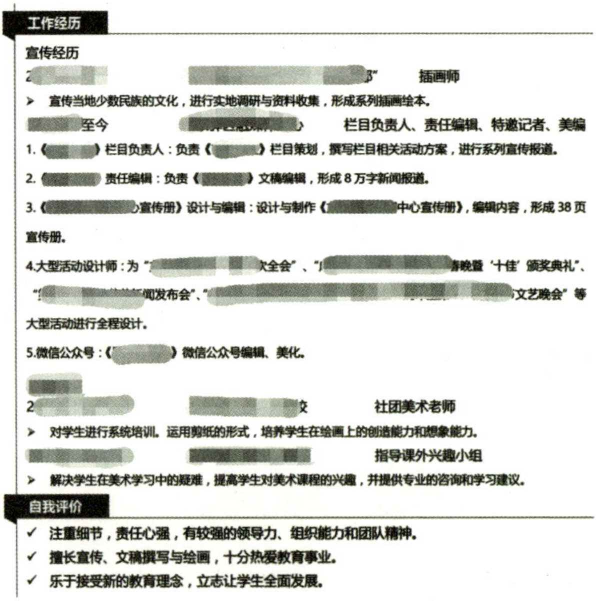
工作经历

宣传经历

2[redacted]” 插画师

> 宣传当地少数民族的文化，进行实地调研与资料收集，形成系列插画绘本。

[redacted]至今 [redacted] 栏目负责人、责任编辑、特邀记者、美编

1.《[redacted]》栏目负责人：负责《[redacted]》栏目策划，撰写栏目相关活动方案，进行系列宣传报道。

2.《[redacted]》责任编辑：负责《[redacted]》文稿编辑，形成 8 万字新闻报道。

3.《[redacted]宣传册》设计与编辑：设计与制作《[redacted]中心宣传册》，编辑内容，形成 38 页宣传册。

4.大型活动设计师：为“[redacted]大全会”、“[redacted]春晚暨‘十佳’颁奖典礼”、“[redacted]闻发布会”、“[redacted]文艺晚会”等大型活动进行全程设计。

5.微信公众号：《[redacted]》微信公众号编辑、美化。

[redacted]

2[redacted]校 社团美术老师

> 对学生进行系统培训。运用剪纸的形式，培养学生在绘画上的创造能力和想象能力。

[redacted] 指导课外兴趣小组

> 解决学生在美术学习中的疑难，提高学生对美术课程的兴趣，并提供专业的咨询和学习建议。

自我评价

✓ 注重细节，责任心强，有较强的领导力、组织能力和团队精神。

✓ 擅长宣传、文稿撰写与绘画，十分热爱教育事业。

✓ 乐于接受新的教育理念，立志让学生全面发展。

图 4–2　求职者的简历

结合简历、JD 和黄金三角，我就能猜出面试官的重点问题，也是这名候选人能否通过面试的关键问题。

首先，核实、延伸简历里有的内容。

问题一：公众号问题。

很明显，招聘要求中，对于“有媒体工作经验、会运营微信公众号”有明确的要求，求职者简历中也写到了这部分。所以，面试官一定会问相关的问题。特别是简历中，对于公众号具体是怎么做的，没有详细的描述，就会被重点问到。

所以，我就可以猜测面试官会问的公众号相关的问题，离不开以下几种：

a.“你当时负责的公众号，有多少粉丝？粉丝的增长情况如何？平均阅读量是多少？”

b.“当时公众号是周更还是日更？内容是你独立进行原创的吗？”

c.“公众号方面，除了文章内容本身，你能够完成配图、排版的工作吗？你具体是怎么做的呢？”

d.“公众号的主要选题和风格是什么样的？”

e.“除了文章，公众号还会策划一些活动吗？效果如何？”

公众号这个点，是一定会被问到的。

问题二：学校经历。

候选人担任过兼职老师，也是比较对口的经历。但是现在求职的是运营的角色，而不是老师，所以面试的重点会从“教学能力”，转换到“对于学校运营的看法”。

问题的问法是：“你之前有过八个月左右的兼职老师的经历，在这些经历中，你有什么收获吗？”或者是：“你能否把之前兼职老师的经历，融入运营工作？”也可能是：“兼职老师的经历，对你求职的运营工作有什么帮助吗？”

其次，补充延伸简历里没有的内容。

问题三：拍照、摄像、视频问题。

求职者的简历重点展现的是其设计、文字的功底，如做插画师、写8万字的稿件等，但拍照、摄像、视频方面是没有详细提到的。那么没有提到的这部分，也就是“简历中没有的内容”，在面试时会被提问，以进行补充和确认。

对于补充和确认类的信息，问法一般都比较直接：“你是否做过拍照、摄像、视频相关的工作呢？”

如果候选人做过，HR就会进一步问到“当时是如何做的”。如果没有，问题就会变成：“你之前没有做过，那么以后打算怎么做好这块内容？”

问题四：品牌形象推广问题。

在求职者以往的工作经历中，也没有直接的“品牌形象推广”的经历，而“品牌形象推广”又是这个岗位的重要职责。所以，面试官也一定会问：“你之前没有过品牌形象推广的工作经历，你要如何胜任这份工作呢？”

这些问题，并不是容易回答的，甚至还有一点点“压力面试”的味道。如果是从来没有准备过，在面试时，突然被问到，是不是很容易慌张？

感觉这个问题很难回答，因为临场想到一个好的回答是很难的。所以，即兴演讲，比提前准备过的演讲，要难很多。

但是在面试前，我们有少则一到三天，多则一周的准备时间，如果我们提前知道了这个问题，当然就有充足的时间来准备。

其实如果你掌握好了JD分析的方法，那么你在写简历时，就能够明确地发现自己简历内容和JD有哪些契合点，又有哪些不足，从而就可以进行面试押题。

大家在押题时，由于缺乏经验，所以准备的范围可以尽量广一点。

准确押题后，还需要有良好的表达能力，才能顺利地回答。比如对于前面“学习能力”相关的问题，我们在回答的时候，千万不要干巴巴地说“我是一个学习能力很强的人”。这也太没有说服力了！谁都可以说自己有学习能力。一定要举出实际例子来佐证。

面试中让人感觉比较难的问题，一般都是“案例题”。也就是说，最佳的答案都是通过一个例子来进行阐述和说明的。回答这样的问题，重点就是提前准备好案例。只要问到的问题和我们提前准备好的案例有关，我们就可以用准备好的内容来回答。

4. 案例准备

如果能够猜到面试官会问什么问题，就相当于高考前拿到了“试卷”，当然能够帮助我们顺利通过，下一步就是如何提前准备好考题的答案了。

还是之前的例子：“你当时负责的公众号，有多少粉丝？粉丝的增长情况如何？平均阅读量是多少？”

这是一个细节问题。很多人会因为没有提前准备，虽然也能答出来，但是支支吾吾、模棱两可。比如：“嗯，嗯，粉丝数，大概有……1 万多人。增长大约是一个月 2000 或者 3000 个粉丝，阅读量的话，大概，大概有 1000 吧。”

这就是很多人面试的常态。

但如果你提前仔细查看了资料，做到了心中有数，那么你的回答会是这样的：“公众号是我一个人在运营，我接手的时候，粉丝数量是 5000 人，运营了一年后，粉丝数量达到了 50000 人。评价阅读量从不足 200 次涨到了 2000 次左右。”

都是同一个人的工作内容和结果，不同的回答方式，仿佛是完全不同的两个人。后者就让人觉得，这个人平时工作认真负责。特别是对于新媒体运营来说，会很注重数据，这个人能够对数据了如指掌，那么在平时的工作中，一定也非常出色。

对于前述第四个问题，你可以这样回答：“是的，我之前没有直接相关的工作经历。但是，以下两个原因，能够使我尽快胜任这份工作。第一，我虽然没有独立负责品牌推广，但是我所写的文章、拍摄的照片、接待的来宾、所举办的活动，无一不是品牌推广的一部分。并且，我在这些方面的表现，是有目共睹的。特别是在活动方面，我全权负责组织的省级 ××× 活动，让我们 ×× 媒体中心广为人知，受到了省级领导的点名表扬。第二，我有过八个月的学校兼职老师的经历，对于学校、对于孩子，都非常了解。我知道一所好学校想要打造的品牌形象是正面的、积极的、有爱的。我也相信，我能把这样的正能量传递出去。”

大家觉得上述的回答怎么样呢？这就是一个扬长避短的好回答了。

1）案例搜集

和写简历时不知道该写些什么内容一样，面试案例的准备也需要花时间来挖掘。如果你在写简历时做得比较到位，就会轻松很多，反之还是会觉得有点困难。

案例搜集的方法是类似的。面试前，建议大家认真梳理自己以往的经历，把各种自己觉得很棒的事例都一一列举下来。不然等到面试时再来想，很容易脑子卡壳，一下子想不到特别好的。你只需要把所有想到的，都写下来。

最重要的一步是“案例还原”。我们完全可以在面试时，用讲故事的方法，把一件事讲清楚，并且突出重点。

我建议你先自己回忆，在想不出来的时候，可以根据岗位需求，通过问自己下面这四个问题来寻找素材，准备案例。

a. 我有没有这样的经历？

b. 当时是怎么做到的？或者为什么没有成功？

c. 我为什么要这么做？

d. 是如何确保目标实现的？或者给我带来了什么收获？

把这四个问题想完了，你对这个案例了解得就足够深入了。

推荐 XMind 等逻辑梳理的工具，操作简单，可以帮助你快速梳理出自己的优势和劣势，在面试中确保自己能够随时拿出合适的内容。

你还可以直接根据简历上的内容去梳理、归纳。不过这个时候就需要注意体现和挖掘在简历上找不到的内容了。

简历上的经历一般都是符合岗位要求的精华经历，而且就那么几行字，一般都对案例进行了缩减，所以这个时候你就要还原案例。

假如你是大学应届生，有过支教的经历，在简历上可能只是简单带过。那么你在面试时可以回忆支教的过程，有没有遇到什么比较特别的事，或者发现了什么问题等。

这些都是在简历里看不到的内容，但是你可以把它们挖掘出来，展现出来，这些故事也更能体现你让 HR 在简历上看不到的一面，更能从侧面反映你这个人是什么样的人，有什么样的性格。

这些都是 HR 愿意看到、听到的内容，所以如果你有类似经历的话，一定不要忽视。

面试时，你用来回答问题的案例，并不需要和你准备好的完全一致，只要能够做到 70% 以上相似，剩下的 30% 你完全可以在讲述过程中自行发挥。

2）案例选择

把案例列出来之后，接下来就是要对案例进行分类，看看这个案例，可以用于证明自己哪方面的特质。可以通过两种方式来选择案例。

a. 讲故事类

针对某一段具体的经历娓娓道来，主要适用于“项目经历”这样完整的、有高产出的、自己深入参与的经历。

b. 总结类

把相关的经历汇总到一起来进行重点展现，适合数量比较多的小段经历，也适合为了体现某个重点素质而用丰富的案例来举证。

前面讲到，对于简历中已有的内容，面试官往往会让求职者“用案例说明”，所以针对简历内容来准备案例，是比较容易的。

比如，前面这名新媒体运营求职者在简历中写到，她是很多大型活动的设计师，那么，HR 为了了解她在大型活动中的相关能力，就会说：“看到你简历中写到，担任过很多大型活动的设计师，请你举一个例子，说明一下你具体是怎么做的。”

她所经历过的例子这么多，举哪一个好呢？

如果我们提前预测到了这个问题，就可以提前准备。选择一个规模最大、工作成绩最好的例子，并且准备好详细的介绍词。

可以这样回答：“好的，那我举 ××× 活动的例子吧。这是一个省级大型颁奖活动，省长以及各大媒体都出席了。从接手这个活动，到活动顺利举办，我一共只有一个月的时间。首先，我 ××××××（细节就不展开了），其次 ×××，并且 ××××。最后，活动顺利举行，我因为表现突出，被评为优秀员工。”

注意，最后你整理出来的案例，数量不一定多，五个左右就足够了。比如一个证明你学习能力强，一个证明你团队协作能力强，一个证明你逻辑思维缜密等。甚至一个案例可以证明你多方面的能力，所以不要求多，而是求精。

根据不同的求职方向，准备的案例方向会有所不同，还是要结合前面的押题技巧来进行准备。

简历篇幅有限，可能会有其他的案例没有写在简历中的情况。一般来说，可以理解为，其他的案例不是特别重要，所以没有写上。那么，这类案例就可以归到“总结类”的案例中。通过几个小的、不同的案例，来证明一项能力。

比如，为了证明自己有较强的学习积极性，能够快速掌握新知识和技能，就可以用不同的案例：

我硕士、本科期间的成绩比较优异，两次获得国家励志奖学金。为了出国留学，我仅靠自学，就考出了6.5分的雅思成绩。另外，本科期间，我也通过学习培训班的课程，通过了××××认证考试。

以上就是用了三个小案例进行汇总，虽然每一个案例都没有详细展开，但是也能达到证明自己能力的目的。

在这里我需要提醒大家的是，你举的案例一定要具有以下特点。

a. 真实

你需要通过讲故事的方式，在面试时阐述这个案例，所以真实是首要基础。并且面试时，HR特别喜欢不断追问细节，所以真实的经历，才能避免你回答不上来。当然，和写简历一样，还是可以进行适度美化的。

b. 恰当

你需要识别出HR问的到底是什么问题，然后，从准备好的案例中选择一个恰当的。

同样是“学习能力”案例举例：

有名候选人面试技术岗位，说到学习能力，虽然也可以举“很快学会滑冰”这样的例子，但是滑冰的学习能力，主要体现在肢体协调性上，它和面试官想要了解的能力还是有比较大的差别的。

所以，要注意所举例子的恰当性。

3）良好的表达

有了好案例还不够，还需要有良好的表达方式。虽然案例是你早就准备好的，但是也不要像背课文一样。

听到HR提问后，可以稍微停顿几秒，表示你在思考。

然后用讲故事的方法，把想说的内容娓娓道来。如果你已经了解了面试官收集面试者工作相关信息的方法（即STAR法则），那么最后一步就是将自己的校园实践、实习工作经历、项目经历、考证经历，甚至是自己坚持很久的兴趣爱好等都用STAR法则进行描述，并且流利地表达。

如果不能很流利地表达，个人表达能力又很难在短时间内得到提升，该怎么办呢？

首先，提前写好逐字稿。

从自我介绍开始，将常见的问题以及自己的每一份经历都写成逐字稿，背熟，然后用自己的话说出来。重点是要用自己的话表述出来，死记硬背是不行的。

很多求职者忽略了逐字稿的重要性，对自己的临场发挥能力非常自信，只提前对案例想了一个大概却没有写下来。你想想，很多优秀的演讲者在演讲前都要准备好长时间，稿子删改无数次、试讲无数次，才可以上台。

如果你没有他们能力强，那么准备好逐字稿只是面试发挥好的第一步。

其次，要有逻辑。

给大家提供一个简单实用的方法，可以快速让自己看起来很有逻辑。不论你面试的岗位是什么，有逻辑都是面试官非常青睐的一个特质。

这个方法我相信你一定听过，就是使用“三点法”来应对。什么是“三点法”呢？就是什么都讲三点，可以用简单的“第一、第二、第三”“首先、其次、最后”等，逼迫你在发言前将脑海里的思绪进行重新整理，帮助你厘清思路，组织语言。这样一来，你的表述就会在短时间内看起来很有逻辑。

举个例子，面试官问你："为什么你当时办的那场活动效果不好呢？"

你可以这样回答："可能有三点原因。第一，活动的前期宣传不够到位，文案对潜在用户不是很有吸引力；第二，当时公司大部分人的精力都在另外一个活动上，对这个活动的精力投入不是很够；第三，活动的创新力度还需要加强，可以加入一些吸引年轻人转发的内容，形成更广泛的社群传播。"

这三点的逻辑性并不是很强，但是给人一种有逻辑的感觉，这就是"三点法"营造的假象，这种语言表述会让听的人很舒服，讲的人也会很有成就感。

再强调一遍重点：依靠临场反应是很容易翻车的。别期望在现场可以灵光一现、滔滔不绝，求职者绝大部分情况下都是支支吾吾、前言不搭后语。所以最靠谱的办法就是在参加面试之前，先做到心里有数。

5. 随机应变

随机应变的重点其实是在前面，只要你准备好了充足的案例，那么所有问题对你来说就只有两类：如果这个问题和你准备的案例有相关之处，就用准备好的案例回答；如果不同，就把问题转到自己准备好的地方。

1）你已经有准备好的相关案例

如果你发现问题的真实用意与自己准备的案例有相关性，那么就用准备好的内容来回答。

一定要知道，你准备好的案例，一定比你临时想到的要好，并且讲得也能更好。万一你用新想到的案例来回答问题，然后说到一半卡住了，或者和其他的回答起了冲突，那就得不偿失了。

2）很遗憾，真的没有准备好

遇到确实没有准备好的问题，就如实告知："我之前确实没有遇到过/想过这个问题，我是否可以讲讲××方面的内容？"

回答的重点是：

a. 如实承认

不懂很正常，最忌讳不懂装懂。

b. 主动转移话题，转到你准备好的方面

这是一个非常小众但是实用的技巧。特别是遇到专业问题不懂时，如面试官说"请谈谈对A算法的理解"。如果你不太了解，就回答："这个算法之前我还没有用过，我会尽快学习。我可以谈谈B算法吗？"

这样就顺利转移到了另一个话题。

需要注意，这个B算法，应该也是一个很不错的算法，而且你很熟悉。当你主动转移话题时，面试官会认为你对新的话题很了解，万一你自己转移了话题，结果又没有回答好，那就比较惨了。

总结起来就是，用自己熟悉的内容去回答所有问题。当然，这很考验你是否做好了充足的准备。如果你真的很重视这次面试，我相信你会做好。

当然，也不要忘记提升自己的硬实力，如专业的技术能力，再配上面试技巧，才可以脱颖而出。

三、最需要准备的四个共性问题

前面讲的是面试的个性问题的押题技巧，另外一种"共性问题"的准备难度其实小很多。不论是什么行业和岗位，基本上都会被问到这些问题。下面介绍四个最重要的共性问题，也是一定会被问到的问题。

回答的内容要结合前面讲到的黄金三角，不论是哪个问题，都可以往“喜欢公司和岗位”“匹配工作要求”“能够带来价值”方面靠拢。

要注意，我教给大家的是底层逻辑，而不是让大家死记硬背。学会了底层逻辑，再结合自己的实际情况进行修改，就能有独特的、出色的回答。

1. 自我介绍

被要求做自我介绍，想必大家都不陌生。也许是正儿八经的“你好，请你做个自我介绍”；也许是看似云淡风轻的“你好，请坐”，然后 HR 就不说话了，静静等着你开始自己的“表演”；也许是顾左右而言他的“今天天气挺热的，先喝口水吧”，然后接一句“你为什么想来我们公司面试呢”，让你一口水差点呛到。

总之，无论是实习还是参加校招，自我介绍都是逃不掉的，这也是你给对方留下直观印象的第一步。

在求职面试过程中，一个好的自我介绍能让 HR 对你产生一个好的第一印象，一个差的自我介绍也可以一瞬间把你之前做的努力全部捏碎。

先来看看这段：

本人性格开朗、待人友好、为人诚实谦虚，工作勤奋、认真负责，能吃苦耐劳，尽职尽责有耐心，具有亲和力，平易近人，善于与人沟通。

大家觉得怎么样？很多人在简历中就是这么写的，面试的时候也是这么说的。

一个人是否重视这次面试，是很能够体现在“自我介绍”这个环节的。后面的面试内容，也许你不好掌控，但自我介绍完全是你一个人说了算，最容易提前做好准备的。

说实话，临场反应再差的求职者，都可以把自我介绍准备好。如果你连这个环节都说不好，你觉得面试官又怎么会认为你重视这次面试，真诚想要入职呢？

并且，面试的结果，在前面几分钟，就已经决定了，这就是首因效应。所以，一定、一定要做好充足的准备。

那么，具体怎么准备呢？

先来了解一下自我介绍的基本要求：时间在3分钟左右。大家的平均语速一般在每分钟200～250字。所以，自我介绍的内容，需要准备600～750字。

当然，大家也可以再准备一个1分钟的精简版本，可以用于群面等时间不充足的情况。

自我介绍其实就是用一段话来阐述前面黄金三角的三部分内容，表现出你"喜欢公司和岗位""匹配工作要求""能够带来价值"。

下面介绍一个自我介绍的"基本法则"，按照这个逻辑来写，自我介绍就会非常精彩。

开场：问好＋个人信息＋应聘岗位

详情：加入动机＋匹配经历＋工作计划/未来规划（加分项）

结尾：总结

下面，我们以"求职者小简应聘一所培训机构的新媒体运营岗位"为例，详细介绍一下。

【开场】问好＋个人信息＋应聘岗位

首先，开场必不可少的是一句问好，表达我们的礼貌及素养。

其次，个人信息这部分，只需要讲姓名、学历，最多加一句个人亮点即可。像年龄、籍贯、身高、体重等，都不需要说。

最后，简单直白地说明面试的岗位。

如：

各位老师好，我叫小简，毕业于 ×× 大学，×× 专业，今天面试的岗位是新媒体运营。

【详情】加入动机 + 匹配经历 + 工作计划 / 未来规划

详情这部分，相当于简历的正文内容，也是自我介绍的重点。

首先介绍加入动机，也就是我们为什么要来面试这个岗位，我们为什么想要加入这家公司，对应的就是黄金三角中的“喜欢公司和岗位”这部分内容，是 HR 在招聘时很关注的。因为可以体现你的诚意，也可以显示出你是经过深思熟虑才来求职的，如果入职，会比较稳定。

这部分内容，需要我们前期做好准备工作，如认真查看这个岗位的招聘信息、公司情况、从网上搜索这家公司的相关新闻报道，找到正面的、积极的部分。

如：

首先非常感谢能给我这次面试的机会。我对 ×× 培训机构是非常向往的，我了解到贵司的办学精神是 ×××××，并设立了相关的 ×× 课程来培养学生看见不同美的能力，这对我有很大的触动。我认为好的办学精神是一种文化的体现，能起到一定的宣传作用，更加坚定我想要加入贵司的决心。

其次介绍匹配经历。匹配经历对应黄金三角中的“匹配工作要求”，它的底层逻辑和简历中的一样，在自我介绍时，强调自己过往经历中和招聘要求相匹配的内容，让面试官觉得，你的经历和岗位非常匹配。

要注意的是，自我介绍是简历的精华浓缩版，只需要讲到几个大点即可。

如：

2018年4月至今，我一直从事媒体工作，在×××媒体中心担任栏目负责人。主要工作内容和成果有以下几项：

为《×××》栏目每个月编辑8万字的新闻报道；

为《×××》栏目进行策划，撰写活动方案并进行宣传报道；

独立设计与制作了38页的《×××中心宣传册》；

成功组织、举办了5次大型市、区级的活动，如政府会议、新闻发布会、颁奖典礼等；

担任《×××》微信公众号的编辑。

我有较强的文字功底，也擅长拍摄，能够独立完成摄影和图片制作，对微信公众号也比较熟悉。

同时，我有八个月的时间，在××小学和××小学担任兼职社团美术老师，教授剪纸、绘画等内容，与孩子们亲密接触，能够观察到孩子的心理活动、爱好及学校的动态。

最后介绍工作计划/未来规划，这部分算是加分项，能够清楚展示自己能为公司带来的价值，可以结合招聘JD，谈谈自己的计划和期望。如果有，是最好的，但如果确实写不出来，也不用强求。

如：

如果有幸进入了贵司做新媒体工作，我会在宣传方面增加板块，形成系统化的宣传报道。

我认为宣传并不仅是为了宣传，它更是一个企业文化的外在体现。基于此，我会结合贵司的定位分析，精准地抓住宣传要点，提高贵司的知名度。

【结尾】总结

最后就是总结了，需要再一次简述自己与岗位的匹配之处，并表示感谢和期望。

如：

综上所述，我拥有新媒体从业所需的专业技能，也具备学校的工作经历，热爱媒体，热爱教育，喜爱孩子，非常适合这个岗位。

希望能够获得这个机会，谢谢！

以上，就是一份非常完整、清晰、匹配度极高的自我介绍了。

大家可以作为参照，把自己的自我介绍完善起来。一定要记得，详细分析岗位的招聘需求，然后简单明了地说出匹配的内容。

2. 为什么来应聘

不论是问你为什么来应聘这个公司还是这个岗位，再或者是问你对公司、岗位有多少了解，回答的方式都是一样的。

简单一点来说，当然是夸夸公司，让面试官开心会比较好。这类问题没有标准答案，但是准备越充分的求职者，HR 越喜欢。

正经来说，建议采用以下回答方式。

a. 提前了解公司信息

公司信息主要包括公司的成立时间、主营业务 / 产品及业绩、企业文化。如果公司比较有名，在此基础上，最好加上一些有新意、有心意的内容。

比如，我辅导过一名候选人应聘“腾讯商务 BD 岗”时，给了几个具体例子。

建议 1：关注资讯类

我前段时间看了《腾讯传》，里面讲到的 ××××（举一些具体的内容），让我感到 ××××，进一步加深了我想加入腾讯的决心。

除了看相关书籍，也可以是看到的一些新闻事件等。

建议 2：身边好榜样类

我的哥哥 / 姐姐 / 好友 / 朋友等，就在腾讯工作，他经常和我聊起他的工作经历，特别是 ×××××，让我也非常向往，希望加入这样一家 ××× 的公司。

建议 3：耿直类

直言是因为某些具体的生活原因才想来应聘，有时候直爽也是优势。

不论你选择哪一个，都比假大空地说“我很喜欢腾讯”，要好得多。

b. 提前了解岗位信息，并总结出自己符合岗位要求的原因

来应聘该公司，除选择了公司，也包括选择了公司提供的这个岗位。关于这一点，和写简历时的“匹配”，是一个道理。

建议的回答模板就是：

我之前的工作内容是 ××××，获得的业绩是 ×××/ 我非常擅长 ××××，很适合公司的招聘需求，也相信自己能够为团队创造价值。

3. 离职原因

了解求职者为什么离职，以及为什么准备离职，是 HR 判断这个人是否适合公司的重要一点。

打个比方，一个人给出的离职原因是“加班太严重”。HR 就会立刻想到，目前自己这家公司加班也很严重，所以这个人肯定不适合。

那么，什么样的离职原因是可以被接受的呢？也就是说，什么样的离职原因是面试官听了，不会给你的面试结果减分呢？

简单来说，首选“客观原因”。

比如，搬家到很远的地方、生孩子、家人身体原因等。这几个理由，不论是不是你离职的最主要原因，只要存在，都可以用。当然，最好不要造假，因为这几个理由很容易核实。

如果没有前面几个，就要注意下面几点：第一，不要带自己的主观感情和个人的想法看法；第二，不能诋毁之前的公司和领导；第三，不要把离职原因说得太详细，不需要过分诚实。

大家应该知道，在招聘过程中，有一个背调环节。特别是大公司会对重要岗位的应聘员工进行详细的背景调查。我们给出的离职原因，不要求 100% 真实，但不能完全是编造的，可以避重就轻。

你可以这样说：

我在之前的公司工作了很多年，有些疲惫和麻木，所以想换个环境，重燃斗志，进一步实现自己的价值。

你还可以这样说：

之前的公司很好，我也有些舍不得离开，但是我在原公司的工作遇到了瓶颈，在长时间内得不到新的挑战机会和晋升的可能，所以我想看看新的机会。

说这些话，会让面试官觉得你来这里是寻找重燃斗志的新机会，应该很上进，而且你对工作很负责，故而会对你另眼相看。

4. 你还有什么问题想问

面试到最后，面试官总会问：“你还有什么问题想问？”一方面是为了表达对求职者的尊重，另一方面是想看看，求职者到底关注什么。如果一家公司从来没有问过你这个问题，那么这家公司，其实不尊重员工的个人想法，是不值得去的。

很多人的第一反应就是“这份工作的具体薪资是多少”。这个问题不是不能问，但是不能这样直接问，也不适合在初面、二面的时候就问。

那么，有哪些问题是适合在这个阶段提问的呢？

推荐问题 1：“请问公司未来的业务与战略的规划是什么？”或者“部门目前的组织架构是什么样的？”

这类问题可以显出你关注公司整体和未来的发展，眼光长远，同时也可以从面试官的回答中进一步了解公司的情况。

推荐问题 2：“公司对于我这个职位最大的期望是什么？”或者“加入贵公司最需要的能力是什么？”

这个问题体现了你求职真的很诚心，希望做出对公司、对个人都好的选择，也评估了公司对于这个岗位的安排与你自己的期望是否相符。

推荐问题 3：“请问入职后，公司对我的培训计划是什么样的？”或者“加入后，我需要重点提高的地方有哪些？”

很多求职者都希望在工作中提高自己的能力，通过这些问题可以了解到入职后的学习机会；也表现出你非常积极上进，有主动学习的意愿；同时也表达了你希望加入公司的意愿。

大家一定要明白，求职和招聘，是一个双向选择的事。公司在选择我们，我们也在选择公司，我们可以抓住这个机会，既展现自己的求职意愿，同时加深对公司和岗位的了解。

四、面试软准备

说到面试准备，大部分人都在使劲地钻研“如何回答面试问题”这种硬准备，只有少部分人关注到了面试前的细节准备。这部分内容就和你谈谈在面试前，每个人都可以轻松提高面试成绩的软标准，主要包括确认面试详情、收集公司信息、带齐资料、形象得体、安排时间、面试等待、独自赴约七个方面。

1. 确认面试详情

为了提高面试邀请的数量，很多求职者会选择海投，这就导致自己都搞不清到底投了哪几家公司、哪些岗位。本以为去面试的是 A 公司甲职位，结果去的是 B 公司的乙职位，搞出了乌龙。

所以在接到面试邀请电话时，请务必确认这几个问题：

a. 面试的公司、岗位是什么？

b. 面试形式是单面、一对多、多对一还是无领导小组？是否有笔试？

c. 面试流程是怎样的：有几轮面试？分别是哪一类面试？ HR 面、技术面还是终面？

d. 其他问题。如面试要不要穿正装、是否需要自带简历等。这些问题不仅不会让 HR 觉得厌烦，还会觉得你非常严谨。

负责招聘的 HR，很少有语速慢的，特别是招聘旺季的时候打面试邀约电话。如果你没听清，千万不要不好意思，一定要确认清楚以上内容。

相比于盲目去面试的人，提前知晓面试流程能让你心里更加有谱。

2. 收集公司信息

目前信息如此发达，想要了解求职公司的信息，简直太方便了。事实上，你可以在一个小时甚至半小时内了解非常多关于公司的信息、新闻和评价。

在判断公司好坏的同时，你更是准备了面试的谈资。换位思考一下，如果你是招聘官，求职者对于公司的重大事件、新闻有所了解，认可企业的文化和价值观，那么是不是会给你的面试加上不少分数呢?

不仅是以上内容，要是你还掌握了公司规模、架构、背景、经营模式、发展状况、未来规划等信息，当然能够脱颖而出。

如果你有一些社交账号，如领英、脉脉等，不要害羞，主动联系相关公司的人，不论是在职的还是已经离职的，与他们交流，你可以获得百度上找不到的额外信息。相信我，你会收获良多。

3. 带齐资料

大家都有这样的经历，越是慌慌张张，越容易丢三落四，脑子一片空白。如果你已经到了面试公司，才发现自己的面试材料没准备好，缺这少那，这也会大大增加你的焦虑感，让你有一种不祥的预感。

所以，如果你想在面试的时候顺利，那么在面试前一天晚上，你就要准备好面试所需的材料。

一般来说，你需要准备的面试材料有以下几种。

a. 黑色水笔 1 支或 2 支。以备随时填写正式的表格，或者做一些记录。

b. 记事本。面试时记笔记或笔试、计算时可能用得到。

c. 最近更新的打印版简历至少 2 份，多多益善。

很多人说，简历明明有电子版的，为什么还要准备打印版的呢?

原因如下：面试时可以把简历摆在手边，万一忘记了简历内容，还可以拿出来看看；如果公司需要你填写纸质简历，可随时取出作为参考；在面试过程中，供面试官查阅，如果不止一个面试官的话，也可以表现出你的仔细完备。

d. 书本或杂志一份。有时等候面试的时间很长，最好携带相关专业杂志、书籍，或者是成长类的、职场类的读物，一方面看看放松心情，另一方面可以显现出你始终关注这个领域的动向。

e. 包一只。和你的服装相配即可。男生平时可能很少有带包的习惯，但是两手插口袋就去参加面试可不太好。

f. “秘密武器”。如果你有工作成果的证明或者作品，甚至专利证明，请务必带上，这些是证明你自己的最好的“秘密武器”。可以到时候现场展示给面试官看，对别人认可你的能力也很有说服力。

拿我自己举例，我做 HR 的时候负责了培训工作，几年前就自己拍摄、剪辑了视频课程，是我工作成果的一大亮点。所以我自己在去面试时，就带上了 iPad，现场展示课程，效果很不错。

g. 相关证件。如身份证、学历学位证书等。需要说明的是，除非是办理入职手续或者参与背景调查，在前几轮面试时，不需要提供这些证件的原件，要注意保护自己的隐私。但公务员等特殊机构除外。

4. 形象得体

首因效应明确指出第一印象的重要性，如果你想要给面试官留下良好的第一印象，那么面试形象就至关重要。

如果你着装随意，很有可能会让面试官觉得你不重视这份工作，但是我也不推荐你过分打扮。

职场着装最重要的不是好看，而是得体。

简洁大方永远不会出错，全身颜色建议不要超过三种，如果不想用太过沉闷的黑色，就可以选择米色、驼色、藏青色等颜色，浅蓝、皮粉色也可以酌情选用。

身上的佩饰尽量少戴，相比于明晃晃的戒指、耳环、项链，倒不如一块普通的手表更能体现你的职业性。

当然，也不是所有的面试都要穿着正装。

你的衣着打扮应该要考虑公司的性质以及应聘的职位。一般情况下，如果公司规定穿制服的话，你就要考虑准备整洁大方的套装。

如果是互联网等类型的公司的话，不要太休闲就可以了，太过正式反而会有点“格格不入”。Polo衫、衬衣、风衣、针织外套、休闲裤等都可以。当然，如果是直接穿着短裤、拖鞋、运动套装就去面试，就太过分了。到时尚杂志、媒体应聘的时候，可以适当地在服装上加些流行元素，显示出自己对时尚信息的捕捉能力。

如果你是应聘销售、公关、市场以及高级职位，那么穿灰色、米色的套装会比较合适，当然，可以用一些雅致的小饰物装扮自己。

女生建议化淡妆，男生可以提前理发，保持正面的、精神的状态。

需要提醒你的是，服装问题应该在面试前一晚就决定，考虑周到，不要临时变卦，穿套装建议提前熨烫好。这样就不必在面试的那天急急忙忙、慌慌张张。

5. 安排时间

关于面试的时间，有两点和大家分享。

1）面试时间不要勉强

有不少求职者问我，HR总是把面试时间约在工作时间，自己实在脱不开身，或者是临时有事无法按时赴约要怎么办?

其实负责的HR打电话邀请你去面试，并不是“通知”的形式，而是“邀请”，所以面试时间是可以商议的。当HR提出一个建议时间，而你确实不方便的话，也不需要太勉强，可以尝试更换时间。有时 HR 也可以接受工作日下班后面试，或者周末面试。

如果有事无法按时赴约，就一定要提前告知对方，这是最基本的职场礼仪。

2）不迟到，也不要早到

公司一定很看重时间观念强的人，所以大家都知道，面试最好不要迟到。但现实生活中，有很多面试者生怕迟到，早早就来到了面试公司，这反而是过犹不及了。

我就遇到过比约定时间提前了一两个小时就到了的求职者，还有在全公司午休的时候来的候选人。结果因为等待时间过长，越等越慌张。

可见，太早到并不是一个好的选择。最好是在约定时间之前半小时左右到达公司附近，也可以看看公司周边的环境、餐馆、便利店，然后到了约定时间前 15 分钟，步入公司。

假如你早早地到了，其实是给对方带来了困扰，影响了对方的工作计划。不开始面试吧，需要你干等，HR 心里也总有一件事；面试吧，自己的工作计划全部被打乱，这是一个两难的局面。

当然，也有 HR 迟到，让求职者干等很久的情况。此时其实是我们求职者考量公司的一个机会。

我之前为 CEO 招聘一名助理，到了终面，CEO 要亲自谈谈。求职者到了以后，CEO 被一个高管会议缠住，实在脱不开身。因为约的面试时间是傍晚，所以我给候选人准备了晚餐、饮料，给他递上了公司期刊，解释了原因。候选人也很配合，最终顺利入职。

大家都是讲道理的人，如果有确实无法避免的情况，我们也愿意等一会儿。但如果 HR 直接把我们晾在一边，不解释原因，不告知还要等多久，那么这样的公司，我们不去也罢。

要时刻记住，招聘者和求职者是平等的，公司在选择我们，我们也在选择公司。

6. 面试等待

进入公司后，前台会请你在面试等待区或是面试室等待。我想提醒你的是，一旦进入公司，你的面试就已经开始了。而想要给公司留下好的印象，不是光靠嘴巴说自己有多么优秀，要用行动说话。

坐姿就可以反映一个人的精神状态和生活习惯。所以建议你保持良好的体态，坐有坐相，不要随意走动，不要东张西望。有些求职者高高跷起二郎腿，有的抖脚或者摇动身体，更有甚者来了一个沙发躺，丝毫不在意自己给这家公司留下什么样的印象。特别提醒一下，女生如果穿裙子的话，坐下来时一定要把腿并拢，即使不穿裙子，也最好并拢。

在你看来面试还没有开始，但实际上这时候面试已经基本结束了。

等待的时候不建议玩手机，可以拿出你准备的报刊书籍。如果公司有期刊或者宣传材料，最好阅读一下，了解更多信息，面试的时候也多了一个谈资。还可以借这个机会再熟悉一下自己的简历内容，或者做几个深呼吸，让自己更平静。

如果等待面试的，不止你一人，那么你可以简单和其他人打个招呼或者点头问好。在职场中，良好的沟通能力和人际关系是很重要的。你们甚至可以相互留一个联系方式，问问彼此面试的进展，如果两个人都入职了，以后也很可能成为职场上的好伙伴。

另外，前台有时候是非常了解面试情况的人，HR 往往会提前把候选人的来访时间告诉前台，所以也不妨和前台聊上几句，可以是获取信息，也可以是维护关系。

下面说一个真实的经历。

之前我要招聘一名销售，两位候选人都很优秀，一下子难以抉择。

我就问了负责接待的前台，前台说，A 候选人让她印象深刻，来访时会主动和她打招呼，在等候时也和其他人简单交谈，看起来很热情。但她对 B 没有什么印象。录用的结果，可想而知。

总之一句话，从步入公司开始，你就要时刻提醒自己：战斗已经打响了。

7. 独自赴约

前几年有遇到过家长陪同面试的情况，近几年相对常见的是男女朋友陪同，这都是不推荐的。职场是独立打怪升级的场所，需要自己面对。如果确实有亲朋好友陪同，也不要进入公司，可以在公司外等待。

五、面试进阶

1. 如何让面试官对自己印象深刻

面试官往往会在面试多名候选人后才做出决定，特别是群面的时候，人很多，面试官在一两天内要面试几十上百人，哪里记得清楚谁是谁呢？但如果你有一个特别之处，能够让人记住，你就赢了一半。

我先来说两个我自己作为求职者的经历，应该是让面试官记忆深刻了。

第一个经历：毕业参加一次校招时，在多对多的自我介绍环节，我抓住了一个点——“面试官们的徽章”。

在自我介绍的结尾，我问道：“看到各位面试官都佩戴了一个金色的小徽章，真好看。是公司的徽章吗？”

面试官很高兴地答：“是的，是 ×× 年纪念徽章。”

我接话道：“我希望我也能够获得这一枚徽章，成为 ×× 公司的一员。”

你看，如果你是面试官，一定会记住我，不是吗？

第二个经历：在后来的一次跳槽面试中，我主动拿出了自己的“作品”进行展示。

作为HR，我负责过培训模块。在很多年前，视频课程还未普及时，我就在公司组织了视频课程的录制和推广，这个作品也就是我负责拍摄的一个课程素材。

虽然不是特意为这次面试准备的，但是当时，在培训课程中出现短片形式，还是比较少的。而且我设计了有趣的环节，围绕培训内容，拍摄了实际工作的片段，在培训过程中穿插提问互动、讲解等。并且这个作品里，除了扛着摄像机的不是我，整个策划、脚本、导演、道具、剪辑等，都是我来负责的。

相比于干巴巴地说“我负责培训的可视化”，这样直接的展现形式自然也让面试官眼前一亮、印象深刻。

通过这两个例子，你应该有所领悟，如果想让人印象深刻，主要有三个方法。

第一，抓住细节，制造记忆点。

这个记忆点可以是临场发现的，也可以是提前准备的。

可以是和公司、岗位有关的，如办公室环境布置、照片墙、公司期刊、新闻报道等。

也可以是和你本人有关的。比如，我的名字很特别，叫夏云，我就会介绍“我的名字非常好记，叫夏云，夏天的夏，白云的云，夏天的白云”。这样面试官就很容易记住了我。

如果你的名字比较拗口，不是很容易记，我建议你一定要介绍你的外号、性格、着装等，如喜欢穿红色的衣服，所以朋友们都叫自己小红。甚至可以为了这次面试单独给自己准备一个外号。比如，你去面试搞笑网站的编辑，就可以说，朋友们都叫自己“段子手”；去面试音乐领域，可以是“中华曲库”；去面试HR，可以是“亲切小姐姐”；去面试旅游行业，可以是“活地图”；等等。总之，可以为自己树立一个鲜明的人设。

简单来说，你要帮助面试官记住你。

第二，面试前后的沟通。

如果你有面试官的微信、手机号码或者其他联系方式，在面试前后都可以编辑文字信息来显示你良好的综合素质，并进一步加深面试官对你的印象。

面试前，可以发送简单的自我介绍及期望，如“面试官你好，我是与您约在 × 月 × 日面试HR经理岗位的夏云，非常高兴有这次面试机会，期待与您的沟通”。

面试结束后，30 分钟内简单编辑 50 字左右的感谢内容，感谢面试官给予的这次面试机会，也可以补充一点自己在面试中的内容。有些岗位需要相关的作文和文件，最好在当天就可以发送给面试官。如“林经理，很高兴刚刚与您进行了愉快的沟通，在 ××× 方面，我认为我非常符合公司的招聘要求，也非常希望能够加入公司！期待您的回复”。

第三，提前准备作品。

在简历模块中，我已经讲到了作品的重要性。可以是专门准备的，如设计师专门为岗位设计了一件作品、测试员提前测试了系统、HR 提前了解了公司的组织架构等。也可以是像我一样，用之前的工作成果进行展示。

所有的天时地利，所有的提前准备，都是大大的加分项。重点就是“与众不同”“真材实料”“引起共鸣”。

2. 基础不好如何进行自我介绍

之前有位来访者要准备一段考研面试时用的自我介绍，但是他的学校不是一本学校，家庭也比较普通，心里有点自卑。先来看看我为他准备的稿件。

各位老师好！

我出生在一个四线小乡村，我的父母出过最远的门，就是到隔壁镇上买东西。我拼尽全力才考上了二本大学，成为村子里的第一名大学生。在村里，我不免感到有点骄傲，但来到××（大学所在的城市）我才发现还有这么大一片广阔的天空等待我去探索。所以我从来没有停下学习的脚步。

作为一名二本的学生，今天在众多优秀学子中，我感到有点自卑。但正是因为学习对我特别重要，所以我才坚定地站在这里。

（这里简述一些专业相关的内容以及自己努力学习的经历）

过去，是学习改变了我的生活，今后也是一样。我希望成为在座各位老师的学生，谢谢。

不知道你看出来这段的重点了吗？就是真诚，以及一些技巧。

如果你的基础不是很好，那么你需要注意的有以下三点。

第一，直面问题。

比如，学历是二本，或者之前缺乏经验等，这些内容是清清楚楚写着的，逃也逃不掉，与其被动地被考官提问，不如真诚地坦露。

第二，有技巧地转移重点。

二本的现实是逃不掉了，但是，为什么是二本呢？却有不同的理由可以解释。也许是小时候没有意识到读书的重要性，荒废了学业；也许像我给出的例子一样，是当地教育水平落后，即使很努力，也只能上二本，但是在当地，已经很了不起了；也可能是平时成绩都很好，但是高考期间突发身体不适，或者家庭发生重大变故等。

总之，重点不是“你最终上了二本”，而是“你为什么上了二本”。选择一个好的解释，从而体现出你对于学习的反思，强调学习的重要性和你对学习、提升的渴望，反而能够给面试官留下一个深刻的印象。

第三，专业能力介绍。

只有真诚还不够，对于这个案例来说，这名同学还需要说明，为什么他可以上研究生。虽说他大学考了二本学校，但那是过去了，接下来的重点是，他有没有为考研而努力，有没有掌握专业技能，并且做出相应的成果。

求职也是一样，也许你之前的学历欠佳，经验也不是很突出，但如果你为此付出了努力，并且取得成就，之前的劣势反而会成为证明你上进的优势。

3. 把握最后一个机会

在面试的最后，你也许会遇到这样一个让你感到“压力山大”的问题：“看完你的简历，听完你的回答，我们认为你不适合这个岗位，你还有什么想说的吗？”

这时，你会怎么说？

其实这类问题很少在面试中出现，面试官如果觉得候选人不合适，请他回去等消息就可以了。既然“等通知”大家都熟悉了，面试官又何必当场给你难堪呢？

所以，一定是有原因的。

1）压力面试

这是刻意为之的压力面试，其实说明你挺不错的，但面试官非要看看你的应变能力、抗压能力。一般来说，只有高层以及商务谈判等岗位需要这样的面试方法，大多数求职者是不会遇到的。

2）最后一个机会

大概率是因为面试官觉得候选人不是很合适，但还是想给个机会。

即使真的不合适，也因为让人觉得可以给个机会，希望能够简单地指点一下你，让你认识到自己可以提高的空间，以后做得更好。

如果是这样的情况，教给你两步法来争取机会。其实在任何你觉得表现不够好但是想再试试的时候，都可以用这样的方法。

第一步应表示感谢 + 真诚取经。

态度一定要真诚谦虚，感谢获得这次面试机会，希望对方能够告知具体是哪些地方不太适合。

比如：

非常感谢有机会来面试，我很想加入公司，也很愿意学习，所以可以请您指出我有哪些地方的表现让您觉得我不适合这个岗位吗？

第二步应再次感谢 + 询问可行性改善措施。

根据面试官给的理由，你还有一次机会。既然有不足之处，就会有解决方法，你能不能解决这些问题，是这次面试的关键。此时的回答，切记不要夸大，不要说假大空的话。

比如，面试官表示，你没有实际的相关经验。

回答参考的方向就是：一方面挖掘所有潜在相关的经验，讲明其关联之处作为佐证，另一方面表示自己已经在通过各种方式进行弥补，如自学、参加实践、考证等，如果有幸入职，将在 × 个月内达到 ×× 水平。

而不要说“我会好好努力，尽快跟上的”。这就是一句假大空的话。

简言之，“有攻击性”的话，面试官是不会轻易说出口的，最大的可能是，如果能够放平心态，不气不馁，你还是有机会翻盘的。

4. 面试让你等通知，到底是什么意思

几乎每名求职者都听过“面试后等通知”这样的话，让人摸不着头脑，在等待的时间里感觉特别难熬。那么，这句话到底是什么意思呢？

1）你很不错，当场就要录用了

最好的情况是你让面试官眼前一亮，觉得这个岗位简直就是为你量身定制的。只是即便如此，HR 也不会现场告诉你你被录用了，而是会让你先回去等通知。

这是为了表示公司也并非非你不可，从而为下一步谈薪做准备。另外，正规公司都有自己的招聘流程，一个人的决定还需要经过审批才可以作数。

除非这个岗位实在太急着补上人，明天甚至今天下午就需要人来上班，那才有可能当场发 OFFER。不过，这其实也是 HR 工作不到位的结果，一个出色的 HR，应该能够配合业务领导，提前做好招聘规划，而不是到这个时候，才开始招人。

2）面试失败

如果是面试失败，被判为不合适，面试官也不会当场说出这样伤人的话，而是用“等通知”来委婉告知。

3）无法当场判断，需要综合考虑

这种才是最常见的情况。对于公司而言，还需要综合考虑其他候选人的情况，进而择优选出最佳人选。所以自然要等面试完足够人数的候选人后，公司才会做出决定。

总结来说，不论如何，HR 和你说这句话，都是再正常不过了。

一般来说，你可以在面试结束时，直接询问一下几天内会给予答复，然后耐心等待就可以了。到了约定时间还没有接到 OFFER 的话，就是被婉拒了。

5. 该主动问一下面试结果吗

前面说到，面试后总是让人回去等通知，但是面试结果总是撩动人的心弦，很多人迫切地想知道，却又害怕主动去问是否会影响 HR 的判断。其实这个问题的答案很简单，如果你想知道，当然可以主动联系 HR，有技巧地询问，并继续面试其他公司。

对于 HR 来说，在绝大多数情况下，他不会因为候选人多次来询问面试进展而对其有特殊看法。虽然极其偶尔也会因为候选人多次询问，觉得对这个求职者很有把握，谈薪时会有所保留，但是绝大多数情况下，HR 还是能够将心比心理解大家的想法，毕竟 HR 自己也是有过求职经历的。

并且，你的主动询问，会让 HR 了解到你对这份工作的重视。候选人是否很喜欢这份工作，是否很想加入公司，也是我们 HR 在选择时的一个参考标准。

当然，你在询问时，也可以讲究一些技巧。比如，告知有其他意向公司正在等待你的答复，但你更想进入目前这家公司，所以来询问一下什么时候可以给你确定的答复。

另外，大家千万不要只等一家公司的消息，不论这家公司情况如何，都建议继续求职，直到收到满意的 OFFER，多一些筹码在手，总是好的。

六、不同的面试方法

面试通常使用的是一对一当面交流的方式，即一名候选人和一名面试官沟通，面试官可能是 HR，也可能是技术负责人。除此之外还有几种不同的面试方法。

1. 电话面试

在前文中我们讲到，如果 HR 是诚心招聘的，为了提高面试效率，也不会无谓地增加面试量。一般会先通过电话与求职者做一个初步沟通，也就是所谓的电话面试，再决定是否进行正式面试。

所以接到面试电话时，求职者应该像当面面试一样认真对待，提前准备。

2. 群面（无领导小组）

群面采用情景模拟的方式对求职者进行集体面试，主要用于校招时的大批量筛选，社招中则绝少会用到。最常见的方式就是无领导小组讨论和辩论赛形式，通过率大约是 20%。

有时也有普通面试，仅仅是因为求职者较多而加快面试速度。我自己就经常使用一对多的面试方法，根据候选人的数量，有时 2 个人一组，有时 4 个人甚至 6 个人、8 个人一组进行面试。

大家最关心的群面，莫过于无领导小组了，接下来就重点聊聊这个话题。

说实话，我和不少培训负责人聊过无领导小组讨论的这个方法，其实这种筛选的方法准确度相对较低，偶然性较大，并不能很好地发现求职者真正的特质。你发言的时候面试官正好看到了你、讨论的题目你恰巧有所了解、小组里其他成员相对较弱等都可能帮助你通过面试。与之相反，我也遇到过不少实力突出的求职者在群面时却被埋没的情况。

所以对于无领导小组讨论的这种面试方法，我建议大家不需要太过在意面试的结果，认真准备、抱着平常心对待才是最好的。其实抛去“竞争”的概念，无领导小组讨论还是挺有意思的一件事。

1）无领导小组中的角色

这种面试形式之所以被称为“无领导小组讨论”，就是因为没有固定的角色，自然也就没有既定的领导。

一个小组人数众多，发言时间又有限，所以在讨论中，争取到哪一个角色，很大程度上决定了你是否有足够的展现机会。只有展示出自己的能力，才有机会脱颖而出。

无领导小组中的角色通常有：组织者、时间控制者、记录者、发言人、参与者、诱导者。

从概率上来说，因为有了更多的展示机会，所以组织者和发言人确实更可能通过面试，其次是时间控制者和记录者，普通参与者想通过的难度就比较大了。

所以，参加无领导小组讨论时，建议你在第一时间就主动地、有理有据地争取重要角色。如果一开始错失先机，也不要太失望，在后续讨论过程中，还是有机会再把角色接过来的。

这里需要强调的是，大家也不要一味争取自己不擅长的角色，反而会让自己进退两难。其实不是因为你争取到了“领导者”的角色，你就是领导者了，而是因为你在群面中成功担任了领导者的角色，为团队做出了应有的贡献，能力得到了认可，你才是真正的领导者。

a. 组织者

组织者无疑就是团队的领头羊，不一定是最专业的，却是最有大局观和目标导向的。开局就选择这个角色肯定能够有所加分，但是如果对论题很不熟悉或者没有相应的组织经验，则不建议竞选这个角色。

组织者常见的台词有：“让我们来进行一下分工/制订一下计划”；“目前最重要的事/首先要解决的问题是××”；“我建议我们使用××的方法”；“大家说得都很有道理，所以我们来总结一下”等。

对职场中的领导者来说，比他自己做好一件事更重要的，是授权和管理，让每个人的优势得到最大化的利用，从而实现团队的目标。同样，在群面中担任领导者，也需要在一定程度上跳出讨论本身，而以更高的视角来看待组员的反馈、论题的进展，能够以中立正直的态度关注每一个声音，发现每个人不同的特点，从而加以发挥。

同时组织者还要能够调节团队氛围，在紧张的氛围下，团队内部容易产生分歧、出现相互不服气的情况，组织者要能安抚成员情绪，确保讨论顺利进行。当组织者没有发挥出这个作用时，其他成员应该主动承担，团队凝聚能力也是非常重要的一个面试考核点。

b. 时间控制者、记录者

这两个角色有时候由一个人承担，有时候则由两个人负责。一般来说，准备选择这类角色的人，会提前戴上手表、准备纸笔，记录速度较快，同时字迹清晰。

如果你是时间控制者，你必须有很强的原则性，即使有时候大家正讨论到兴头上，也要及时打断，提前规划好时间，并做好预留，在截止时间前就要多次提醒讨论的进度。

记录者则要擅于提炼和总结，不可能把每个人的每句话都记录下来，会很考验快速抓住重点的能力。

做好这两个角色，特别是当小组进度缓慢时挪转乾坤，也能够获得青睐。

时间控制者常见的台词有："在这 30 分钟时间里，我建议每个人先花 1 分钟陈述观点，再花 5 分钟总结，最后花 5 分钟呈现"；"这个环节时间到，下面进入第二个环节"；"还剩最后 5 分钟" 等。

记录者常见的台词是："我们团队有 4 个人都同意这个观点"；"你的意思是这个吗"；"目前有 3 个不同意见" 等。

c. 发言人

发言人就是代表小组进行结果汇报的人，如果你没有争取到这个机会，也可以在实际讨论过程中主动充当这个角色，帮助成员梳理意见。

这个角色需要有良好的表达能力，配合记录者在短时间内汇总小组讨论的成果，做到逻辑自洽，有的放矢。在汇报时如能简单介绍团队情况，也能让面试官感受到你的团队意识，而不仅仅是个人英雄主义。

d. 参与者

当然，绝大部分人只是讨论的参与者，但也不要灰心，前面说到，不是有了一个角色的名头就行，实际的表现更能证明你的能力。在讨论过程中，积极发言，提供好的观点，至少不做“猪队友”。

e. 诱导者

如果能在参与者的基础上更进一步，成为“头脑风暴”中那个思维的开关，即使自己没有给出重要信息，但也能启发他人思考、鼓励队友发言，依然不失为一个好的选择。比如“××，对于这个问题你是怎么看的”；“大家有什么不同的想法吗”；“你说得真好”；等等。这可是一个展现你的团队意识的好机会。

如果你有机会参加多次无领导小组讨论，建议你尽量把自己的角色固定下来，利于发挥。在结束后也积极复盘，看看其他团队同角色的人是怎么做的。

万一没有入选，但你有 HR 的联系方式的话，也不妨主动联系问问原因，也许会有意想不到的收获。

2）提升技巧

想要在无领导小组讨论中有好的表现，以下是几个实用的技巧。

a. 明确问题

在面试官发布问题时，仔细倾听，边听边记，在纸质材料上画出重点，并与团队成员确认。别小看这个环节，我之前就遇到过全组跑题的“车祸现场”，答非所问自然没有办法晋级。

b. 强调优势

短时间内一个人没办法，也没有必要展示全部的自己，相较于一个各方面都比较平均的人来说，有一个特别的亮点更能够在小组中崭露头角。除了沟通能力、表达能力、协调能力，还可以在细节上突出自己的优点，如细心严谨、坚定果决、谦虚等，这些都是用人公司看重的素质。如果你的优势是能够调节气氛，让大家感到快乐，也不要拘谨，尽可以发挥出来。

c. 取向端正

答题方向应该正面、积极，为了吸引面试官的注意，有的求职者会试图“标新立异”，说一些与主流价值观相左的观点，其实是犯了大忌。公司欢迎有创新能力、有想法的人，但并不代表可以违背正确的价值取向。

d. 职业素质

除了讨论的内容本身，我们还可以在很多方面体现我们的职业素质。比如，与对话者保持目光交流、倾听时点头微笑并做记录、发言时逻辑清晰、普通话标准、有一定的肢体动作、观察他人反馈等。

职业素质的积累不是一日之功，但刻意练习一定能有所收获。

3. 多对一面试

也许你看过这样的场景：一排面试官坐在对面，向一个求职者进行提问。这就是多对一面试，通常出现在面试的后几轮，也更多出现在高级岗位的候选人身上，还可能仅仅是因为有新的面试官正在学习。我在培养新面试官时，也会带着他们一起面试，开始是我主导面试，他们学习，后面是他们面试，我来观察。如果企业规模不大，也可能是 HR 和业务领导直接一起面试，从而省去了一面、二面、终面这样的流程。

想要在多对一面试时有好的表现，首先最好“获得情报”。前面讲到，去面试前，可以向通知你去面试的 HR 提前了解这次面试的形式，如果有多名面试官，大致知道他们的职位和分工，会远好过进门时才看到这么多人，心里感到慌乱。

多对一面试中虽然有不同的面试官，但是提问的方法和一对一面试无异，大家只要掌握押题的方法，并且准备好案例，就能顺利通过。需要注意的是，在面试过程中，多与面试官进行眼神交流，哪位面试官提问，回答时就看着谁，以示尊重。

4. 视频面试

2020 年春节前后的新型冠状病毒肺炎疫情不仅给人们带来了对病毒的恐慌，也带来了就业的焦虑。随着人们生活工作形态的转变、产业格局产生巨大冲击，招聘方式也发生了巨大的改变。

视频面试从面试的辅助手段，转变成了疫情下的主要面试方式，以后也可能被应用得越来越广泛。

最近就有很多来访者问我：HR 跟我约了视频面试，我要怎么办？我需要注意些什么呢？视频面试和现场面试有什么区别？视频面试中，HR 关注的点到底是什么？

我将按照面试前、面试中、面试后三个部分进行详细阐述，帮助你顺利通过面试。

1）面试前

相比于当面面试，视频面试往往能让候选人有更好的发挥。视频面试前准备，与现场面试有许多相同之处，也有不同，与你密切相关的准备有以下几点。

a. 准时等候

这是最简单的一点，也是最重要的一点。视频面试是在家里或者办公室，难免会让人放松警惕。迟到或者失联，都可能让你与这份工作失之交臂。建议与 HR 确认面试时间后，定好提前一个小时的闹钟，留给自己充足的时间准备，准时等候面试。

b. 仪容仪表得体

不要侥幸，仪容仪表还是要做全套准备的。因为视频面试的场地比较自由，有些人上半身着正装，下半身却穿着睡裤，如果需要起身拿什么资料，一定会让你措手不及。

c. 简历打印

打印一份个人简历放在面试的桌上，或者打开电脑放在视频设备旁边，起到提示作用。请在视频设备之外的其他设备上准备好自己的电子简历。如果你用电脑视频，在手机界面上准备一份简历，你用手机视频，就在电脑上准备一份。千万不要在面试过程中，调用自己的简历，否则可能会造成视频断开或者有鼠标点击的声音，影响都是很大的。

d. 准备便签

有了简历还不够，还要准备一张纸，写上一些关键词，可能是你的优势点，可能是某些问题的回答，将它贴在电脑旁边或者放置在桌面上。但是千万不要使其在设备里能被看到。便签可以帮助面试困难的求职者在回答不出问题时，马上找回思路。

e. 面试场所

面试场所的选择同样重要。有些人选择在客厅面试，自己在面试，背景里人来人往，声音嘈杂，家里空间大的还有回声，这些都是非常影响面试体验的。

建议最好在书房，采光良好，环境安静，背景简单，书架上可以适当摆放与专业相关的书籍来为你的人设加分。

没有书房的，可以选择卧室，选择一面简单的墙壁，环境中最好有画、摆设等作为画面填充，当然最好也是摆上几本书。最重要的是，不要坐在床上，也不要对着窗户，避免反光。

f. 设备调试

对于设备最重要的要求，可以概括为三点：不断线、干扰小、形象好。

视频设备选择最好为电脑，其次为平板，最后才是手机。请将手机调成勿扰模式，设备要保证电量充足。

音频设备的选择最好是线控入耳式耳机，其次是蓝牙耳机和头戴耳机。线控入耳式耳机稳定且杂音小，蓝牙耳机可能会有断开连接和没电的危险，头戴耳机则可能破坏你精心打理的发型。

面试前提前半个小时，进行设备测试，可以借用家人的手机看一下自己的画面呈现效果。如果使用的是微信、QQ 等，可在面试前 5 分钟以信息的方式提醒面试官，自己已经准备好了，随时可以开始。

越来越多的招聘平台推出了视频面试的功能，有些公司甚至推出了专属于自己公司的视频面试平台及软件。建议至少提前 15 分钟登录平台，熟悉操作流程。

2）面试中

a. 眼神交流

很多人视频的时候，会习惯性地盯着人像，却没有想到，因为摄像头与屏幕角度的问题，你以为盯着屏幕是在与面试官进行视线交流，其实却毫无视线交流。你觉得自己专注认真，在面试官看来反而可能是目光呆滞。

实际上，摄像头才是“面试官的眼睛”，建议大家发言一段时间后就看一下摄像头。一方面进行眼神交流，看一下网络是否流畅，另一方面看一下面试官的反应，及时调整自己的发言。

b. 放缓语速

视频面试可能存在网络延迟的问题，还有可能会有杂音的影响。有些面试者由于紧张会不自觉地加快语速，造成面试官听不清，但是也不好打断，影响了面试效果。

c. 手势体态得体

在手势和体态方面，要避免两个极端，由于紧张一动不动的僵硬和太过放松都不合适，千万不要驼背靠在椅子上，也不要抖脚。

还需要强调一点，如果口渴了可以适当喝水，但是不要喝汽水饮料，一开瓶还有声音，这是在面试中非常不礼貌的。

3）面试后

面试结束时，建议等待面试官先关闭摄像头，并且像前文所说，面试后编辑文字信息表示感谢，以及进行总结。

以上聊的都是视频面试特别需要注意的点，当然，视频面试也是面试，最重要的还是在面试中对于专业问题的掌握和综合素质的表现。

对行业企业的了解、答题的思路、修改简历等都属于常规面试的准备，与现场面试无异，我们之前已经分享了相关内容。

只要把握好面试前、面试中、面试后的全过程，对于视频面试，我们就可以做到胸有成竹。

5. 笔试

笔试可能在线进行，也可能线下进行，主要包括非技术性测试、技术性测试和综合类测试三种。

1）非技术性测试

校招往往可选的人非常多，特别对于名企来说，更是优中选优，所以各类的非技术性测试也就越来越多。

需要注意的是，有些求职者试图在测试中“包装”个人真实情况，把自己的特点塑造成另一个似乎更讨喜的样子。但实际上，现在大多数的测评问卷都包含“测谎”、防敷衍、对比的功能。举个例子，同一个问题，可以换 A、B 两种问法来提问，或者更换答案的顺序重复出现，然后来比较你的答题结果。并且测评报告中会清楚地显示测评结果是否可信。

所以，对于这类性格、规划、价值观的测评，建议大家以诚信为出发点来进行作答，不需要做额外的准备和伪装。即使真的因为性格不合适而没有被录用，也比入职错误的公司要好得多。

a. 心理测试

大家不要小看心理测评的重要性，在实际的招聘过程中，HR 会优先关注求职者的心理测评情况，特别是提示高风险的情况，如抑郁、焦虑、暴力倾向、社交恐惧等，都会格外注意。

在我实际参与的校招工作中，都会首先根据心理测评结果对候选人的简历进行排序，以避免用工风险。

不过也不必过分担忧，毕竟内向、外向也都有好处，小心谨慎、粗线条也各有千秋，只要不是有重大心理疾病，都是能够顺利通过的。

其实我也鼓励大家平时多关心自己，不论是情绪的变化还是性格的缺点，都及时注意到，而不是等着被别人发现。

b. 职业匹配度测试

有些公司也会进行职业匹配度测试，不仅是考评你是否适合这个岗位，也是对你意愿程度的考评。有些目前看起来很优秀但实际上对于这个岗位并不是很认可的候选人会被重点讨论。

c. 外语测试

外语作为通用的技能，也属于非技术性测试，主要是指英语测试，目的是检验求职者的英语水平，除非是翻译等岗位，英语测试的难度不会很高，能够简单进行日常交流就可以了。准备时，可以关注目标行业、岗位的专用词汇，提高通过率。如果求职的就是和外语密切相关的岗位，那么建议一定要仔细准备一段外语的自我介绍。

2）技术性测试

技术性测试就是通常意义上的笔试，和高考一样，想要获得好成绩，还是需要专门准备的。技术性测试一般针对技术类岗位，其他岗位则很少涉及，即使有，也多是一些开放性的问题，如“你如何看待 ×× 事件”“对公司的产品有什么建议”等。

技术类测试基本以在线答题的形式为主，考察时间以一个半小时到两小时为主。如果是编程类的测试，题目则主要包括选择题、填空题、编程题。

既然和高考类似，那么准备的方法也类似，多付出精力总是好的，在这里简述一些。

a. 搜集资料，多刷题

特别是历年真题可以做一做，不仅可以提高自己的解题能力，更可以了解题型的设计和特点。关注微信公众号“简历坊”，也可以领取每年最新的真题资料。

b. 关注最新热点

高考中，特别是语文科目总是和热点相关。求职笔试也不例外，如果有最新的技术，可以特别关注一下。

c. 有的放矢

备考时间有限，考试时间也有限，遇到难题先跳过，或者随便选一个答案。保证你会的题目的正确率，才是最高效的方法。

需要说明的是，即使是在家中参加笔试，也要认真对待，作弊是不可取的。很可能会有“反作弊”机制，如让你全程打开摄像头、监控你的电脑，你在答题期间离开页面进行搜索等，都会被系统记录下来。

3）综合类测试

综合类测试可以类比考公务员的行测，类型多样，如逻辑题、数字题、推理题、图形题等，主要考查求职者的逻辑思维能力、分析能力、表达能力等综合能力。这类测试确实难度较大，也不是大家日常中会接触的，所以准备起来也会比较困难。

方法无他，就是多练。

如果说有什么好消息，那就是进行综合类测试的企业并不是很多，大家也可以酌情选择。

七、谈薪

要入职，就一定会经历谈薪的环节。然而，要找到一份更好的工作，短期内想提升能力是比较难的，但是学好谈薪水的技巧，哪怕每个月多谈了 500 元，一年也是 6000 元，相当于送了一次免费的出国旅游，简直太赚了。

所以，首先我们就要明确，找工作，想要高薪，是再天经地义不过的事情。抛去其他所有因素，找工作，99% 的人都离不开对于高薪的追求。

我自己在网上找工作的时候，第一个设置的筛选条件，就是薪资。如果薪资达不到我的底线，我就根本不会考虑。因为我觉得，不合理的薪资，是贬低我的能力。我并不追求高于我能力的薪水，只要求这份工作能够体现我的价值。

不谈钱，只和你谈理想，那都是空谈。要知道，工作的本质是公司花钱来买我们的工作时间和工作能力，从市场经济的角度来看，这是价值交换。

我们谈的是薪水，实质上是一份尊重，也是一份对自己工作能力的认可。

但是，很多人在求职的时候，总是羞于谈薪资，心里明明有所期待，却不好意思说出口，或者认为薪资一说出口就没有可谈的空间了，公司还不错，那对方给多少就是多少吧。甚至为了确保 OFFER，选择了一个低到离谱的薪资。

这样的做法，其实没有意义。即使你真的得到了 OFFER，面对这样一个没有办法说服自己的薪资，你入职后，一定也会心有不甘，时刻都想着跳槽，但是跳槽又涉及很高的机会成本。浪费自身的时间、精力不说，也浪费公司 HR 面试你的人力成本，何必呢？

那么，到底多少才是低到无法接受的薪资呢？薪资是对你在市场上的价值判断，不是主观的，而是基于你的能力、求职岗位，以及所在城市、当时的行情等综合得出的。本书后面会有详细方法让你合理地认识到自己的价值。

下面我将以 HR 是如何给新员工确定薪酬的角度，帮助大家知己知彼，了解薪酬谈判的规则，以获得更高的、我们更满意的薪资。

1. 颠覆你认知的谈薪“潜规则”

首先来和大家分享的这个点，非常有趣，可能会颠覆你以往的认知。

我将从一个特殊的角度切入：和候选人谈薪的时候，HR 都在想什么呢？

第一，要知道，虽然有时候 HR 的工作也是“996”，忙得团团转，但是对于大部分岗位来说，工作年限差不多的，薪资都比 HR 要高。特别是技术岗位，比 HR 的工资高出两三倍，也是很有可能的。因为在很多公司，HR 还是被定位为职能部门、辅助部门，这种现象也是短期内很难改变的。

所以，当遇到期望薪资很高的候选人时，我们心里不可避免地会有那么一点小难过。当然，时间久了，也就习惯了。

第二，你想要争取每个月多 1000 元的薪资，在公司层面，并不是特别大的事情，对于 HR，也不是特别纠结的。这也是谈薪的“潜规则”之一。

我们来简单算一算。一家有点规模的公司，人数不多，假设是 100 人，其中 10 人平均年薪为 40 万元，40 人平均年薪为 20 万元，剩下的 50 人平均年薪为 10 万元。那么，你知道这家公司一年的人力成本是多少吗？其他福利待遇都不算的话，都有 1700 万元，加上社保公积金、节假日礼品等，2500 万元根本不够用。稍大一点的公司，有个千人左右的，或者是科技类公司，员工薪酬普遍比较高，这样一家公司的年度人力成本超过 1 个亿，是非常正常的事情。

那么，在 1 个亿的人力支出中，如果给你一个人每个月多发 1000 元，一年就是多 12000 元，从公司层面来说，只占到了 0.012%，是在可以接受的区间范围内的。

有一个问题，大家一定要搞清楚：到底是谁给你发工资？是 HR 吗？不，是公司。

所以，接下来要说的，是一个和我们平时认知有比较大差别的内容。这就是：虽然极少数 HR 的绩效奖金会和谈薪结果挂钩，如压低候选人 1000 元月薪，就可以得到一点点小奖金，但是这个概率相当小，小到可以忽略不计。绝大多数情况下，HR 不是中间商，员工的工资，不是从 HR 自己的口袋里拿出来的，而是直接由公司发的。给候选人多一点或者少一点，这个差价也到不了 HR 的口袋里。

而且，毕竟一个人到底价值多少，不是一道数学题，没有那么精准的数据。不可能算出来你应得的年薪是 100500 元，还是 100700 元。所以，只要你期望的薪酬在合理范围内，是完全可以争取的。

2. 当我们谈薪时，该谈点什么

有时候我们会遇到一些让人很无语的情况。我们进了一家公司，当初公司承诺的是年薪 10 万元，结果发现到手只有 6 万元，一问，对方说，并没有骗你呀，你看，这是因为其他 4 万元都是各种福利。

为了避免被隐性地压低薪水甚至被骗，我们先来明确一下薪酬的构成。每家公司的具体薪酬组成会有区别，但是离不开以下几个点：固定工资、绩效、奖金、补贴、其他福利。

薪酬 = 固定工资 + 绩效 + 奖金 + 补贴 + 其他福利

下面来详细说一说。

1）固定工资

固定工资一般就是大家在谈的月薪是多少钱，它是一个固定的数字，也多称为“底薪”。所以，我们谈薪时，职能岗位主要谈的就是“固定薪资”这块，销售等岗位，还需要另外明确一下提成的计算方式。

在谈薪资时，特别要提醒的是，一定要确定清楚，每一部分都是多少。比如，HR 说年薪 20 万元，我们就要明确好，每月固定薪酬是多少，各类奖金如何计算，以及何时发放。以免 20 万元年薪，实际每月只发六七千，剩余部分有很苛刻的发放条件，如要入职满一年后才发放，甚至只要有一项任务没有完成，就不发放等。

2）绩效

绩效大家都比较熟悉，根据考核情况，会有不同的结果。

3）奖金

奖金有项目奖金、提成奖金、评选先进的资金、比赛获奖的资金、全勤奖等。

4）补贴

补贴的种类也比较多，如住房补贴、餐饮补贴、交通补贴、通信补贴、出差补贴等。

5）其他福利

福利主要包括五险一金、商业保险、工作午餐、员工旅游、健身设施等。

如果有的公司把公司支出部分的社保也算到你的头上，都说是你的工资，我们千万不能上当。社保方面，国家规定由个人缴纳一部分，公司缴纳一部分。公司缴纳的部分，确实是公司的支出，是人力成本的一部分，但是这和要给你的薪水，完全没有关系。

公积金则不同，公积金是完全打到我们的个人账户的，可以由我们支配，所以可以算在薪水里，只是不属于固定薪资部分。

谈薪时，公积金的缴纳基数和比例建议明确一下。有很多公司为了节约人工成本，缴纳公积金的时候，不是按照实际工资来的。比如，你的发薪是税前 2 万元，如果以 2 万元为基数，缴纳比例为 12%，公司缴纳部分就是 2400 元。如果基数是 1 万元，缴纳比例是 7% 呢？那么公司缴纳部分只有 700 元。差别就是每个月 1700 元，这个部分是真金白银，相当于你的个人账户每个月少了 1700 元，一年下来就少了 2 万多元。

奖金、福利和补贴这些也都属于你的薪酬构成，在谈薪时，要把这些内容全都计算进来。这笔费用可大可小，有时补贴加起来都有一两千，有时却一点也没有。要综合薪酬所有构成的内容来看。要注意的是，公司越正规，可以谈的空间越小，都是已经成文的规章制度，不可能因为你一个人要入职的要求就轻易做更改。即使要调整，也是公司统一在固定时间进行大调。

底薪是公司必须支付的，如果条件允许，在谈薪时，可以尽量提高底薪，降低风险。

举个例子，平时工资都是 1 万元的两个人，在新冠肺炎疫情期间，甲拿到的工资是 8000 元，乙却只有 6000 元。原因很可能就是甲的薪酬构成是底薪 8000 元 + 浮动 2000 元，而乙的底薪只有 6000 元。

另外，要确认好以上的薪酬，到底是税前还是税后的。

比如，月薪 1 万元的税前工资，到手可能只有 7000 多元。月薪越高，税前和税后的差别越大。当然，每个城市、不同的社保公积金缴纳情况也会有差别。

那么，要如何获得更高的薪酬呢？后面我们会详细讲到。

3. 起薪比你想的重要得多

先强调一下，每一次的谈薪都至关重要。如果面试比较顺利，会来到谈薪环节。有的人可能觉得，起薪没有多重要，特别是很多应届生，觉得只要能顺利入职，以后慢慢努力就好了。HR 可能许诺给你“美好的未来”，许诺可能会有“超大的涨薪幅度，高额的年终奖、加班工资等”。

但是，起薪才是最重要的。

2016 年年终的调薪幅度，市场中位值是 6%，而且这个数据已经连续四年下滑。正常来说，我们如果四年没跳槽，内部也没有特殊调薪的话，我们的薪水早就被市场水平甩出好几条街了。

打个比方：

以一般公司每年普调涨薪7%来看，起薪差5000元，四年后的月薪差距能提高到6125元。

你以为只是起薪低一点，但是过了四年，你至少累计损失了20万元。

以正常涨薪幅度20%算，起薪为5000元的，跳槽两次后月薪为7200元；起薪为10000元的，跳槽两次后月薪为14400元。

四年的累计损失更是不得了：将近60万元！

为了让大家有更直观的感受，我在这个例子中用了初始差别比较大的数值。在实际的工作中，初始差值可能没有这么大，但放大到40年的职业生涯来看，起薪的影响还是非常大的。

在谈薪时，HR会参照我们之前的工资标准。不高于之前的薪资太多，也不低于之前的薪资，算是HR心中的一杆秤。

我们目前的薪水高了，下一次求职时，心态都大不一样，会有勇气要求更多的薪资。

高起薪，真的只让你积累了更多的财富吗？其实不然，更多的财富积累在无形中帮你积累了更多的力量，可能是人脉，可能是机会，也可能是时间。

99%的新公司，都不会给你大大超越前东家的薪水，也不会破格在全员普调薪水的时候，给你一个大大的涨幅。

所以，每次谈薪，一定要努力争取。

4. 当HR说考虑一下时，他在考虑什么

在实际谈薪过程中，HR往往不会爽快地给你一个答复，总是说要考虑一下才能决定。那么，在谈薪过程中，当HR说他要考虑一下时，他在考虑什么呢？

以下因素会影响我们的薪酬，也是HR给出薪资的时候主要考虑的内容。

1）人岗匹配度

根据岗位要求来评估求职者的能力，从而预估“投入产出比”是薪酬定价时最重要的一点。如果我们面试的结果是不匹配，那谈薪资就没有任何意义。即使有一定的岗位匹配度，但是不能完全匹配，在谈薪上也不占优势。

例如，我之前需要招聘一名审计经理，给到的薪资范围是1万~1.5万元。面试了一个小伙子，他曾经在事务所做了三年的审计，但是没有带过团队，后来跳槽去甲方公司做了三年财务经理，并且取得了注册会计师证。面试的结果是，他有较强的财务专业知识以及学习能力，但是没有审计团队管理经验，而且内审经验不足，所以没有给出经理级别的薪资，只匹配到了主管级别的0.8万~1万元。

所以，在HR眼中，没有最优秀的人，你看这个人在财务领域已经挺优秀了，但是他在审计岗位不是最合适的，所以也谈不到高薪资。

2）你当前的薪酬状况

每一次的跳槽、升职、加薪，都是以前一份工作的薪酬和岗位为重要参考标准。大家都不会认为，你上一家公司的老板是个傻子。如果之前你能获得这样的薪水，那么有很大概率，是因为你真的值得这份报酬。那么新公司也就自然会在此基础上，考虑给你开出一个有所涨幅的工资，来邀请你加入。

3）公司的薪酬体系

公司的薪酬体系，也就是公司其他员工的薪酬情况。越大的公司，有越完善的薪酬体系。不同岗位、不同职级，都有一个明确的标准。所以很多人遇到过下面这种情况：HR说，你的期望薪水超过了我们的标准。这不是一句骗人的话，但这也不代表这个薪酬标准一点也不能超过。

这个标准，往往不是一个具体的数字，而是一个范围。

比如，大家经常会发现，同样的工作内容，新员工薪资1万多元了，老员工才7000元，这也就是HR们要考虑的内容，不要太过于破坏公司已有的平衡。

4）目前市场行情

市场的行情是会有波动的，一个岗位有时候火，有时候就冷了下来，和求职是淡季还是旺季，也有很大的关系。

比如前几年的程序员，在一线城市很紧缺的时候，薪资高得简直离谱，这两年因为互联网公司的倒闭潮，很多程序员面临失业，薪资又重新回落到比较正常的水平。

5）招聘的紧急程度

岗位招聘的紧急程度其实很容易理解，只是很多人没有想到。

一个岗位，即使市场价是8000元，但是公司用人非常着急，就很可能给一个高于市场价的薪资。

我之前就有一个做淘宝美工的同学，毕业第二年的时候就找了一份月薪1万元的工作。但是，公司要求她第二天就去公司所在城市上班报到。她当天下午面试结束后，火急火燎地订车票、打包、搬家，知会亲戚朋友，忙得焦头烂额。

反之，如果只是一个储备岗位，就可以慢慢挑选，找一个薪资比较低、性价比比较高的候选人。每个人的期望及谈薪技巧差别很大，不着急的岗位，市场价是1万元的，很可能最后可以招到薪资七八千元、匹配度又很高的人。

大家也可以结合以上的内容，来评估一下自己的薪酬期望。下面详细聊聊，如何做一个合理的预估。

5. 我的能力值多少薪水

相比于谈薪时不敢提要求，“狮子大开口”也是很不恰当的做法，很可能 HR 直接认为我们的期望太高，不可能谈好，从而直接排除我们。

所以，大家对自己的能力和水平到底在市场上“值多少钱”，要有合理的预估。既不要被公司捡了便宜，也不要因为期望太高迟迟找不到合适的工作。

那么，该如何确定薪酬目标呢？

1）向有资历的人请教

想要了解薪资参考的数据，最好的方式是向有资历的人请教。这里指的不是随便一个亲戚朋友，非圈内专业的人，有时候反而会给出错误的建议。而是应该请有丰富经验的 HR 或是行业资深的前辈给出建议。比如，我想做新媒体，那么我目前的水平，是助理级、专员级、主管级还是什么级别？能进名企还是建议先去小公司锻炼？有人帮忙指点，能轻松很多。

2）实战了解

除去请教专业人士，也可以通过投递简历、参加面试的方式从实战中了解情况。也许我们投了很多简历却没有人联系，或者我们参加了面试结果都没有通过，或者我们报出了期望薪资最后不了了之。

这些情况对我们来说，肯定让我们很受打击，会觉得很难过，但这也是现实，那么就非常有必要调整一下自己的期望了。

我遇到过很多求职者，一开口就要很高的薪水，其实他们并没有匹配的能力，无法胜任那样的工作。

很多人就是通过这种方式，慢慢地才知道自己在市场上真实的薪资水平。

3）查看薪酬报告

当然，很多人并不认识相关的前辈，也没有那么多时间去实战。那么，如果我们获取资料的能力比较强，可以自己先查查资料，包括求职网站上给出的薪酬范围、行业数据报告等，看看具体岗位是什么要求，我们到底能不能达到。如果不能，就降低期望，先从更基层的岗位开始。

大家可以搜索关键词，如“2020全国薪酬报告”，就可以找到种类繁多的报告。

要特别提醒的是，看报告时，不要看大而全的，如全国甚至全球的薪酬平均数、中位数，那对于每个人的意义其实不大。

要从中挑选出和你切实相关的报告作为参考才是比较合适的，可以着重选择和你求职意向同城市、同行业、同岗位的报告。

除了前面三种确定薪酬目标的方式，在这里要特别提醒一下：有的求职者谈薪时会过犹不及，想着自己看到过一些新闻或者宣传报道，说是某人跳槽后工资翻倍，就觉得自己也要去这样的公司。

殊不知，这种薪资翻倍的情况是极少的，一般跳槽薪资涨幅会在5%～30%。如果一个人确实跳槽后薪资有很大的涨幅，只有以下几个可能：

a. 这名求职者之前公司给的薪水，远低于市场价。比如一个产品经理，目前行业普遍薪水是1.5万元，而他之前只有8000多元。现在虽然翻倍了，但也只是回到了正常水平或者略高于市场价而已。

b. 新工作的工作量特别大，入职后要承担两三个人的工作量，会有不间断持续加班的需求。

c. 需要长期去海外或者很不熟悉、条件很艰苦的地方出差，甚至长期在那里工作。

比如我有个朋友，要去印度帮助老板开发新市场，没个一年半载回不来。在出差期间，工资翻倍，但回国后，薪资只会在原有工资的基础上有一个涨幅，比出差时降低了很多。

d. 工作有风险，特别是可能涉及灰色地带。

e. 确实是老板不了解市场行情，拍脑袋决定。当然，越正规的公司，越不可能出现这样的情况。

f. 这个人在吹牛。

所以，在定下特别高的薪资期望前，不妨按照我前面的建议，评估一下，你的期望是不是合理。

6. 谈到更高薪酬的实操秘籍

说了这么多，接下来谈谈具体的谈薪实操方法。

1）你必须掌握的谈薪第一原则

在谈薪过程中，最重要的一点是，大家千万不要把自己和 HR，当成对立的两方。招聘和求职是平等的，也是相互需要的。

HR 的目标，不是滤掉求职者，也不是像买东西一样要千方百计以最便宜的价格得到一个人，而是招到适合目标岗位的人。

如果千辛万苦找到了合适的人选，结果谈薪谈崩了，HR 又得重新招，也是很心疼的。如果双方能谈好，求职者顺利入职，找到心仪的工作，HR 也完成了工作任务，则皆大欢喜。这才是 HR 工作的目标。

2）如何从人性角度赢得 HR 的支持

前面分析了 HR 谈薪时的心理以及谈薪的“潜规则”。那么，重点来了，只要和 HR 保持还不错的关系，在面试中争取更好地表现，甚至和 HR 聊成了朋友，聊出了相见恨晚的感觉，那么你就会在谈薪中占有更主动的位置。或者至少让你们的谈话处在一种比较舒服的状态，HR 可能会更愿意给你开高一点的薪水，或者当你想要更高工资时，他可能愿意帮你去争取一下。

这其实就是人性的问题。假设这个 HR 是你的好朋友，他是不是会在公司、业务领导允许的范围内，为你多争取一点呢？对他来说，完成了招聘任务，薪水也控制在正常范围内，也是一件皆大欢喜的事。

对于绝大多数招聘岗位，预算不是一个具体的数字，而是一个范围，或者说，是一个上限。

比如，招一个 Java 开发工程师，预算是 2 万元，求职者的期望是 1.5 万元或者 1.8 万元，那最后给到 1.5 万元、1.6 万元、1.7 万元、1.8 万元、1.9 万元、2 万元，都是正常的。当然，前提是业务领导也认可求职者的能力。此时，HR 就会有一定的操作空间。

3）最适合谈薪的时机是什么时候

如果在面试中我们的表现足够闪亮，对方也可能在最后给我们一份更高的薪水，高过面试之初他们脑海里原有的数字，高过基础的人力资源薪酬范围。

尤其是面试进行得非常顺利，他们当场拍板非要我们不可的时候。

通常如果对方主动提到薪水，恭喜，你有可能被录用。当然，也有可能是一种礼貌。或者是 HR 想通过我们了解一下市场行情。

所以，不要主动问薪酬。特别是在初始的时候，当 HR 问到“你还有什么问题想问我”的时候，很多人脱口而出的就是“我想问一下薪水”，这往往是很不合适的。

这么问就像在第一次相亲的时候，人家姑娘还没决定和我们是否继续有第二次约会，我们就问人家：你有多少嫁妆啊？这可不太好。即使HR回答了我们，也只是一个范围，就和我们在招聘网站上看到的招聘信息一样。这个数字，我们自己可以看到，也没必要问。如果想知道具体一点的数字，其实是不太有办法的，因为对方对我们的了解还不足以让其做出一个准确的判断。

记住，如果面试顺利，我们足够优秀而适合这个岗位，那么，HR自然就会主动和我们提到这点。

4）避免被压低薪资的重要技巧

如果不想薪资被压到我们几乎无法接受的程度，那么绝对不要报低我们的期望薪资。当然，前面说过，这个薪资，是我们合理预估的，不是“狮子大开口”。

在了解市场行情的基础上，薪资不要报低。只要我们把这个数字说出口，就只有被砍价的余地，而不可能再往上涨。

如果HR及技术面试官对我们确实很有意向，即使我们的薪资期望有点超出他们的标准，HR也会主动来找我们沟通，告诉我们，你目前的薪资期望有点高，超过了公司的标准，希望能稍微降低一点，或者让我们等一段时间，帮忙去请示一下、申请一下，或者通过其他补贴、承诺晋升、给我们安排培训等方式与我们洽谈。

反之，我们的报价一旦报低了，再想涨起来，就很难了。试想我们去买东西，卖家说这件商品卖100元，我们的下一步就是还价到80元、90元。如果此时卖家说，不不，这件物品要卖120元，我们一定以为他在开玩笑，何况他也说不出这样的话。

招聘时HR第一考虑的还是求职者的岗位匹配性，如果你真的不合适，公司也不会因为你的报价低就选择你。

当然，如果我们对自己实在没把握，还是想以一个比较低的薪水先入职，再考虑下次的跳槽机会，也是可以的。前提是，我们真的能够接受这样的薪水。

有一点要注意的是，不要把加入这家公司当成自己唯一的选择。如果这是唯一的选择，我们就不免会表示出过度的关心和期待。很显然，如果一个卖家知道这个客户很可能还可以选择其他公司，那么他会更努力地来留住他；如果知道这个客户只能在自己这里买东西，就很少会降价了。

我们对这次求职机会自然是非常重视的，但对外表现出来的状态应该是“我很喜欢贵公司，但也会有其他机会，如果贵司选择我，我会首选这里”。

5）谈薪六字口诀

很多人可能看过不少面经，对谈薪这个问题也有研究。但是，当HR问你薪水相关的问题时，不建议用面经上推荐的官方回答。比如“我相信公司会给一个合理的薪资”，或者“我是来学习的，不在意薪资”。

要知道，HR每天听几十个这样的回答，实在感觉很心烦。

关于“我相信公司会给一个合理的薪资”这句话，不知道是从哪里传出来的。应届生用用还好，但是对有工作经验的求职者，就不合适了。公司给的薪资合不合理，每个人的看法完全不同，更不要说，很多人其实是有期望的，如果达不到期望，肯定是不会来入职的，但他却不说。

我们HR实在是真诚地来问这个问题的，就想快速看看求职者的期望是不是在我们能够给出的范围区间内，或者差别是不是很大，来做第一次的判断。比如，我们的期望范围是1万~1.3万元，如果你的期望报价是 1.2 万元，我们觉得下次可以安排个复试；如果你的报价是 1.4 万元及以上，我们觉得还是有机会的；如果你的报价是 2 万元，那么差别太大，就不考虑了。这是节省双方的时间。

所以，对于有工作经验的求职者，特别是对薪资有明确期望的，推荐的回答这个问题的方式是六个字：有数据，有证据。

如：

我在招聘网站上看到某个岗位的薪资是 1 万～1.5 万元，我目前工作的薪资是 1.2 万元，我希望在此基础上有 20% 左右的涨幅。应该是在贵司的预算范围之内的。

同时，我有 × 年的工作经验，特别是在 ×× 方面熟练掌握了技能，满足贵公司的招聘需求，能够为公司带来效益。

当然，如果有其他如学习机会、晋升机会等，我也会综合考虑。

对于 HR 来说，一名求职者要求薪资增加 20%～30%，都是一个可以接受的初次报价的数据。但前提是你在这家公司工作超过了一年。如果没工作多久就要换工作，我们不知道你在上一份工作中能力到底有没有得到提升，也就无法给予比较高的涨薪幅度。

一名求职者，来应聘时的诚意，也是 HR 们考虑的一个标准。上面的回答，不仅仅是一个报价，也表达了你提前了解过公司和市场的情况，是真心想要加入的。

最后这句，一方面是因为第一次报价有一定的还价空间，另一方面也是给自己一个机会，万一实在有好的机会，也不要错过。

这里需要注意的是，前面说到，你目前的薪资是 HR 很重要的参考依据。所以，请按照前面的薪酬构成，认真计算自己现在的薪水。

谈薪也会碰到特殊情况。对于大型企业的校招，特别是管培生这类岗位来说，公司有比较明确的培养方案和薪资方案，为了追求公平性和优胜劣汰，一般同岗同薪的情况不会有大的谈薪空间。这就像你去大型的商城专卖店买衣服，每一件衣服明码标价，服务员是没有开价空间的，同样就谈不上讨价还价了。但是除了管培生这类岗位，其他的岗位还是有谈薪空间的。

最后，还需要强调一点：谈薪的技巧只是方法，最终影响薪资的决定性因素还是个人能力。

如果在岗位价值上你值4000元，你想从4000元谈到4500元，甚至5000元，通过一定的操作方法是有可能实现的。但是如果你想从4000元直接谈到8000元或者更多，就是天方夜谭了。

真正可以让你实现财富自由和涨薪的，还是不断地积累和提升个人能力。

5

CHAPTER

第五章

入职锦囊

收到 OFFER 可喜可贺，但这绝不是本次求职的终点。慎重挑选 OFFER 并且在入职初期迅速判断公司与自己的匹配度，将对你长远的职场发展大有裨益。

一、OFFER 选择

恭喜你经过简历和面试的通关考核，现在已经有了“反选”的权利，可以从收到的 OFFER 中挑选最中意的去入职了。本部分内容将帮助你做出最优的选择。

1. OFFER 可以拒绝吗

在买买买的时候，大家都知道要货比三家，选择物美价廉的产品，在求职时也是一样。如果时间不是很紧张，或者收到的 OFFER 不是特别满意，建议可以多去面试几家公司，一般情况下建议面试的企业不低于三家，低于三家，你可能对行业和企业没有很好的认知，可选择的也比较少。但求职也是很耗费心力的事，不需要过度追求数量，面试太多也会让你疲惫不堪，更难以选择。

不同于有的求职者求职时的困难重重，有一部分人表现突出，往往能够斩获很多 OFFER。此时就面临一个问题：收到的 OFFER 可以拒绝吗？

答案是肯定的。公司给求职者发 OFFER 也是拒绝了其他人以后的选择，求职者当然也可以在不同的 OFFER 中进行挑选，所以不必有太大的心理压力。公司一般都能够预料到这样的情况，像春招一般就是对秋招人员空缺的补招。

如果要拒绝 OFFER，建议大家不要拖太久，特别是明显不会去的公司，请尽早明确地拒绝，也好让 HR 不再争取，有时间探寻其他候选人，这也是一种尊重。如果到了约定入职的时间却直接放公司的鸽子，是会影响个人信誉的。

2. OFFER 选择

收到多个 OFFER 如何选择也是一门学问，我常常收到这样的咨询："夏老师，我接到三个 OFFER，A 公司、B 公司和 C 公司，去哪家更好呢？"面对这样的问题，我往往束手无策，选 OFFER 和选对象一样，哪里是只知道名字就能选好的？

如果你认真根据我们前面讲的职业规划的方法确定了求职目标，那么对你而言，选择 OFFER 主要是在类似的行业和岗位中进行，不论选哪个，都不会有太大的问题，我们要做的就是优中选优，这也是本部分内容讨论的重点。

但如果你求职的方向比较多、比较乱，那么首先建议你重读第二章，根据职业规划的原则先把不符合自己规划的 OFFER 排除在外，再往下进行。

想要做一个不会后悔的决定，你就千万不要拍脑袋，也不要抽签等着命运的安排。以下这个方法能够帮助你做出正确的选择。

在行业和岗位差别不大的情况下，我把影响决策的主要因素分为确定因素和预测因素，不同因素的核心不同，却又相互关联。确定因素包括薪酬、通勤时间、工作时长，在 OFFER 谈妥时就能够定下来，短期内变动不大。

预测因素包括团队、权利和发展空间，这几个成分的变动性较大，并且比较难在入职前就有深入的了解。团队是指团队的氛围、领导风格、团队成员的特点等；权利是指你任职的这个职位有多大的权利，可以自己决定哪些事情，这点对你以后是否能按照自己的想法行事至关重要；发展空间则主要是指内部晋升提拔的可能性。具体如下图所示。

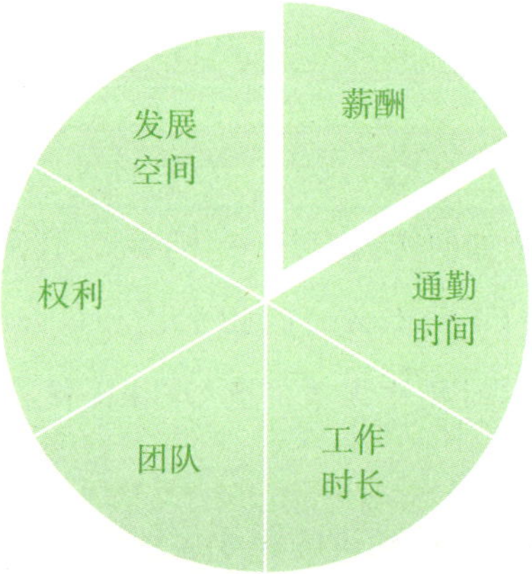

影响决策的六因素

1）OFFER 拆解

了解了以上六个维度后，就可以把收到的 OFFER 拿出来进行拆解了。

比如目前有 A、B 两个 OFFER，每一个因素的满分是 10 分，根据对于相关因素的满意度，我们分别进行打分。

OFFER A：

薪酬 2 万元，比较满意；

公司离家比较远，来回需要将近 2 个小时；

加班少，大约每周加班 3 个小时；

团队关系融洽，领导负责；

工作有一定的权利，可以根据自己的想法做事；

除非开设新项目，否则短期内没有晋升的可能。

可制成表 5-1。

表 5–1　OFFER A 拆解结果

确定因素	拆解分数	预测因素	拆解分数
薪酬	90 分	团队	80 分
通勤时间	30 分	权利	80 分
工作时长	90 分	发展空间	20 分

总分为 390 分。

OFFER B：

薪酬 1.6 万元，略有不满，是可以接受的底线水平；

公司离家比较近，来回不到 45 分钟，还可以选择骑车上下班；

加班比较多，每周加班 10 个小时以上；

团队关系还不错，领导负责；

工作上的权利比较小，如有提案需要多次开会、审批后才能实施；

目前经理职位暂缺，有机会快速升职。

可制成表 5–2。

表 5–2　OFFER B 拆解结果

确定因素	拆解分数	预测因素	拆解分数
薪酬	60 分	团队	80 分
通勤时间	80 分	权利	30 分
工作时长	40 分	发展空间	80 分

总分为 370 分。

在进行 OFFER 拆解打分时，需要横向对比不同 OFFER 的分值，如果不同 OFFER 中的同一因素的差别较大，在打分时也要尽量拉开不同因素之间的差别。比如薪酬，OFFER A 给 90 分，OFFER B 给 60 分，好过于 OFFER A 给 80 分，OFFER B 给 70 分。

需要强调的是，打分需要按照你自己的想法来，不需要参考别人的分数。

2）权重分配

每个因素对于不同人的重要程度有所不同，所以第一步就是根据你的意愿对这几个因素的权重进行打分，将满分按照重要性分配给不同的因素，也就是进行权重分配。

下面分享一下我自己的打分表，供大家参考这个打分的思路（见表5-3）。当然，一定要强调的是，每个人的情况不同，不需要参照我的想法来决定。

表 5-3 权重分配

确定因素	权重分数	预测因素	权重分数
薪酬	20%	团队	30%
通勤时间	15%	权利	20%
工作时长	5%	发展空间	10%

首先，对我来说，团队成员不论是领导、平级还是下属，都对工作开展顺利与否、工作是否开心起着决定性的作用，所以我给团队打分为30%。

其次，薪酬和权利占到的权重都是20%。薪酬比较好理解，同时权利对我来说也是相对重要的。我是一个比较有想法的人，不太喜欢按部就班地做事，所以希望有一定的空间来推动想法的实现。其实我有一次辞职，就是因为公司内部流程过于烦琐，自己的一个小点子都需要通过层层审批才可能达成，让我缺乏成就感。

再次，通勤时间的权重为15%。不要小看上下班路上所花的时间，通勤时间长会让人感到很疲惫，而且是身体和心理都很疲惫，降低生活的幸福指数。也许你也有过这样的感觉：总是期待好好利用下班时间提高自己，阅读、健身、上课、社交等计划排得满满当当，但是一路风尘仆仆回到家后，只想瘫在沙发上休息。我也尝试过在路上听书，但是开车不能分心，乘坐公共交通路上又很嘈杂，听不太清楚，同时重要的资讯只靠听也是远远不够的，想要看手机要么就是不安全，要么就是容易晕车，所以通勤时间的利用率确实很低。我自己在求职时，会尽量选择离家比较近，或者是有直达地铁或公交车的地方。

发展空间对很多人来说是最重要的，升职可能得到40%以上的倾斜，特别是对比较喜欢稳定的求职者以及职场新人来说。我定的权重是10%，是因为我比较喜欢挑战，对我来说，只要能够提升自己的专业技能，做出好的成绩，即使在公司内部发展空间有限，但还是可以寻求外部拓展的，所以我不是特别看重内部发展空间。

最后是工作时长，我只给到了5%。我是个“工作狂”，如果团队磨合顺利，我又可以有一定的决策权，那么我还是挺愿意多花时间在工作上的。此外，我前面着重考虑了通勤时间，有的人上下班路上要花两三个小时，但我可能只需要半个小时，那么多出来的时间就完全可以用在工作本身。

以上只是我个人的例子，而且随着时间的变化，这些数值也不是一成不变的。比如我自己刚毕业时，最看重的就是发展空间，其次是薪酬，因为初入职场只能做执行工作，对于权利的要求是0。

我的来访者中也有特别喜欢休闲慢生活的，他们最看重的是工作时间，绝对不愿意加班，权重高达45%，其他的他们都不太在意，还有很多年轻的职场妈妈也是如此。

同时不少求职者选OFFER时首要考虑的是薪酬，哪家公司给的薪水高就去哪家，也非常普遍。

所以每个人只需要评估自己的现状，给出分数就可以了。

3）分值计算

第三步非常简单，每项因素的拆解分数 × 权重分数，再把六项得分相加，分别计算出 OFFER A、OFFER B 的得分就可以了。

OFFER A：90 × 20%+30 × 15%+90 × 5%+80 × 30%+80 × 20%+20 × 10%=69；

OFFER B：60 × 20%+80 × 15%+40 × 5%+80 × 30%+30 × 20%+80 × 10%=64。

从结果可以看出，OFFER A 是更优的选择。

如果你拿到的 OFFER 还是不同行业、不同岗位的，那么可以再增加行业、岗位的考虑维度，也可以根据自己的实际情况进行维度的调整。当然，最好的方法是先根据职业规划排除不符合的 OFFER，然后再进行优选。

二、新人入职锦囊

确认 OFFER 后，终于到了入职环节。在恭喜你的同时，本部分内容也会帮助你更快更好地融入新的环境。本部分中提到的新人，不仅是指刚毕业初入职场的应届生，也代表所有加入新岗位的职场人。

1. 入职观察

所谓入职观察，是建议你在入职之初多花时间进行观察，来判断公司实际情况是否和你预想的不同。毕竟面试时听起来一个样，实际工作又是另一个样的情况也屡见不鲜。说到要进行入职观察，主要观察哪些内容呢？需要观察以及能在短时间内观察出来的主要是权重分配中的团队因素，以及工作时长。其他几个维度很难在入职之初了解深入。

1）观察加班氛围

先说工作时长为什么需要观察。面试阶段你能了解到的工作时长，主要是通过面试官的描述以及你自己对于工作效率和工作量的把握。一般来说，公司如果很少加班，会主动和你介绍，反之，面试官常常会问你“怎么看待加班”这样的问题。

入职后，你的观察重点不是自己的加班情况，而是公司整体的氛围。《2019职场人加班现状调查报告》显示，高达42.7%的职场人之所以加班，不是因为工作没有完成，而是同事、领导没有离开，所以自己也不好意思走。

我刚毕业入职时，公司提倡“加班文化”，以关心员工为由提供晚餐，实际上就是要求大家吃了晚饭以后继续干活儿。至少要到8点才渐渐有人离开，最晚的人更有甚者超过12点才离开。而且每次员工开会的时候，大老板都喜欢公开表扬加班加得多的人，却并不关注这些加班是否有效。很多人都熬不下去离职了，只是又有很多人进了这个围城。

所以你入职的前一周可以尽量晚一点回去，不仅是为了尽快熟悉工作，也是看看其他同事的下班情况，感受公司的“加班氛围”。

2）观察团队

面试阶段只会遇见一两位自己的上级，而无法了解到团队的整体情况。入职后要借助“迎新”的环节，主动介绍自己，同时主动去认识团队伙伴。每个团队都会有公司整体文化下演变出来的“亚文化”，站在团队中，似乎就能感受到整个气场是活泼还是严谨，是宽松还是压抑。

如果有专人和你交接工作，特别当交接人即将离职时，你要把握好机会，向他了解他的离职原因以及对团队的评价。

另外要格外关心与你有密切配合的同事的处事风格是否和你相匹配。立即投入工作开始与他们合作是最好的方法。

3）新工作不合适怎么办

通过你的观察，如果发现新工作并不合适，那么我建议你立刻、马上辞职离开，越早越好，远比转正以后再辞职好得多。迅速离职的最主要原因，是不要在你的职业生涯中留下“工作不稳定”的记录。

简单来说，如果你入职还没几天，社保也还没交过，立马申请离职，试用期内提前三天申请就可以了，很多公司甚至会在当天就配合你离开。建议离开时不要纠结这几天的工资，不要最好，不要留下工作过的信息，并且请 HR 把你入职时上交的离职证明还给你。就当从没来过这家公司，也没有任何人能够查到你这几天的“试用记录”，重新求职就可以了。

反之，如果你瞻前顾后、优柔寡断，拖上超过一个月，甚至转正了，留下了社保缴纳记录、发薪记录，需要新开一个离职证明，那么你下一次求职时，最近的这段工作经历就必须白纸黑字地写在简历上。HR 一看到这份简历，就会怀疑你的稳定性和判断能力，无疑增加了你求职的难度。

如果你是公司的领导者，在招聘员工时也是一样。招聘的时候慎重，选择真正合适的人。录用后，真的觉得这个人不合适，那也尽早和平地请他另择他处，让别人也好找下一份工作。不要浪费彼此的时间。

2. 在职场不要小聪明也不做“工具人”

这部分内容主要聊一聊入职以后如何把握好分寸，迅速顺利地融入新环境，以及如何进阶。

1）警惕聪明反被聪明误

之前有一个小故事，让我印象深刻。

公司总部下来一个领导，考察分公司的业绩。这领导也真的是干事的人，开会的时候从早上讲到中午12点半。一名实习生赶紧去点外卖。在他送吃的进去时，主管拦住他一看，几个袋子里都是十几块钱的盒饭，还有一个袋子里是给领导吃的私房菜。

看到这里，有的人会说，这实习生还真是懂得见人办事，很会讨领导欢心啊！那就让我们接着往下看。

看到“小灶”，主管立马沉着脸，让实习生把私房菜退了，就给领导吃盒饭。实习生吓得不明所以，感觉自己的“心思白费了”。事实上，领导吃着盒饭，和同事们相谈甚欢，大家并没有什么差异。

职场上，懂得一些小聪明的人，其实有很好的职业敏感性。照理来说，是一项加分项。但是正如这名实习生一样，没有想到一顿饭里，也有很大的深意。在并没有搞清楚领导的真实想法和用意时，就开始耍小聪明，很容易聪明反被聪明误。在这个故事里，即使实习生把私房菜递给了领导，领导大概率也会拒绝，或者和大家一起分着吃。

一名好的领导，懂得体恤员工，讲究平等。特别是在这么公开的场合，如果接受了“差别待遇”，那么，会议室里其他员工会怎么想呢？

特别是刚进到一个新环境的职场人，想着“放上三把火”，让人短时间内就记住你、认可你，这是好的想法。但是在没有摸透公司文化、领导脾气、同事性格和下属特点的时候，不要冒失地做一些尝试。先采取稳妥的手段维持住自己的形象和职位，再循序渐进会更好。

2）不做职场“工具人”

在职场里打拼不仅是技术活儿，也是脑力活儿。上面例子里的实习生虽然好心办了坏事，但他至少还试图把一件事做好。而现实生活中，大多数人却不像这名实习生这般会开动一点脑筋做事，而是全听吩咐办事。

对于刚刚进入职场的“小白”来说，最典型的特征之一就是，别人说什么，那我就做什么。我记得我刚入职那会儿，也是一个“听话”的人。

有一次，上司让我试着写一个校园招聘的策划案，在写之前看我不熟练，上司就指导我该从哪几个方面入手，我连连点头，对上司充满感激。结果我耗了几个小时、把脖子都写僵了的策划案，还是被要求重写。

我当下就一愣，心里满是委屈，这不是按照上级你说的写的吗？有什么不对？我回去想了一宿，也没想出问题出在哪里。

直到有一次，上司叫我做一个公司内部读书分享的PPT，我做了第一版出来，兴高采烈地交给他，结果还是重做，“行间距、字间距，标题排版，都不美观……”，我又按上司说的这几个点改了，再拿给上司看，他依旧不满意，又挑出几处错误来让我改，我就接着改。

如此反复，一个PPT做下来简直要了半条命，上级对我也逐渐不耐烦了起来，厉声道：“每次做事前你就不能多想想？”我陷入沉思。

回想起来，上次做招聘策划案，我是“严格按照”领导要求来做的，这次也是一样。

我本以为这是“听话”的表现，但是我才发现，我做事的时候，不像是一个人，倒像一个“工具人”。对，就是“工具人”！没有想法，别人说什么我就去做什么的“工具人”！

上司让我做什么，我就做什么，完全没有自己的想法，凡是上司没有讲到的东西，我也毫无补充，上司没有明确指出的错误，我也毫无反馈。显而易见，这样不思考的结果就是，一个东西反反复复做N遍，把人的耐心和精力一点一点吞噬。

而且有时候，上司传达的也只是一个大致的思路，如果他花上大力气，自己完全想好了，还一次性全给我们说清楚，那他还不如自己做，省事得多。像这样对上司或老板的话不假思索就去执行，是典型的不成熟的表现之一。据调查结果显示，这样不成熟的人不在少数。每每遇到这种情况，就需要我们再多去想一想，去思考上司或者老板到底真正想要的是什么？到底怎么做才能实现这个效果？

凡事多思考一步，职场就能多进阶一步。

电影《穿普拉达的女王》里有一些情节我一直印象深刻。刚刚毕业的安吉丽雅，进入纽约最著名的时尚杂志担任主编助理。每天工作面对的是人称“女魔头”的马琳达，传闻没有一个实习生能在马琳达的手下待够一年。

事实也是安吉丽雅的工作生活时刻都充满着刺激。在高压下，安吉丽雅一点一点地变得优秀，也开始能够洞察马琳达真正想要的东西是什么。这天，马琳达又提出了一个变态的要求，要求安吉丽雅为她的双胞胎孩子准备新的未出版的《哈利·波特》手稿，在当天下午 3 点前放到她的办公桌上，简言之，安吉丽雅的时间只有四个小时。我想说的重点不是她能力突出，竟然完成了这个“不可能的任务”，而是对于同样的一件事——拿到手稿，她做到了别人做不到的。

她把手稿打印成册，粘贴封面，同时充分考虑到双胞胎的阅读体验，一式两份，直接给双胞胎送过去，再把原来的手稿交给马琳达。每一步都考虑周到，一次性就把任务处理干净。可以说，安吉丽雅真正做到了马琳达想要她做但是没说的。而要实现像安吉丽雅这样的员工效率，其实也不难。只需要你用心地去思考两个问题：“老板想要的是什么？”“我怎么帮助老板实现她想要的？”

需要注意的是，我们需要保证我们抓住的就是老板想要的，如果你不确定老板真正想要的是什么，在做事前，不如先确认一下，而不是事后返工。

3）小孩子才比快慢，成年人只比收益

同一年毕业的人，有的人在岗位上碌碌无为十年都没有混到一个主管的位置，有的人毕业后不久就活成了你羡慕不已的样子。

其实啊，小孩子才比快慢，成年人只比收益。在职场上升职加薪，除去学历、资源等因素的影响，还有一个很重要的因素就是工作效率。你工作效率越高，对你的发展越有好处。那些在职场上领先的人，很大一部分都是因为工作效率高节省了时间，因此他们有更多的时间投入对他们真正有意义的事情上去。

那么，到底如何在同样的时间里，用更快的速度来成长呢？

时间啊，总是不知不觉地溜走。睡前，你问我，今天做了什么？我只能回答你，工作了、带娃了、休息了。细节，还真的记不清了。不明确自己的时间去哪儿了，就谈不上通过减少时间的消耗来提高效率。

所以，建议大家使用时间记录类型的 App，在实习的时候，我用的是 EXCEL 表格来记录时间，现在有了工具，方便了很多。

知道自己的时间去哪儿了，下一步就是和自己、和高手对比做同一件事所消耗的时间。特别是到了新公司，面对新的工作和团队，如果能第一时间提高效率，就是再好不过的了。

很多时候无法提高效率，是因为我们根本不知道自己在具体某件事上所花费的时间，也不知道用多少时间完成才算高效，用多少时间完成算低效，这又谈何提高呢？

在快速的基础上，我们也要追求产出的质量。比如写文章，花同样时间写的文章，今天写的有多少的阅读量？昨天的呢？更早之前的呢？其他同事写的呢？当然，要想提高质量，记录是远远不够的，还要在复盘的过程中不断分析原因，熟悉技能。

为什么读书考试的时候总是目标清晰，知道自己哪里强哪里弱，能

够有针对性地找到解决方案？每次考试的成绩和排名功不可没。虽然工作以后没有这么多分数来评判我们，但同样的道理，只有了解了自己的现状，才能找得出提高的方法。

我们在提高工作效率的过程中，就是需要用到客观的数据，这样才能更迅速地在职场中成长。

4）如何面对不喜欢的工作内容

一份工作不只是做一件事，过程中难免会遇到一些不太喜欢的任务。有的人一开始就对任务有抗拒的心理，根本不想做。这既导致了工作拖延、浪费时间，又使得质量打折，更让你整个人散发出一种“丧”的气质。

对于这样的情况，我有三个小建议：

a. 你可以和领导坦诚沟通，询问是否可以调整工作安排，而不是先一口答应下来，然后又后悔不已。

b. 深入了解完成工作带来的益处。这个益处，可以是对你的益处，如完成了这项任务能够得到领导的赏识、得到同事的认可、获得奖金；也可以是任务本身的价值，如帮助求职者找到工作，让你觉得很有成就感，很有意义。

c. 和正能量的人相处。每当我想偷懒，就打开一位好友的朋友圈。她在国外读博士，并且还参加了 WTO 的志愿者团队，每天忙碌得不行，但是生活丰富多彩，这就极大地激励了我。

不得不说，和正能量的人做朋友，久而久之，自己也会散发出一股淡淡的正能量，这份能量给予你动力，让你学会积极乐观地面对职场的重重压力和难题。

3. 中年危机

近年来“中年危机”的话题越发火爆，即使你目前才刚毕业，为了避免以后遇到这样的困扰，我也建议你仔细阅读接下来的内容，从而找到适合自己职场进阶的方法。

无独有偶，最近我有个刚刚年过35岁的朋友失业，他找我聊天说，大龄找工作，很多公司都对他有偏见，在面试时更是被面试官直接提问："三十多了还找工作，是不是在以前的公司混不下去了？"朋友哑然，满脸通红，很是不甘，可又没办法。

的确，现在社会对中年职场人不太友好。

而且在大部分人的印象里，中年职场人就是成长速度慢、跟不上节奏、老顽固、油嘴滑舌、搞小机灵等，一句话形容就是，本事不大脾气不小。

所以，一边是年轻人冒头顶梁柱，一边又是对中年职场人的种种偏见，把中年失业人夹在中间，苟延残喘，一言难尽。

好像中年失业人找工作，难上加难。然而现实其实不然。

1）不同的中年失业人，不同的境遇

人一到中年，虽然求职有难度，如公司招聘要求基本都是年轻人，很多人投了简历也是石沉大海，没有消息。但是对于那种能在职场上表现自己、保持高价值输出的中年人来说，被迫失业不会成为他的困境。如果你一直在原地踏步，那么很有可能连基础性的岗位都找不到。

举个例子：A女士36岁，工作十余年，一直从事基础行政工作，比如复印扫描、收发快递、支付水电费等。想换工作，简历也是投的这类基础岗位。岗位的要求很简单，应届生或拥有一至两年工作经验，薪资也不高。

如果你是A女士，你可能觉得自己肯定能胜任，毕竟你都这么委曲求全了。但是在公司和HR眼中却不是这么回事。

对于HR来说，这类工作岗位，既然基本没什么要求，大部分人都能胜任，那为什么不招一个应届生，招一个好管理又听话，可能以后还会有发展的年轻人呢？为什么要招一个36岁还在做基础行政工作且没有

职业发展的中年人呢？

很明显，这类岗位的竞争者，是千千万万比你年轻很多的求职者。除非你要求的薪资很低，比应届生还低，或者这个岗位一时半会儿招不到人，才可能选择你。而不是说，你到中年了，找一个觉得要求很低、工资很少的工作，对方就肯定会要你。

所以，合适的求职者的工作年限应该和职位、工作能力、薪酬相匹配，而不是徒长了年龄，却没有增加技能。

换个角度来说，若 A 女士从基础行政岗位一步步升到高级专员、行政主管、行政经理，甚至是更高的职位；从小的办公室活动到部门活动，到公司活动，再到集团活动，都有亲自负责过，然后她找一份有相应能力、工作经验要求的行政管理工作，这个岗位需要一定的能力才能胜任，是其他资历、经历不够的年轻人无法做好的也是完全可以的。

我们 HR 就会认为：这位 A 女士，工作经历丰富，有相应的经验，独立完成过很多重要的工作，看起来非常合适。马上打电话沟通一下！

看出来了吗？差别很明显。

职场上，想要有好的未来，就需要你持续地保持高价值的输出。哪怕失业了，它也可以是你简历里浓墨重彩的一笔。

2）已经失业了，怎么办

我相信，作为一名中年职场人，除了混日子的，大部分人还是有一定的职场经验和项目经历的，只是可能你不会在求职过程中和简历上表现自己而已。

所以，如果你失业了，先不要慌，当下最重要的，就是调整好心态。相信你自己，多挖掘自己身上有什么、以前都做成了什么，把你有的东西都写下来，以免忘记。

一定不要瞎着急，还没开始找工作就觉得自己无望了，先让自己淡定下来。

a. 充分做好求职准备

有的求职者工作好多年，写的简历还和应届生差不多；面试时还特别紧张，说话没有逻辑，回答犹犹豫豫，内容前后冲突；谈薪资，一会儿报价很高，一会儿又拼命降价，实在是说不过去。

对 HR 来说，一般工作七八年以后还靠自己投简历求职的，会觉得竞争力一般。很多优秀的人才，工作没几年，就会有猎头进行推荐了。所以选择合适的求职方式也很重要，尽量发动你的人脉，找找内推渠道和猎头。

面试时也不要让对方感觉到你强烈的着急情绪，一方面影响面试结果，另一方面影响薪资水平。

b. 接到 OFFER 时，认真考虑和分析

切不可只要有 OFFER，就立马去上班。若是进入不合适的公司，说不定过段时间又要换工作，那就更难了！尽量深入了解公司及岗位的情况，确认适合自己，也适合长期待下去，再去报到。

当然，有些情况是入职后才能了解到的。若发现情况不妙，转身就走，及时止损，就当没来过。

3）如何避免中年失业

相信没有人愿意中年失业，不管现在已经找到工作的还是没找到工作的，我都要在这里给大家提个醒，有则改之，无则加勉。

a. 对公司中高层管理者

对于公司中高层管理者来说，最重要的是不断提高自己的能力，关注最新资讯，技术和管理都有提高。不故步自封，不高高在上，不骄傲自满，和下属和平相处。同时及时掌握公司信息，提前做好准备。推荐也和 HR 搞好关系，若是上面想要动你的位置，也好早点知道消息。

如此一来，即使公司有新招的管理者，能力和你差不多，但不如你得人心，不如你了解公司，不如你熟悉公司业务，那你遇到中年危机的概率就很低了。

b. 对大部分职场人

不论你是什么职级，都建议关注自己的职业成长，除非是想好一辈子就这样，否则尽量向上发展。尝试承担更大的责任，挑战更难的工作，提高自己的综合素质，让自己的工作年限和职位、工作能力、薪酬相匹配。

同样的起跑线，有人工作十年，已经是总监，如果你不是经理，好歹是个主管吧。

另外，有的求职者并不是能力不达标，而是没有自信。其实本可以胜任管理工作，却没有把简历内容写好，而且一直投递基础岗位，导致没有好的工作机会，工资还很低，实在可惜！

建议大家根据本书建议进行深入的交流分析，梳理过往的工作经验，挖掘亮点，匹配市场行情，再来确定合理的求职目标。要充分了解自己的真正实力，树立信心，才能得到更高的岗位，并且也会有更好的薪水。

同时，也有部分求职者有着过高的自我定位和求职期望，导致求职屡屡受挫，也需要重新定位。

c. 对基础体力工作者

有一部分人会选择一些基础的体力劳动，那么年轻时切记不要过度透支身体，保证健康才是第一位的，否则赚的钱还不够医药费，那就得不偿失了。另外，尽量用业余时间，结合自己的情况，学习新的内容，尽早转型。

到了中年，熟悉流程比动手操作更重要，懂得组队比一个人干更重要，精专一项虽好但也别只会做一项。

三、职场维权

近年来，伴随着广大职员意识的觉醒以及互联网的发展，劳动关系纠纷日益增多。员工解约被索赔天价违约金、知名企业员工被辞退、连续加班导致过劳死、怀孕期间被迫上夜班等事件层出不穷。

这些新闻事件对于读者来说不过是一件小事，但是事实上，这些怪象绝不少见。2020年新冠肺炎疫情期间，不知道有多少人被非法裁员、降薪。我身边很多朋友都吃了闷头亏，8000元的设计师被降到3000元，被暴力开除还没有赔偿的事更是不胜枚举。遇到这些情况，大部分人除了生气，只能打落牙齿和血吞，求助无门，感到深深的无力。

员工利益受损的真实情况，远多于你看到的。那些被大家看到的人之所以获得了一定的赔偿，很大程度上是因为“把事情闹大”了，似乎只有这样，才能为自己维护权益。

除了呼吁社会加大对于劳动人民的关注，普通职场人要如何维护自己的权益呢?

1. 确认劳动合同

可以说，很多纠纷是因为签合同时不注意才导致的，所以在签订劳动合同时，大家一定要谨慎。

1）不想薪酬白谈，这点你必须注意

薪酬口说无凭。有太多案例显示，HR口头承诺的内容和实际情况有不小的差距。我们想要维护自己的权益，就要把这些承诺白纸黑字地写下来。有时候OFFER上写得不是很明确，那么，最重要的就是写在劳

动合同上，白纸黑字写下来才最为稳妥。

第四章中介绍的薪酬构成应该尽量详细地描述，如果劳动合同是模板合同，关于奖金、补贴等内容，可能是公司内部的制度，没有完整写在合同里。那我们起码要把薪酬的大头写清楚，特别是底薪部分最为重要。入职后，你也需要去找补贴制度、加班制度、员工手册、人事制度等相关文件，特别是公司在正式场合下发布的、盖过公章的文件，要保存好这些资料，以备不时之需。

2）约定好试用期

之前有这样一则新闻：一名毕业生去了一个摄影公司，当时谈的条件是试用期三个月，这期间没有工资，试用合格后才会正式聘用，工资为2800元，奖金另算。在那三个月中，这名毕业生没有一个休息日。除了正常工作，还要在每个周六、周日和老摄像师们一起去拍婚礼录像。虽然他工作如此努力，但是三个月后，还是被“炒”了。负责人给出的理由是，这名毕业生和节目组的另外一名实习的女生关系暧昧，而公司里是不允许同事之间谈恋爱的。

这个莫须有的罪名让毕业生委屈万分，后来他了解到，这个摄影公司每三个月就会进行一次招聘，试用期都是三个月。三个月满，就会以各种理由将试用人员辞退，之后继续招人。这样，他们就可以免费用到劳动力。

这则新闻让人非常唏嘘，然而努力地付出却得不到应有回报的情况并不少见。如果我们提前了解了相关法律，就会知道先试用再签劳动合同的做法本身就是违法的。

试用期是劳动合同内容的一部分，只有签订了正式的劳动（聘用）合同，双方才可约定试用期，而不是在试用期满后签订劳动合同，同时试用期不给工资也是违法的。

除此之外，常见的试用期“陷阱”还有以下这些。

a. 虚假“考核期”

有的公司会假借“考核期”或者“考查期”等名义免费用工，短则三五天，长则十天半个月，试图避过“试用期”。事实上，只要你去公司上班一天，公司就应该支付一天的工资，不得以任何名义拒付。

b. 超长试用期

在试用期需要支付工资，但是可以比正式工资略低，而且试用期解除劳动关系相对容易，有的公司就会想通过延长试用期来降低用工成本。

《劳动合同法》第十九条明确指出：劳动合同期限三个月以上不满一年的，试用期不得超过一个月；劳动合同期限一年以上不满三年的，试用期不得超过二个月；三年以上固定期限和无固定期限的劳动合同，试用期不得超过六个月。同一用人单位与同一劳动者只能约定一次试用期。以完成一定工作任务为期限的劳动合同或者劳动合同期限不满三个月的，不得约定试用期。

如果劳动合同只有一年却规定了半年的试用期，显然是不合法的。另外，试用期一经约定，也不能延长，公司不得以“还没办法确认员工的能力”为由而在试用期结束时继续试用。公司也只能与员工约定一个试用期，后期员工内部晋升、换岗，都不能再约定试用期。

c. 克扣试用期工资

《劳动合同法》规定，试用期工资不得低于本单位相同岗位最低档工资，或劳动合同中约定正式工资的 80%。且上述两项工资均不得低于用人单位所在地最低工资标准。

比如前面这个案例中，转正工资 2800 元，那么试用期工资至少是 2240 元。

d. 试用期内不缴纳社保

在我自己初入职场时，就遇到了这样的情况，试用期内公司并没有给我缴纳社保，转正后才开始缴纳。享有社会保险是劳动者的一项重要权利，从入职就要开始缴纳，与你是否转正并无关系。

《劳动合同法》第十七条中也明确规定了社会保险为劳动合同必备的条款。公司如果未依法缴纳社保，劳动者可以随时解除合同，并要求用人单位补偿。

3）需要注意的合同条款

现在很多合同页数比较多，大部分求职者并没有仔细阅读就签字了，这就为后期的离职纠纷埋下了隐患。

为了维护公司的权益，现在越来越多的劳动合同里都默认增加了以下两个条款。

a. 竞业协议

竞业协议，要求用人单位和知悉本单位商业秘密或者其他对本单位经营有重大影响的劳动者在终止或解除劳动合同后，一定期限内不得在生产同类产品、经营同类业务或有其他竞争关系的用人单位任职，也不得自己生产与原单位有竞争关系的同类产品或经营同类业务。

简单来说，这个协议是指，你在离职之后，不能去有竞争关系的公司工作，也不能进行同类的创业。

有时候，公司会用这个协议来威胁你不准离职，就算离职了，你也不能在本行业内从事工作。说白了，这就是变着法子逼你转行，从而暗示你“还是乖乖待在本公司为好”。

如果对竞业协议不了解，很多员工可能就会屈服，但是需要注意的是，该协议有两个重要的前提条件：一是员工确实是保密人员或重要的人，如高级管理人员、高级技术人员、其他负有保密义务的人员。其实绝大部分员工都是普通员工，远没有到“保密人员”或者“高层领导”这样的职级，也就不需要遵守这样的约定。二是在竞业限制期间，原公司由于限制了员工的工作自由，是需要支付补偿金的。

如果没有同时满足这两个条件，即使公司恫吓你，要求你不准去有竞争关系的公司，你也不需要遵守约定。

b. 保密协议

保密协议，是指协议当事人之间就一方告知另一方的书面或口头信息，约定不得向任何第三方披露该等信息的协议。负有保密义务的当事人违反协议约定，将保密信息披露给第三方，将要承担民事责任甚至刑事责任。

这个协议主要是为了维护公司的资料机密，防止有些销售人员把公司客户带走，泄露商业机密。相较于竞业协议，保密协议的使用范围就会广很多，其实也是把对员工的“道德约束”落在了纸上。原本即使没有这项协议，大家也应该有保密的意识。

这两项协议有一个共同的特点就是，一旦协议有效并且你违背了约定，那么你就不免惹上麻烦。一旦涉及公司机密泄露或恶意竞争，对你信誉的影响不言而喻，当你找下一份工作的时候，该公司同样担心你会泄露其机密，从而不会重用你。

4）撤销 OFFER

有的求职者接到 OFFER 后，欢天喜地地向原公司递交了离职申请并开始走离职流程，却没想到新东家收回或撤销了 OFFER。更有甚者，已经办理完离职手续后才接到通知，想回回不去，重新找工作又耽误时间，真是叫苦万分。

2. 入职后保留证据

即使入职前万般谨慎，也不能 100% 避免正式工作后产生纠纷，及时保留工作相关的证据远好过事发后再想办法，更何况有些资料当时不存档就再也找不到了。这一步相当于给自己多一层保障，让你以后在与公司发生矛盾时掌握主动权。

1）保存考勤记录

在辞退相关的纠纷中，公司时常宣称员工不敬业，迟到、早退、经常请假。如果你缺乏相应的证据就很难为自己洗清冤屈。仅依靠公司的考勤系统也是不够的，难免遇到取消你系统账号，甚至删除、修改你的出勤记录的恶劣行为。所以建议你隔段时间就对考勤记录进行截图或拍照，以免到时候有理说不清。

2）保存工作成果

除了构陷员工不按时出勤，公司也可能表示员工工作能力差，不能胜任工作。在“末位淘汰”机制越来越流行的当下，公司给出的辞退理由很可能是员工的绩效不合格，以“我有理由开除你，是你能力不行”的态度站在道德的制高点。

为了防止公司的诬陷，在平时的工作当中，你就要保存好你的绩效考评记录，还有其他能证明你工作能力的东西，如公司内部的比赛结果、重大项目汇报材料、有领导签字的报告等。还需注意的是，比起公司口头上对你的认可，你要尽量多收集有痕迹的内容，如邮件、聊天记录、书面申请等都是很好的佐证。

特别是平时签字也需要注意，你签的每一个名字，都意味着你要为此负责任。如果是绩效考核评价不好且严重不符合事实的内容，公司让你签字，你对此不认可的话，一定不要签，只要你签字了，就相当于承认自己能力不行。

另外，经你手中的有签字的表，你一定要清楚相关负责人是谁，还要避免“背锅”。

总而言之，你要在你的工作当中留下一些记录和痕迹，免得公司以你的能力差为借口开除你。

3. 产生劳动纠纷怎么办

小时候我们遇到问题总是说要去找警察叔叔，长大了其实也一样。面对劳动纠纷，劳动仲裁可以尽可能地保障我们身为劳动者的权益。

然而现实中很多人对劳动仲裁存在误解，觉得劳动仲裁、打官司很复杂，于是怕麻烦，怕自己势单力薄，遇到问题就不敢吭声，这也是无法维权成功的原因。

其实若你准备的资料足够齐全，劳动仲裁并没有你想象中那么难。

从法律层面来说，法律一般会认定劳动者是弱势群体，所以发生纠纷时，基本上会支持要求公司赔付的请求，大多数人会比较容易拿到赔偿金，只是可能耗时比较长。一般来说，基本的赔偿金额是（N+1）倍的工资，N是指你在公司工作的年份，满半年不满一年的部分按照一年计算。也就是说，如果你在公司工作二十个月，就可以算两年，公司需要赔偿三个月的工资。有时还可以争取到更多甚至是2N倍的赔偿。

除此之外，当你和公司出现劳动纠纷时，还可以看看公司有没有同类人，可以相约一起申诉，这样成功的概率也会更高。

话说回来，这些应对纠纷的方法是我们用于自我保护的，而不是为了与公司为敌的。千万不要为了小利而坏了自己的名声。“枪响之后没有赢家”，争论不是解决问题的唯一途径，遇到冲突还是建议先谈判，谈判无效再走法律途径。